PASSAPORTE

guia de conversação

FRANCÊS

wmf martinsfontes

SÃO PAULO 2018

Esta obra foi publicada originalmente em alemão com o título LAST MINUTE SPRACHFÜHRER FRANZÖSISCH por Ernst Klett Sprachen, Stuttgart.

1ª edição *2009*
4ª tiragem *2018*

Tradução *ANDRÉA STAHEL M. DA SILVA*

Acompanhamento editorial *Sandra Regina de Souza*
Preparação do original *Andréa Stahel M. da Silva*
Revisões gráficas *Sandra Regina de Souza, Luzia Aparecida dos Santos*
Produção gráfica *Geraldo Alves*
Paginação *Moacir Katsumi Matsusaki*

Dados Internacionais de Catalogação na Publicação (CIP)
(Câmara Brasileira do Livro, SP, Brasil)

Passaporte : guia de conversação : francês / [tradução Andréa Stahel M. da Silva]. – São Paulo : Editora WMF Martins Fontes, 2009.

Título original: Last minute sprachführer französisch
ISBN 978-85-7827-158-9

1. Conversação 2. Francês – Vocabulários e manuais de conversação.

09-05995 CDD-443.69

Índices para catálogo sistemático:
1. Guia de conversação : Francês : Linguística 443.69
2. Francês : Guia de conversação : Linguística 443.69

Pronúncia **7**
Abreviaturas e siglas **9**

Países diferentes, costumes diferentes **11**
Dicas culturais 12

Preparativos para a viagem **19**
Reserva de hotel por e-mail 20
Aluguel de automóvel por e-mail 20
Perguntas gerais 21
Perguntas sobre a hospedagem 22

Generalidades **25**
O principal em frases curtas 26
Números - medidas - pesos 28
Indicações de tempo 31
Clima 38
Cores 40

Relacionamento social **41**
Saudações e despedidas 42
Cortesia 44
Opiniões e sentimentos 46
Elogios 49
Conversa breve 50
Encontro 55
Paquera 56
Dificuldades de compreensão 57

A caminho **59**
Perguntas sobre o caminho 60

Na fronteira 62
Automóvel e motocicleta 65
Avião 76
Trem 79
Navio 84
Meios de transporte urbano 86
Táxi 89

Viajando com crianças **91**
Utilidades aqui e lá 92
A caminho 93
No restaurante 94
Saúde 95

Portadores de necessidades especiais **97**
A caminho 99
Hospedagem 100
Museus, monumentos, teatros... 101

Hospedagem **105**
Pedindo informações 106
Hotel – pensão – quarto particular 106
Casas e apartamentos de veraneio 113
Camping 114

Gastronomia **117**
Saindo para comer 118
No restaurante 119
Fazendo o pedido 119

Reclamando 121
A conta 122
Cafés 123
Cardápio 128
Carta de bebidas 136

Visitas e passeios 139
No posto de informações turísticas 141
Monumentos - museus 141
Passeios 149

Férias em balneários e férias com atividades físicas e criativas 151
Férias em balneários 152
Férias com atividades físicas e esportivas 155
Férias com atividades criativas 166

Entretenimento 169
Teatro - concerto - cinema 170
Vida noturna 174
Festas e eventos 175

Compras 177
Perguntas 178
Lojas 180
Livros, revistas e artigos de papelaria 182
CDs e fitas cassete 184
Artigos de higiene e perfumaria 184
Artigos elétricos e eletrônicos 186

Artigos de fotografia 187
Cabeleireiro 188
Produtos para o lar 190
Produtos alimentícios 191
Moda 198
Artigos de ótica 201
Calçados e artigos de couro 202
Souvenirs 204
Artigos de tabacaria 205
Relógios e joias 206

Saúde **207**
Na farmácia 208
Consulta médica 211
No hospital 214
No dentista 222

Coisas importantes em geral **225**
Banco 226
Filmando e fotografando 228
Achados e perdidos 229
Polícia 229
Correio 232
Telefonando 235
Banheiros e sanitários 237

Dicionário português-francês **239**

Pronúncia

[ː]	indica vogal longa	
‿	entre dois signos indica que os dois fonemas são pronunciados em ligação	
Vogais		
[a]	*a*, como em *mala*, *pá*	madame, la salle, là
[e]	*e*, como em *medo*, *ler*	café, manger, regardez
[ɛ]	*e* aberto, como em *pé*, *cheque*	lait, il met, il **est**, merci
[i]	*i*, como em *vida*, *escrito*	il, l'amie, lycée
[ɔ]	*o* aberto, como em *pó*, *bola*	la porte, alors
[o]	*o*, como em *pôr*, *tomada*	mot, allô, **aussi**, **eau**
[ø]	*e* meio fechado, com som entre *e* e *u*; não ocorre em português	un peu, deux
[œ]	*e* meio aberto, com som entre *é* e *u*; não ocorre em português	neuf, soeur
[ə]	*e* que quase não é pronunciado, como em *corre*, *regar*, na pronúncia de Portugal	le, melon
[u]	*u*, como em *uva*, *rua*	**ou**, **où**, bonjour
[y]	som fechado, entre *i* e *u*; não ocorre em português	tu, rue, salut
[ɛ̃]	fonema /ɛ/ nasalizado, como em *entrar*	enfin, faim, plein, bien
[ɔ̃]	*o* nasalizado, como em *ombro*, *monstro*	bon, montre, il tombe
[ɑ̃]	*a* nasalizado, como em *lã*, *anta*	dans, je prends

Semivogais		
[j]	*i* breve, como em *foi*, *caixa*	famille, travail, pied, yeux
[w]	*u* breve, como em *saudade*, *vou*	oui, voilà
[ɥ]	fonema /y/ breve; não ocorre em português	cuisine, je suis, huit
Consoantes		
[f]	*f*, como em *fato*, *afinco*	frère, photo
[g]	como em *agora*, *guerra*	gâteau, blague
[h]	nas palavras de origem inglesa, como em *hippie*	hop
[k]	como em *cola*, *esquentar*	cabine, kilo, masque
[ʀ]	como em *porta*, *rato*, *correr*, na pronúncia do Rio de Janeiro	rue, porc
[s]	som de *s*, como em *saber*, *posse*, *céu*, *moço*	soeur, Pascal, c'est, ça, tasse, attention
[z]	som de *z*, como em *zebra*, *casa*, *exame*	maison, chaise, zéro
[ʃ]	som de *x*, como em *chuva*, *caixa*	chaise, je cherche
[ʒ]	som de *j*, como em *jeito*, *urgente*	je, bonjour, génie
[ɲ]	som de *nh*, como em *vinho*, *arranha*	cognac, il gagne
[ŋ]	usado em palavras inglesas	camping, parking

As consoantes **b**, **d**, **l**, **m**, **n**, **p**, **t** e **v** têm pronúncia e uso iguais aos do português. O **l** final é dental, não devendo ser pronunciado como **u**.

Abreviaturas e siglas

ACF	Automobile Club de France	automóvel-clube da França
Av. J.-C.	avant Jésus-Christ	antes de Cristo
CV	Curriculum vitae	Curriculum vitae
EDF	Electricité de France	empresa pública de eletricidade da França
etc.	et cetera	et cetera
HLM	Habitation à loyer modéré	conjunto de habitação popular
M.	Monsieur	senhor
Mlle	Mademoiselle	senhorita
Mme	Madame	senhora
MM.	Messieurs	senhores
p.	page	página
p.ex.	par exemple	por exemplo
P.R.	poste restante	posta-restante
PDG	Président-directeur général	diretor-geral
SA	Société anonyme	sociedade anônima
SARL	Société à responsabilité limitée	sociedade limitada (ltda.)
SNCF	Société Nationale des Chemins	companhia nacional das estradas de ferro da França
s.t.p.	s'il te plaît	por favor (tratamento informal)
s.v.p.	s'il vous plaît	por favor (tratamento formal)
TGV	Train à grande vitesse	trem de alta velocidade
TVA	Taxe à la valeur ajoutée	imposto sobre valor agregado

Abreviaturas no dicionário

adj	adjetivo	adjectif
adv	advérbio	adverbe
art	artigo	article
conj	conjunção	conjonction
f	feminino	féminin
form	tratamento formal	soutenu
inform	tratamento informal	familier
m	masculino	masculin
M.	senhor	Monsieur
med	medicina	médecine
Mlle	senhorita	Mademoiselle
Mme	senhora	Madame
n.º	número	numéro
p. ex.	por exemplo	par exemple
pl	plural	pluriel
prep	preposição	préposition
pron	pronome	pronom
pron indef	pronome indefinido	pronom indéfini
pron pess	pronome pessoal	pronom personnel
pron poss	pronome possessivo	pronom possessif
rel	religião	religion
sing	singular	singulier
s.t.p.	por favor *(inform)*	s'il te plaît
subst	substantivo	nom
superl	superlativo	superlatif
s.v.p.	por favor *(form)*	s'il vous plaît
tele	telefone	téléphone
us.	usado(a)	employé(e)

Dicas culturais 12

Dicas culturais

Saudações

Como saudação usa-se normalmente o **bonjour** (bom dia, boa tarde) ou, entre amigos, o **salut** (oi, olá); também se diz **ça va?** (tudo bem?), e a resposta é sempre **ça va** – independentemente do estado real!
Bonsoir (boa noite) é o cumprimento usado à noite, sendo que antes de ir dormir a expressão empregada para dizer "boa noite" é **bonne nuit**.
Para se despedir usa-se o **au revoir** (até logo), o **salut** ou o **tchao** (tchau).

Formas de se dirigir a uma pessoa

Na França não é de bom-tom chamar pelo nome alguém que conhecemos apenas de passagem. Já o sobrenome tem um ar de familiaridade que devemos evitar. Portanto, o melhor é dizer apenas **bonjour Madame** ou **bonjour Monsieur**.
É mais cortês dizer **merci Monsieur** [obrigado(a), senhor] ou **merci Madame** [obrigado(a), senhora] do que usar o **merci** sozinho. A forma de tratamento **Mademoiselle** (senhorita) é usada para se dirigir a mulheres jovens e a mulheres solteiras, entretanto hoje em dia tem sido adotada a forma **Madame** para toda mulher após uma certa idade, independentemente de ser casada ou não. Mas há uma exceção interessante: em grandes eventos, atrizes muito famosas são apresentadas com a forma **Mademoiselle** seguida do sobrenome (Mademoiselle Huppert, mãe de três filhos, faz parte das poucas que são consagradas com essa honraria). As pessoas que têm título de doutor não recebem

grande distinção na França, já que ninguém fica sabendo de seu título acadêmico, pois elas também são tratadas apenas por **Monsieur** ou **Madame**.

Aperto de mãos ou beijinhos?

Em geral as pessoas se cumprimentam com um aperto de mãos. No círculo familiar, bem como entre amigos, conhecidos ou mesmo entre colegas, é bem comum o cumprimento com beijinhos, tanto entre mulheres como entre mulheres e homens. Entre homens, o cumprimento é feito com um aperto de mãos. A quantidade de beijinhos – que pode variar entre dois, três ou quatro – depende da região: em Paris é comum dar dois beijinhos; no sul da França, quatro; na região vizinha à Suíça, três. Mas essas regras são maleáveis e também dependem dos hábitos pessoais de cada um. Por isso, nem mesmo os franceses sabem sempre quantos beijinhos devem dar. Eles começam dando dois e, então são "advertidos": "Moi, c'est quatre" (Entre nós, são quatro) ou "Chez nous, c'est trois" (Entre nós, são três) – sendo que esse "entre nós" pode significar tanto a região como a família.

Savoir-vivre

O famoso **savoir-vivre** não significa saber aproveitar a vida, mas saber como se comportar em cada situação da vida. Isso inclui coisas muito simples como segurar a porta para alguém passar, mandar flores nas ocasiões de praxe, enfim, saber como agir. Isso também implica saber usar largamente a expressão **merci** [obrigado(a)] e **pardon** (com licença). **Pardon** é usado até quando uma pessoa passa por outra, por exemplo, em uma porta.

Telefonando

Há alguns anos os códigos de área foram suprimidos, ou melhor, foram incorporados ao número do telefone. Dessa forma, independentemente de a ligação ser local ou interurbana, o código de área é sempre digitado junto com o número do telefone, e todos os números de telefones têm dez dígitos.
Quem atende ao telefone diz **allô**. Em seguida, a pessoa que ligou deve perguntar se ligou para o número certo, a não ser que reconheça a voz de quem está falando. O normal é perguntar: **Je suis bien chez ...?** (É da casa de...?). Somente então se dá início à conversa. Funcionários de empresas atendem ao telefone dizendo o nome da empresa. Os algarismos de um número de telefone não são ditos separadamente, mas de par em par, por exemplo 03 21 30 39 91 – zéro trois, vingt-et-un, trente, trente-neuf, quatre-vingt-onze.

Telefones importantes:

Renseignements (informações)	12
SAMU (emergência/resgate)	15
Pompiers (bombeiros)	17
Police (polícia)	18

Os chamados **numéros verts** (números verdes) são gratuitos e começam com 0800.

Cabines telefônicas e cartões telefônicos

É possível receber ligações em qualquer cabine telefônica, pois todas têm um número próprio, afixado logo acima do telefone, do lado direito. Assim, em caso de necessidade, você poderá facilmente usar esse recurso. Os cartões telefônicos podem ser adquiridos em agências de correio, bem como em qualquer **café/bar-tabac** (estabelecimentos comerciais sinalizados com uma placa que lembra uma cenoura). Há dois tipos de cartões telefônicos: um com um *chip* eletrônico e outro com um número PIN, que vem encoberto por uma tarja que é preciso raspar.

Comida

No almoço muitos franceses comem **hors-d'oeuvre** (entrada fria), por exemplo, **crudités** (salada de verduras cruas). Como **plat de résistance** (prato principal) pode-se escolher entre **viande** (carne) ou **poisson** (peixe). Há vários tipos de **accompagnements** (acompanhamentos). Depois ainda vem **fromage** (queijo) e/ou **dessert** (sobremesa). À noite as pessoas fazem uma refeição mais leve: uma sopa, uma salada com presunto ou algo do gênero e queijo e/ou iogurte. Nos restaurantes, aos domingos ou a convite pode-se começar a refeição com um **apéritif** (ver item **Convites**). Ao se fazer um brinde se diz **à la vôtre** (à sua saúde), **santé** (saúde) ou, entre amigos, **tchin-tchin**. A refeição é concluída com um café *espresso* e um **digestif** (digestivo).
As pessoas que trabalham fora, e que não querem ir almoçar em casa mas também não se contentam com um sanduíche, vão normalmente a pequenos restaurantes que, na hora do almoço, oferecem o **plat du jour** (prato do dia). Recentemente há a opção das chamadas **formules** (literalmente, fórmulas). Trata-se de pratos combinados a preços especiais, por exemplo entrada, prato principal e bebida, ou prato principal, sobremesa e café.
Menus vegetarianos ainda têm preço de raridade na França.

No restaurante

Normalmente o **déjeuner** (almoço) é servido entre 12h30 e 14h; o **dîner** (jantar), entre 19h30 e 22h. **Du pain** (pão fresco) e **une**

carafe d'eau (uma jarra de água) já estão na mesa e não são cobrados. Para chamar o garçom o comum é dizer **s'il vous plaît** (por favor). Após a refeição diga **l'addition, s'il vous plaît** (a conta, por favor). A conta traz o valor total da mesa, e espera-se que os clientes dividam os valores entre si. Para efetuar o pagamento coloca-se o dinheiro ou o cartão de crédito no pratinho próprio para isso. Ainda que o serviço já esteja incluído na conta, é comum deixar uma pequena gorjeta, ao menos se o serviço foi a contento.

Café da manhã

O **petit déjeuner** (café da manhã) geralmente é composto apenas de **café au lait** (café com leite), **thé** (chá) ou **chocolat chaud** (chocolate quente) e baguetes ou **tartines** (fatias de pão) com manteiga e/ou geleia. *Croissants* são servidos principalmente em cafés ou hotéis. Em casa, os *croissants* são consumidos mais nos finais de semana ou nas férias.

Hotéis

Nos hotéis, os preços são afixados do lado de fora do estabelecimento ou na entrada. Normalmente os valores informados são por quarto e não por pessoa. Para designar um quarto com duas camas parece ser comum, ao menos em Paris, usar o termo **twin**. Um quarto duplo (**chambre double**) quase sempre contém uma cama de casal. Em geral, o café da manhã não está incluído no preço, porém isso é algo que às vezes pode ser negociado, e não precisa ser pago à parte (mas apenas às vezes!). Em vários hotéis, em vez do café da manhã frugal dos franceses há um bufê de café da manhã.

Convites

Quando as pessoas ainda não se conhecem muito bem ou, nas férias, quando não querem ter o trabalho de preparar uma refeição, podem receber convidados para um **apéritif** (aperitivo). Isso pode ser antes do almoço, por volta das 12h ou 12h30, ou à noitinha, em torno das 19h. Nessas ocasiões são servidos **amuse-gueules** (tira-gostos) ou **canapés**. Em geral as pessoas ficam nesses eventos cerca de uma hora e depois vão fazer a refeição em suas próprias casas.
Se forem convidadas para um almoço ou um jantar, em geral chegam cerca de quinze minutos após a hora marcada, e costumam levar um presente para o anfitrião, como, por exemplo, flores, bombons, vinho ou champanhe. A garrafa de vinho ou champanhe logo é aberta e consumida, e os bombons são servidos após a refeição.

Horários de funcionamento

Os horários de funcionamento das lojas na França sempre foram muito convenientes aos clientes. Em geral as lojas ficam abertas até as 19h, algumas até as 19h30. Os hipermercados, em sua maioria, ficam abertos até as 22h. As lojas também ficam abertas aos sábados durante o dia todo. Aos domingos você ainda poderá comprar tudo de que precisa até, pelo menos, as 12h. Às segundas-feiras, a maioria das lojas pequenas fica fechada. Nas cidades menores, o intervalo para almoço normalmente é seguido à risca. Já a partir das 12h ou, o mais tardar, 12h30, as portas das lojas já estão fechadas. Para compensar, quase sempre é possível estacionar o carro gratuitamente no horário das 12h às 14h (mas não em Paris).

Etc., etc.

Nos **cafés** ou **bar-tabacs** podem-se comprar cartões telefônicos, selos, passes e bilhetes de ônibus, de metrô ou de bonde. O bilhete deve ser carimbado antes de se subir no veículo. Para esse fim há várias máquinas automáticas cor de laranja. Aliás, caso você se esqueça de carimbá-lo, procure logo o fiscal e explique a situação.

A utilização das rodovias é tributada. Desse modo, elas são divididas em trechos, e para transitar neles é preciso pagar o respectivo pedágio (**péage**).

Há muitos anos se dá preferência ao uso de cartão de crédito. Praticamente não há nenhum lugar que não o aceite. Se lhe perguntarem: **vous payez par carte bleue?** [literalmente, "O(A) senhor(a) vai pagar com o cartão azul?"], isso quer dizer "com o cartão de crédito", ainda que o seu cartão seja cor-de-rosa.

Reserva de hotel por e-mail 20
Aluguel de automóvel por e-mail 20
Perguntas gerais 21
Perguntas sobre a hospedagem 22

Reserva de hotel por e-mail

Prezados senhores,
Gostaria de reservar um quarto de solteiro (*single*)/de casal (*double*)/com duas camas (*twin*) para duas noites, de 28 a 30 de junho. Solicito a gentileza de me confirmarem a reserva e me informarem o valor total das duas noites, com café da manhã.
Desde já, agradeço muito.
Atenciosamente,

Madame, Monsieur,
Je voudrais réserver une chambre simple/double/twin pour 2 nuits du 28 au 30 juin. Je vous serais reconnaissant/e de me confirmer cette réservation et de me donner le prix pour les deux nuits, petit-déjeuner inclus. Je vous remercie d'avance.
Meilleures salutations

Dear Sir or Madam,
I would like to book a single/double/twin-bedded room for 2 nights from June 28–30. Would you please confirm this reservation and let me know the price for the 2 nights including breakfast? Thanking you in advance.
Yours faithfully,

Aluguel de automóvel por e-mail

Prezados senhores,
Gostaria de alugar um automóvel pequeno/médio/um carro de quatro portas/uma minivan (com sete lugares), para o período de 20 a 27 de julho, no aeroporto de Nice, e devolvê-lo em

Paris-Charles de Gaulle, pois meu voo de volta parte de lá. Solicito que me informem os valores e os documentos que preciso apresentar.
Atenciosamente,

Madame, Monsieur,
Je voudrais louer une petite voiture/voiture de classe moyenne/une berline/un monospace (pour 7 personnes) du 20 au 27 juillet à l'aéroport de Nice. Je souhaite rendre la voiture à Paris-Charles de Gaulle, puisque je repartirai de là-bas. Pourriez-vous m'informer de vos tarifs et me dire quels papiers il me faudra produire?
Meilleures salutations

Dear Sir/Madam,
I would like to hire a small/mid-range/luxury car/7-seater people carrier from July 20–27 at Nizza airport. I wish to leave the car at Paris-Charles de Gaulle since I will depart from there. Could you please inform me of your rates and tell me which documents I shall require.
Yours faithfully,

Perguntas gerais

Pretendo passar as férias em sua região. Gostaria de receber informações sobre as possibilidades de hospedagem.
J'ai l'intention de passer mes vacances dans votre région. Pourriez-vous me donner des renseignements sur les possibilités de logement?
[ʒɛ ɛ̃tɑ̃sjɔ̃ də pase me vakɑ̃s dɑ̃ vɔtʀ ʀeʒjɔ̃. puʀje vu mə dɔne de ʀɑ̃sɛɲəmɑ̃ syʀ le pɔsibilite də lɔʒəmɑ̃]

Que região o(a) senhor(a) recomenda para se passar as férias em um navio?
Quelle région recommandez-vous pour des vacances en bateau?
[kɛl ʀeʒjɔ̃ ʀəkɔmɑ̃de vu puʀ de vakɑ̃s ɑ̃ bato]

Em que tipo de hospedagem o(a) senhor(a) havia pensado?
À quel genre de logement avez-vous pensé?
[a kɛl ʒɑ̃ʀ də lɔʒəmɑ̃ ave vu pɑ̃se]

um hotel
un hôtel [ɛ̃n‿otɛl]

uma pensão
une pension [yn pɑ̃sjɔ̃]

um quarto de aluguel
une chambre chez l'habitant [yn ʃɑ̃bʀə ʃe labitɑ̃]

um imóvel para alugar
une location [yn lɔkasjɔ̃]

Perguntas sobre a hospedagem

Hotel – pensão – quarto particular

Estou procurando um hotel que não seja muito caro – com preço razoável.
Je cherche un hôtel pas trop cher – quelque chose dans des prix moyens. [ʒə ʃɛʀʃ ɛ̃n‿otɛl pa tʀo ʃɛʀ – kɛlkə ʃoz dɑ̃ de pʀi mwajɛ̃]

Estou procurando um hotel com piscina coberta/campo de golfe/quadra de tênis.
Je cherche un hôtel avec piscine/golf/court de tennis.
[ʒə ʃɛʀʃ ɛ̃n‿otɛl avɛk pisin/gɔlf/kuʀ də tenis]

O(A) senhor(a) sabe onde eu poderia encontrar um bom quarto de aluguel?
Vous savez où je pourrais trouver une belle chambre d'hôte?
[vu save u ʒpuʀɛ tʀuve yn bɛl ʃɑ̃bʀ dot]

Para quantas pessoas?
Pour combien de personnes? [puʀ kɔ̃bjɛ̃ də pɛʀsɔn]

É permitido trazer cães?
Les chiens sont-ils autorisés? [le ʃjɛ̃ sɔ̃ til otoʀize]

Qual é o preço para uma semana?
Quel est le prix pour une semaine? [kɛl ɛ lə pʀi puʀ yn səmɛn]

Casas e apartamentos de veraneio

Estou procurando um apartamento ou um bangalô para alugar nas férias.
Je cherche une location pour les vacances: un appartement ou un bungalow. [ʒə ʃɛʀʃ yn lɔkasjɔ̃ puʀ le vakɑ̃s ɛ̃‿apaʀtəmɑ̃ u ɛ̃ bœ̃galo]

O(A) senhor(a) poderia me indicar uma fazenda para alugar nas férias?
Vous pourriez me recommander une ferme qui loue pour les vacances? [vu puʀjem ʀəkɔmɑ̃de yn fɛʀm ki lu puʀ le vakɑ̃s]

Qual é o valor do sinal e até quando devo efetuar o pagamento?
Combien d'arrhes faut-il verser et jusqu'à quelle date?
[kɔ̃bjɛ̃ daʀ fot‿il vɛʀse e ʒyska kɛl dat]

Onde e quando posso pegar as chaves?
Où et quand puis-je venir chercher les clés?
[u e kɑ̃ pɥiʒ vəniʀ ʃɛʀʃe le kle]

Camping

Estou procurando uma boa área de *camping* no litoral. Poderia me indicar algum?
Je cherche un beau terrain de camping sur la côte. Pourriez-vous me recommander quelque chose?
[ʒə ʃɛʀʃ ɛ̃ bo tɛʀɛ̃d kɑ̃piŋ syʀ la kot puʀje vum ʀkɔmɑ̃de kɛlk ʃoz]

O principal em frases curtas 26
Números - medidas - pesos 28
Indicações de tempo 31
Clima 38
Cores 40

GENERALIDADES

Na França, cortesia e amabilidade são muito valorizadas. Trata-se do famoso *savoir-vivre*. Na verdade esse termo não significa saber aproveitar a vida, mas saber como se comportar em cada situação da vida. Portanto, não economize no uso de **merci** e **pardon**, pois do contrário você poderá passar por mal-educado.

O principal em frases curtas

Sim.
Oui. [wi]

Não.
Non. [nɔ̃]

Por favor.
S'il vous plaît./S'il te plaît. [sil vu plɛ/sil tə plɛ]

De nada!
De rien! [də ʀjɛ̃]

Obrigado(a)!
Merci! [mɛʀsi]

Como?
Comment? [kɔmɑ̃]/**Pardon?** [paʀdɔ̃]

Naturalmente!/Claro!
Naturellement! [natyʀɛlmɑ̃]
Bien entendu! [bjɛ̃n‿ɑ̃tɑ̃dy]

De acordo!
D'accord! [dakɔʀ]

O.k!
O.K. [ɔkɛ]

Combinado!
Entendu! [ɑ̃tɑ̃dy]

Com licença!
Pardon! [paʀdɔ̃]

Um momento, por favor!
Un instant, s'il vous plaît/s'il te plaît! [ɛ̃nɛ̃stɑ̃ sil vu plɛ/sil tə plɛ]

Já chega!
Ça suffit! [sa syfi]

Socorro!
Au secours! [o skuʀ]/**À l'aide!** [a lɛd]

Quem?
Qui? [ki]

O quê?
Quoi? [kwa]

Qual?
Lequel *(m)*/**Laquelle** *(f)*? [ləkɛl/lakɛl]

Quais?
Lesquels *(m)*/**Lesquelles** *(f)*? [lekɛl/lekɛl]

A quem?/De quem?
À qui? [aki]

Onde?
Où? [u]

Onde fica/Onde ficam ...?
Où est/Où sont ...? [u ɛ/u sɔ̃]

De onde?
D'où? [du]

Para onde?
Où? [u]

Por quê?
Pourquoi? [puʀkwa]

Para quê?
Dans quel but? [dɑ̃ kɛl by]/**Pour quoi faire?** [puʀ kwa fɛʀ]

Como?
Comment? [kɔmɑ̃]

Quanto?
Combien? [kɔ̃bjɛ̃]

Quanto tempo?
Combien de temps? [kɔ̃bjɛ̃d tɑ̃]

Quando?
Quand? [kɑ̃]/**À quelle heure?** [a kɛl‿œʀ]

Eu gostaria ...
Je voudrais ... [ʒə vudʀɛ]/**J'aimerais ...** [ʒɛmʀɛ]

Tem ...?
Il y a ...? [il‿ja]/**Est-ce qu'il y a ...?** [ɛs‿kil‿ja]

Números – medidas – pesos

0	**zéro** [zeʀo]
1	**un** [ɛ̃]
2	**deux** [dø]
3	**trois** [tʀwa]
4	**quatre** [katʀ]
5	**cinq** [sɛ̃k]
6	**six** [sis]
7	**sept** [sɛt]
8	**huit** [ɥit]
9	**neuf** [nœf]
10	**dix** [dis]
11	**onze** [ɔ̃z]
12	**douze** [duz]

13	**treize** [tʀɛz]
14	**quatorze** [katɔʀz]
15	**quinze** [kɛ̃z]
16	**seize** [sɛz]
17	**dix-sept** [disɛt]
18	**dix-huit** [dizɥit]
19	**dix-neuf** [diznœf]
20	**vingt** [vɛ̃]
21	**vingt et un** [vɛ̃t‿e ɛ̃]
22	**vingt-deux** [vɛ̃t dø]
23	**vingt-trois** [vɛ̃t tʀwa]
24	**vingt-quatre** [vɛ̃t katʀ]
25	**vingt-cinq** [vɛ̃t sɛ̃k]
26	**vingt-six** [vɛ̃t sis]
27	**vingt-sept** [vɛ̃t sɛt]
28	**vingt-huit** [vɛ̃t‿ɥit]
29	**vingt-neuf** [vɛ̃t nœf]
30	**trente** [tʀɑ̃t]
31	**trente et un** [tʀɑ̃t‿e ɛ̃]
32	**trente-deux** [tʀɑ̃t dø]
40	**quarante** [kaʀɑ̃t]
50	**cinquante** [sɛ̃kɑ̃t]
60	**soixante** [swasɑ̃t]
70	**soixante-dix** [swasɑ̃t dis]
80	**quatre-vingts** [katʀə vɛ̃]
90	**quatre-vingt-dix** [katʀə vɛ̃ dis]

Na Bélgica e na Suíça, diz-se *septante* e *nonante*, para setenta e noventa.

100	**cent** [sɑ̃]
101	**cent un** [sɑ̃ ɛ̃]

200	**deux cents** [dø sɑ̃]
300	**trois cents** [tʀwa sɑ̃]
1000	**mille** [mil]
2 000	**deux mille** [dø mil]
10 000	**dix mille** [di mil]
100 000	**cent mille** [sɑ̃ mil]
1 000 000	**un million** [ɛ̃ miljɔ̃]
1º	**premier/première** [pʀəmje/pʀəmjɛʀ]
2º	**deuxième** [døzjɛm], **second(e)** [səgɔ̃(d)]
3º	**troisième** [tʀwazjɛm]
4º	**quatrième** [katʀjɛm]
5º	**cinquième** [sɛ̃kjɛm]
6º	**sixième** [sizjɛm]
7º	**septième** [sɛtjɛm]
8º	**huitième** [ɥitjɛm]
9º	**neuvième** [nœvjɛm]
10º	**dixième** [dizjɛm]
1/2	**un demi** [ɛ̃ dmi]
1/3	**un tiers** [ɛ̃ tjɛʀ]
1/4	**un quart** [ɛ̃ kaʀ]
3/4	**trois quarts** [tʀwa kaʀ]
3,5%	**trois virgule cinq pour cent** [tʀwa viʀgyl sɛ̃k puʀ sɑ̃]
27 °C	**vingt-sept degrés** [vɛ̃t sɛt dəgʀe]
-5 °C	**moins cinq degrés** [mwɛ̃ sɛ̃k dəgʀe]
1999	**mille neuf cent quatre-vingt-dix-neuf** [mil nœf sɑ̃ katʀə vɛ̃ diznœf]
2000	**deux mille** [dø mil]
2007	**deux mille sept** [dø mil sɛt]
milímetro	**millimètre** [milimɛtʀ]
centímetro	**centimètre** [sɑ̃timɛtʀ]
metro	**mètre** [mɛtʀ]

quilômetro	**kilomètre** [kilɔmɛtʀ]
metro quadrado	**mètre carré** [mɛtʀə kaʀe]
litro	**litre** [litʀ]
grama	**gramme** [gʀam]
libra	**livre** [livʀ]
quilograma	**kilogramme** [kilɔgʀam], **kilo** [kilo]

Indicações de tempo

Horário

Que horas são?
Quelle heure est-il? [kɛl‿œʀ ɛt‿il]

São três horas em ponto.
Il est trois heures pile. [il‿ɛt tʀwaz‿œʀ pil]

São (exatamente/cerca de) ...
Il est (exactement/environ) ... [il‿ɛt(‿ɛgzaktəmɑ̃/ɑ̃viʀɔ̃)]

3 horas.
trois heures. [tʀwaz‿œʀ]

3 e 5.
trois heures cinq. [tʀwaz‿œʀ sɛ̃k]

3 e 10.
trois heures dix. [tʀwaz‿œʀ dis]

3 e 15.
trois heures et quart. [tʀwaz‿œʀ e kaʀ]

3 e meia.
trois heures et demie [tʀwaz‿œʀ e dmi]

15 para as 4.
quatre heures moins le quart. [katʀ‿œʀ mwɛ̃l kaʀ]

5 para as 4.
quatre heures moins cinq. [katʀ‿œʀ mwɛ̃ sɛ̃k]

É meio-dia/meia-noite.
Il est midi/minuit. [il‿ɛt midi/minɥi]

A que horas?/Quando?
À quelle heure?/Quand? [a kɛl‿œʀ/kɑ̃]

À 1h.
À une heure. [a yn‿œʀ]

Às 2h.
À deux heures. [a døz‿œʀ]

Por volta das 4h.
Vers quatre heures. [vɛʀ katʀ‿œʀ]

Daqui a uma hora.
Dans une heure. [dɑ̃z‿yn‿œʀ]

Daqui a duas horas.
Dans deux heures. [dɑ̃ døz‿œʀ]

Não antes das 9h da manhã.
Pas avant neuf heures du matin. [pa avɑ̃ nœv‿œʀ dy matɛ̃]

Depois das 8h da noite.
Après huit heures du soir. [apʀe ɥit‿œʀ dy swaʀ]

Entre 3 (horas) e 4 (horas).
Entre trois (heures) et quatre (heures).
[ɑ̃tʀə tʀwaz‿(œʀ) e katʀ(‿œʀ)]

A propósito, se você ouvir dizer que alguém *cherche midi à quatorze heures*, isso não significa que essa pessoa perdeu alguma coisa, mas que está procurando problema onde não existe, mais ou menos o equivalente francês de "procurar pelo em ovo". E para expressar que algo já "está mais do que na hora", diz-se *Il est moins une.*

Quanto tempo?
Combien de temps? [kɔ̃bjɛ̃d tɑ̃]

Duas horas.
Deux heures. [døz‿œʀ]

Das 10 às 11.
De dix à onze. [də dis a ɔ̃z]

Até as 5h.
Jusqu'à/Avant cinq heures. [ʒyska/avɑ̃ sɛ̃k‿œʀ]

Desde que horas?
Depuis quelle heure? [dəpɥi kɛl‿œʀ]

Desde as 8h da manhã.
Depuis huit heures du matin. [dəpɥi ɥit‿œʀ dy matɛ̃]

Há meia hora.
Depuis une demi-heure. [dəpɥi yn dəmijœʀ]

Há oito dias.
Depuis huit jours. [dəpɥi ɥi ʒuʀ]

a esta hora	**à cette heure-ci**[a sɛt‿œʀ si]
à noite	**le soir** [lə swaʀ], **la nuit** [la nɥi]
agora	**maintenant** [mɛ̃tnɑ̃]
amanhã	**demain** [dəmɛ̃]
amanhã de manhã/à noite	**demain matin/soir** [dəmɛ̃ matɛ̃/swaʀ]
anteontem	**avant-hier** [avɑ̃t‿jɛʀ]
ao meio-dia	**à midi** [a midi]
às vezes	**quelquefois** [kɛlkəfwa]
cedo	**tôt** [to]
daqui a quinze dias	**dans quinze jours** [dɑ̃ kɛ̃z ʒuʀ]
daqui a uma semana	**dans une semaine** [dɑ̃zyn səmɛn]

de hora em hora	**toutes les heures** [tut lez‿œʀ]
de manhã	**le matin** [lə matɛ̃]
de tarde	**l'après-midi** [lapʀɛmidi]
de vez em quando	**de temps en temps** [də tɑ̃z‿ɑ̃ tɑ̃]
depois de amanhã	**après-demain** [apʀɛ dmɛ̃]
diariamente	**tous les jours** [tu le ʒuʀ]
durante o dia	**pendant la journée** [pɑ̃dɑ̃ la ʒuʀne]
em uma semana	**en une semaine** [ɑ̃n‿yn səmɛn]
esta semana	**cette semaine** [sɛt səmɛn]
este fim de semana	**ce week-end** [sə wikɛnd]
há dez minutos	**il y a dix minutes** [il‿ja di minyt]
hoje	**aujourd'hui** [ɔʒuʀdɥi]
hoje de manhã/hoje à noite	**ce matin/ce soir** [sə matɛ̃/sə swaʀ]
logo	**bientôt** [bjɛ̃to]
mais cedo	**plus tôt** [ply to]
mais tarde	**plus tard** [ply taʀ]
no domingo	**dimanche** [dimɑ̃ʃ]
(n)o ano que vem	**l'année prochaine** [lane pʀɔʃɛn]
ontem	**hier** [jɛʀ]
outrora	**autrefois** [otʀəfwa]
pela manhã	**dans la matinée** [dɑ̃ la matine]
por volta do meio-dia	**vers midi** [vɛʀ midi]
recentemente	**l'autre jour** [lotʀə ʒuʀ]
segunda-feira passada	**lundi dernier** [lɛ̃di dɛʀnje]
tarde *(adv)*	**tard** [taʀ]
todos os dias	**tous les jours** [tu le ʒuʀ]

Dias da semana

segunda-feira	**lundi** *(m)* [lɛ̃di]
terça-feira	**mardi** *(m)* [maʀdi]
quarta-feira	**mercredi** *(m)* [mɛʀkʀədi]
quinta-feira	**jeudi** *(m)* [ʒœdi]
sexta-feira	**vendredi** *(m)* [vɑ̃dʀədi]
sábado	**samedi** [vɑ̃dʀədi]
domingo	**dimanche** [dimɑ̃ʃ]

Meses do ano

janeiro	**janvier** [ʒɑ̃vje]
fevereiro	**février** [fevʀije]
março	**mars** [maʀs]
abril	**avril** [avʀil]
maio	**mai** [mɛ]
junho	**juin** [ʒɥɛ̃]
julho	**juillet** [ʒɥijɛ]
agosto	**août** [u(t)]
setembro	**septembre** [sɛptɑ̃bʀ]
outubro	**octobre** [ɔktɔbʀ]
novembro	**novembre** [nɔvɑ̃bʀ]
dezembro	**décembre** [desɑ̃bʀ]

Estações do ano

primavera	**printemps** *(m)* [pʀɛ̃tɑ̃]
verão	**été** [ete]
outono	**automne** [otɔn]
inverno	**hiver** [ivɛʀ]

Algumas tradições francesas:

❒ No dia 1º de janeiro há um costume que provavelmente veio da Galícia, que é o de se beijar debaixo de um *gui*, um visco, para ter sorte o ano inteiro.

❒ No Dia de Reis costuma-se fazer uma *galette* (bolo de massa folhada com pasta de amêndoas), dentro do qual é escondida uma *fève*, uma espécie de fava grande de plástico. Quem a encontrar será rei/rainha.

❒ Na festa chamada *la Chandeleur* (Candelária), em 2 de fevereiro, são servidos crepes preparados da seguinte forma: segura-se uma moeda em uma das mãos e com a frigideira na outra vira-se o crepe, jogando-o no ar.

❒ No dia 1º de maio as pessoas se presenteiam com lírios-do-vale (à venda em várias esquinas), pois acreditam que eles trazem sorte. Este é, porém, o único dia em que alguns franceses vão aos bosques e florestas: eles querem colher os lírios-do-vale pessoalmente.

❒ No dia 14 de julho comemora-se a Festa Nacional. A festa tem fanfarra, fogos de artifício e dança na rua.

Feriados

Ano Novo	**Nouvel An** [nuvɛl‿ɑ̃]
Dia de Reis	**Fête** *(f)* **des Rois** [fɛt de ʀwa], **Épiphanie** *(f)* [epifani]
Carnaval	**carnaval** [kaʀnaval]
Terça-feira Gorda	**mardi** *(m)* **gras** [maʀdi gʀa]
Quarta-feira de Cinzas	**mercredi** *(m)* **des cendres** [mɛʀkʀədi de sɑ̃dʀ]
Sexta-feira Santa	**vendredi** *(m)* **saint** [vɑ̃dʀədi sɛ̃]
Páscoa	**Pâques** [pak]

Segunda-feira de Páscoa	**lundi** *(f)* **de Pâques** [lɛ̃did pak]
Dia do Trabalho	**Fête** *(f)* **du Travail** [fɛt dy tʀavaj]

O Dia do Trabalho, o Dia do Armistício, a Festa Nacional e o Dia da Assunção de Maria nunca são designados com seus nomes, mas com suas respectivas datas: *le premier mai, le 8 mai, le 14 juillet* e *le 15 août*.

8 de maio (Dia do Armistício de 1945)	**huit mai** [ɥi mɛ]
Ascensão	**Ascension** [asɑ̃sjɔ̃]
Pentecostes	**Pentecôte** *(f)* [pɑ̃tkot]
Segunda-feira de Pentecostes	**lundi** *(m)* **de Pentecôte** [lɛ̃did pɑ̃tkot]
Corpus Christi	**Fête-Dieu** *(f)* [fɛt djø]
Festa Nacional (14 de julho)	**quatorze juillet** *(m)* [katɔʀz ʒɥijɛ]
Assunção	**Assomption** [asɔ̃psjɔ̃]
Dia de Todos os Santos	**Toussaint** *(f)* [tusɛ̃]
Dia do Armistício (de 1918, 11 nov.)	**Armistice** [aʀmistis]
Véspera de Natal	**veille de Noël** [vɛj də nɔɛl], **réveillon** *(m)* [ʀevɛjɔ̃]
Natal	**Noël** [nɔɛl]
Véspera de Ano Novo	**Saint-Sylvestre** [sɛ̃ silvɛstʀ]

Datas

Que dia é hoje?
On est le combien aujourd'hui? [ɔ̃n‿ɛl kɔ̃bjɛ̃ oʒuʀdɥi]

Hoje é primeiro de maio.
Auhourd'hui, c'est le 1er mai. [oʒuʀdɥi sɛl pʀəmje mɛ]

Clima

Que tempo maravilhoso/horrível!
Quel temps superbe/affreux! [kɛl tɑ̃ sypɛʀb/afʀø]

Está frio/quente/abafado.
Il fait froid/chaud/lourd. [il fɛ fʀwa/ʃo/luʀ]

Está nublado/ventando.
Il ya du brouillard./Il fait du vent. [il‿ja dy bʀujaʀ/il fɛ dy vɑ̃]

O tempo vai continuar bom/ruim.
Le temps va rester beau./Le mauvais temps va persister.
[lə tɑ̃ va ʀɛste bo/lə movɛ tɑ̃ va pɛʀsiste]

Vai esquentar/esfriar.
Le temps va se radoucir/rafraîchir.
[lə tɑ̃ va sə ʀadusiʀ/sə ʀafʀɛʃiʀ]

Vai chover/nevar.
Il va pleuvoir/neiger. [il va pløvwaʀ/nɛʒe]

Quantos graus está fazendo hoje?
Quelle température fait-il aujourd'hui? [kɛl tɑ̃peʀatyʀ fɛt‿il oʒuʀdɥi]

Está fazendo 20 graus.
Il fait vingt degrés. [il fɛ vɛ̃ dəgʀe]

Qual é a condição das estradas na região de Vosges?
Quel est l'état des routes dans les Vosges?
[kɛl‿ɛ leta de ʀut dɑ̃ le voʒ]

As estradas estão escorregadias.
Les routes sont verglacées. [le ʀut sɔ̃ vɛʀglase]

A visibilidade é de apenas 20 metros/é de menos de 50 metros.
La visibilité n'est que de vingt mètres/est de moins de cinquante mètres. [la vizibilite nɛ kə də vɛ̃ mɛtʀ/ɛ də mwɛ̃ də sɛ̃kɑ̃t mɛtʀ]

Será preciso pôr correntes nos pneus.
Il va falloir mettre des chaînes. [il va falwaʀ mɛtʀə de ʃɛn]

abafado	**lourd** [luʀ]
aguaceiro	**averse** *(f)* [avɛʀs]
ar	**air** [ɛʀ]
boletim meteorológico	**bulletin météo(rologique), météo** *(f)* [byltɛ̃ meteɔ(ʀɔlɔʒik), meteo]
calmaria	**calme** *(m)* [kalm]
calor	**chaleur** *(f)* [ʃalœʀ]
camada de gelo	**verglas** *(m)* [vɛʀgla]
chuva	**pluie** [plɥi]
chuvoso	**pluvieux** [plyvjø]
ensolarado	**ensoleillé** [ɑ̃sɔlɛje]
força do vento	**force du vent** [fɔʀs dy vɑ̃]
frio	**froid** [fʀwa]
geada	**gel** *(m)* [ʒɛl]
gelo	**glace** *(f)* [glas]
instável	**variable** [vaʀjabl]
maré alta	**marée haute** [maʀe ot]
maré baixa	**marée basse** [maʀe bas]
muito quente	**très chaud** [tʀɛ ʃo]
neve	**neige** [nɛʒ]
nevoeiro	**brouillard** [bʀujaʀ]
nublado	**nuageux** [nyaʒø]
nuvem	**nuage** *(f)* [nyaʒ]
onda de calor	**canicule, vague de chaleur** [kanikyl/vag də ʃalœʀ]
previsão do tempo	**prévisions** *(pl)* **météo(rologiques)** [pʀevizjɔ̃ meteɔ(ʀɔlɔʒik)]
quente	**chaud** [ʃo]
raio	**éclair** [eklɛʀ]
rajada de vento	**rafale** [ʀafal]
sol	**soleil** [sɔlɛj]
temperatura	**température** [tɑ̃peʀatyʀ]

tempestade	**tempête** [tɑ̃pɛt]
temporal	**orage** [ɔʀaʒ]
trovão	**tonnerre** [tɔnɛʀ]
úmido	**humide** [ymid]
vento	**vent** [vɑ̃]

Cores

amarelo	**jaune** [ʒon]
azul	**bleu** [blø]
bege	**beige** [bɛʒ]
branco	**blanc** [blɑ̃]
cinza	**gris** [gʀi]
cor de laranja	**orange** [ɔʀɑ̃ʒ]
cor-de-rosa	**rose** [ʀoz]
dourado	**doré** [dɔʀe]
lilás	**lilas** [lila], **mauve** [mov]
marrom	**marron** [maʀɔ̃]
prata	**argenté** [aʀʒɑ̃te]
preto	**noir** [nwaʀ]
roxo	**violet** [vjɔlɛ]
turquesa	**turquoise** [tyʀkwaz]
verde	**vert** [vɛʀ]
vermelho	**rouge** [ʀuʒ]
... claro	**... clair** [klɛʀ]
... escuro	**... foncé** [fɔ̃se]
de cor	**de couleur** [də kulœʀ]
colorido	**multicolore** [myltikɔlɔʀ]
unicolor	**uni** [yni]

Saudações e despedidas 42
Cortesia 44
Opiniões e sentimentos 46
Elogios 49
Conversa breve 50
Encontro 55
Paquera 56
Dificuldades de compreensão 57

Na França não apenas os políticos e o presidente têm predileção pelo cumprimento com aperto de mãos, mas em geral todos se cumprimentam dessa forma.
No círculo familiar, bem como entre conhecidos e colegas, é comum o cumprimento com beijinhos, tanto entre mulheres como entre mulheres e homens. A quantidade de beijinhos, que pode variar entre dois, três ou quatro, depende dos hábitos pessoais.
Outra coisa: ao cumprimentar seu vizinho de férias, você não precisa se esforçar para chamá-lo pelo nome, pois na França é considerado descortês chamar pelo nome alguém que conhecemos apenas de vista. Portanto, pode ficar tranquilamente no *Bonjour Monsieur, Bonjour Madame!*

Saudações e despedidas

Cumprimentos

Bom dia!
Bonjour! [bɔ̃ʒuʀ]

Boa tarde!
Bonjour! [bɔ̃ʒuʀ]

Boa noite!
Bonsoir! [bɔ̃swaʀ]

Oi!/Olá!
Salut! [saly]

Como o(a) senhor(a) se chama?
Comment vous appelez-vous? [kɔmɑ̃ vuz‿aple vu]

Como você se chama?
Comment tu t'appelles? [kɔmɑ̃ ty tapɛl]

Eu me chamo ...
Je m'appelle ... [ʒə mapɛl ...]

Como vai o(a) senhor(a)?
Comment allez-vous? [kɔmɑ̃t‿ale vu]

Como vai?
Comment ça va? [kɔmɑ̃ sa va]

Tudo bem?
Ça va? [sa va]

Bem, obrigado(a). E o(a) senhor(a)/você?
Bien, merci. Et vous-même/toi?
[bjɛ̃ mɛʀsi e vu mɛm/twa]

Apresentação

Apresento-lhe(s) ...
Je vous présente ... [ʒə vu pʀezɑ̃t]

a senhora ...
Madame ... [madam]

a senhorita ...
Mademoiselle ... [madmwazɛl]

o senhor ...
Monsieur ... [məsjø]

meu marido./minha mulher.
mon mari. [mɔ̃ maʀi]/**ma femme.** [ma fam]

meu filho./minha filha.
mon fils. [mɔ̃ fis]/**ma fille.** [ma fij]

meu amigo./minha amiga.
mon ami. [mɔ̃n‿ami]/**mon amie.** [mɔ̃n‿ami]

Despedidas

Até logo!
Au revoir! [o ʀəvwaʀ]

Até breve!
À bientôt! [a bjɛ̃to]

Até já!
À tout à l'heure! [a tut‿a lœʀ]

Até amanhã!
À demain! [a dmɛ̃]

Boa noite!
Bonne nuit! [bɔn nɥi]

Tchau!
Salut! [saly]

Boa viagem!
Bon voyage! [bɔ̃ vwajaʒ]

Cortesia

Pedir e agradecer

Geralmente não se responde ao *merci*, o que talvez seja uma tarefa difícil para alguém que durante toda a vida respondeu "de nada" ao "obrigado(a)"...

Por favor.
S'il vous plaît *(form)*/**S'il te plaît** *(inform)*.
[sil vu plɛ/sil tə plɛ]

Sim, por favor.
Oui, je veux bien. [wi ʒvø bjɛ̃]

Não, obrigado(a)!
Non, merci! [nɔ̃ mɛʀsi]

Posso?
Vous permettez? [vu pɛʀmɛte]

O(A) senhor(a) poderia me ajudar, por favor?
Vous pouvez m'aider, s.v.p.? [vu puve mede sil vu plɛ]

Obrigado(a)!
Merci! [mɛʀsi]

Obrigado(a), com todo prazer! ***(quando se aceita algo, por exemplo bebida ou comida)***
Merci, bien volontiers! [mɛʀsi bjɛ̃ vɔlɔ̃tje]

Obrigado(a), o(a) senhor(a) é muito gentil.
Vous êtes bien aimable, merci! [vuz‿ɛt bjɛ̃‿ɛmabl mɛʀsi]

Não há de quê./De nada.
Mais, je vous en prie./De rien. [mɛ ʒvuz‿ɑ̃ pʀi/də ʀjɛ̃]

Desculpas

Desculpe-me!
Excusez-moi. *(form)*/**Excuse-moi.** *(inform)*
[ɛkskyze mwa/ɛkskyz mwa]

Não foi isso o que eu quis dizer.
Ce n'est pas ce que je voulais dire.
[snɛ pa skə ʒvulɛ diʀ]

Infelizmente é impossível.
C'est malheureusement impossible.
[sɛ malœʀøzmɑ̃t‿ɛ̃pɔsibl]

Felicitações

Meus parabéns!
Toutes mes félicitations! [tut me felisitasjɔ̃]

Feliz aniversário!
Bon anniversaire! [bɔn‿anivɛʀsɛʀ]

Boa sorte!
Bonne chance! [bɔn ʃɑ̃s]

Desejo-lhe as melhoras!
Je vous ***(form)*****/Je te** ***(inform)*** **souhaite un prompt rétablissement.**
[ʒvu/ʒtə suɛt ɛ̃ pʀɔ̃ ʀetablismɑ̃]

Opiniões e sentimentos

Anuência

Bom.
Bon./Bien. [bɔ̃/bjɛ̃]

Absolutamente.
Tout à fait. [tut‿a fɛ]

Exatamente.
Exactement.[ɛgzaktəmɑ̃]

Isso mesmo.
C'est ça. [sɛ sa]

Acho (muito) bom.
Je trouve ça (très) bien.
[ʒə tʀuv sa (tʀɛ) bjɛ̃]

Com prazer!
Avec plaisir! [avɛk pleziʀ]

Recusa

Não tenho tempo.
Je n'ai pas le temps. [ʒnɛ pal tɑ̃]

Não estou com vontade.
Je n'en ai pas envie. [ʒnɑ̃ nɛ paz‿ɑ̃vi]

Não concordo.
Je ne suis pas d'accord. [ʒən sɥi pa dakɔʀ]

Está fora de cogitação!
Il n'en est pas question! [il nɑ̃ nɛ pa kɛstjɔ̃]

De jeito nenhum!
En aucun cas! [ɑ̃n‿okɛ̃ ka]

Preferências

Gosto./Não gosto.
Ça me plaît./Ça ne me plaît pas. [sam plɛ/san mə plɛ pa]

Eu preferiria ...
J'aimerais mieux .../Je préférerais ... [ʒɛmʀɛ mjø/ʒpʀefɛʀʀɛ]

O que mais me agradaria seria ...
Ce qui me plairait le plus, ce serait de ...
[skim plɛʀɛ lə plys sə sʀɛ də]

Indenifição

Para mim, tanto faz.
Ça m'est égal. [sa mɛt‿egal]

Ainda não sei.
Je ne sais pas encore. [ʒən sɛ paz‿ɑ̃kɔʀ]

Talvez.
Peut-être. [pøtɛtʀ]

Provavelmente.
Probablement. [pʀɔbabləmɑ̃]

Alegria – entusiasmo

Formidável!
Formidable! [fɔʀmidablə]

Perfeito!
Parfait! [paʀfɛ]

Genial!
Génial! [ʒenjal]

Fantástico!
Super! [sypɛʀ]

Se em determinado contexto você ouvir de repente *le pied!* (o pé), não fique surpreso: é uma das formas utilizadas pelos franceses para expressar seu entusiasmo!

Admiração – surpresa

Ah, é?
Ah bon? [a bɔ̃]

Verdade?/Sério?
Vraiment? [vʀɛmɑ̃]

Incrível!
Incroyable! [ɛ̃kʀwajablə]

Contrariedade

Que maçada!
C'est ennuyeux. [sɛt‿ɑ̃nɥijø]

Droga!
Mince alors! [mɛ̃s‿alɔʀ]

Já chega!
Ça suffit maintenant! [sa syfi mɛ̃tnɑ̃]

Desgosto – decepção

Droga!
Zut! [zyt]

Sinto muito.
Je suis navré/désolé. [ʒə sɥi navʀe/dezɔle]

Que pena!
Dommage! [dɔmaʒ]

Elogios

É maravilhoso!
C'est magnifique! [sɛ maɲifik]

É muito gentil de sua parte!
C'est bien aimable à vous! *(form.)* [sɛ bjɛ̃ ɛmabla vu]

Poucas vezes comemos tão bem como na sua casa.
Nous avons rarement aussi bien mangé que chez vous.
[nuz‿avɔ̃ ʀaʀmɑ̃ osi bjɛ̃ mɑ̃ʒe kə ʃe vu]

Aqui é realmente fantástico!
C'est vraiment fantastique ici! [sɛ vʀɛmɑ̃ fɑ̃tastik‿isi]

Que menino encantador!/Que menina encantadora!
Qu'il est mignon, ce petit./Qu'elle est mignone, cette petite.
[kil‿ɛ miɲɔ̃ sə pəti/kɛl‿ɛ miɲɔn sɛt pətit]

O(A) senhor(a) fala francês/português muito bem.
Mais vous parlez très bien le français/le portugais.
[mɛ vu paʀle tʀɛ bjɛ̃ lə fʀɑ̃sɛ/lə pɔʀtygɛ]

O(A) senhor(a) está com boa aparência.
Vous avez bonne mine. [vuz‿ave bɔn min]

O(A) senhor(a) não aparenta. *(idade)*
Vous ne le faites pas. [vun le fɛt pa]

Esse vestido cai bem em você/na senhora.
Cette robe te/vous va bien. [sɛt ʀɔb tə vu/va bjɛ̃]

acolhedor	**convivial** [kɔ̃vivjal]
agradável	**agréable** [agʀeablə]
amável, gentil	**aimable** [ɛmablə]
aprazível	**sympa** [sɛ̃pa]
belo/bonito	**beau** [bo]
bonito	**joli** [ʒɔli]
delicioso	**délicieux** [delisjø]
impressionante	**impressionnant** [ɛ̃pʀɛsjɔnɑ̃]

Conversa breve

Informações pessoais

Quantos anos o(a) senhor(a)/você tem?
Quel âge avez-vous?/Tu as quel âge?
[kɛl‿aʒ ave vu/ty a kɛl aʒ]

Tenho 39 anos.
J'ai 39 ans. [ʒɛ tʀɑ̃tnœvɑ̃]

Em que o(a) senhor(a)/você trabalha?
Quest-ce que vous faites/tu fais dans la vie?
[kɛs‿kə vu fɛt/ty fɛ dɑ̃ la vi]

Sou ...
Je suis ... [ʒə sɥi]

Trabalho em/no/na ... ***(seguido pelo nome da empresa)***
Je travaille chez ... [ʒtʀavaj ʃe]

Sou aposentado(a).
Je suis retraité(e). [ʒsɥi ʀətʀɛte]

Ainda estou estudando.
Je vais encore à l'école. [ʒvɛ ɑ̃kɔʀ a lekɔl]

Sou estudante.
Je suis étudiant ***(m)*****/étudiante** ***(f)*****.**
[ʒsɥiz‿etydjɑ̃/etydjɑ̃t]

Procedência e estadia

De onde o(a) senhor(a)/você é?
D'où êtes-vous?/Tu es d'où? [du ɛt vu/ty ɛ du]

Sou de ...
Je suis de ... [ʒə sɥi də]

O(A) senhor(a)/Você está em ... há muito tempo?
Vous êtes/Tu es à ... depuis longtemps?
[vuz‿ɛt/ty ɛ a ... dəpɥi lɔ̃tɑ̃]

Estou aqui há/desde ...
Je suis là depuis ... [ʒsɥi la dəpɥi]

Quanto tempo o(a) senhor(a)/você vai ficar?
Vous restez/Tu restes combien de temps?
[vu ʀɛste/ty ʀɛst kɔ̃bjɛ̃d tɑ̃]

É a primeira vez que o(a) senhor(a)/que você vem aqui?
C'est la première fois que vous venez/que tu viens ici?
[sɛ la pʀəmjɛʀ fwa kvu vnɛ/kty vjɛ̃ isi]

O(A) senhor(a) está gostando?
Ça vous plaît? [sa vu plɛ]

Família

O(A) senhor(a) é casado(a)?
Vous êtes marié(e)? [vuz‿ɛt maʀje]

O(A) senhor(a) tem filhos?
Vous avez des enfants? [vuz‿ave dez‿ɑ̃nfɑ̃]

Sim, mas eles já são grandes.
Oui, mais ils sont déjà grands.
[ɥi mɛz‿il sɔ̃ deʒa gʀɑ̃]

Quantos anos tem seu filho/sua filha?
Votre fils/Votre fille a quel âge?
[vɔtʀə fis/vɔtʀə fij a kɛl aʒ]

Ele/Ela tem 12 anos.
Il/Elle a douze ans. [il/ɛ̃l a duz‿ɑ̃]

Hobbies

➢ **ver também Férias em balneário e férias com atividades físicas e criativas**

Quais são os seus *hobbies*?
Quels sont vos *(form)*/tes *(inform)* hobbies? [kɛl sɔ̃ vo/te ɔbi]

Passo bastante tempo com meus filhos.
Je passe beacoup de temps avec mes enfants.
[ʒə pas bokud tɑ̃ avɛk mez‿ɑ̃fɑ̃]

Canto em um coral.
Je chante dans une chorale. [ʒə ʃɑ̃t dɑ̃z‿yn kɔʀal]

Navego bastante na internet.
Je surfe beaucoup sur le web. [ʒsœʀf boku syʀ lə wɛb]

Gosto de fazer bricolagem.
J'aime bricoler. [ʒem bʀikɔle]

Pinto um pouco.
Je peins un peu. [ʒə pɛ̃ ɛ̃ pø]

Coleciono selos/cartões-postais/antiguidades.
Je collectionne les timbres/les cartes postales/les antiquités.
[ʒə kɔlɛksjɔn le tɛ̃bʀə/le kaʀt pɔstal/lez‿ɑ̃tikite]

Eu me interesso por ...
Je m'intéresse à ... ***(f ou infinitivo)*****/au ...** ***(m)***
[ʒə mɛ̃teʀɛs a/o]

Faço parte de um/uma ...
Je fais partie d'un/d'une ...
[ʒə fɛ paʀti dɛ̃/dyn]

cozinhar	**faire la cuisine** [fɛʀ la kɥizin]
desenhar	**dessiner** [dɛsine]
fazer jardinagem	**jardiner** [ʒaʀdine]
ler	**lire** [liʀ]
não fazer nada	**ne rien faire** [nə ʀjɛ̃ fɛʀ]
ouvir música	**écouter de la musique** [ekute də la myzik]
pintar	**peindre** [pɛ̃ndʀə]
tocar música	**faire de la musique** [fɛʀ de la myzik]

Ginástica

➢ ver também Férias em balneário e férias com atividades físicas e criativas

Como o(a) senhor(a) se mantém em forma?
Comment vous maintenez-vous en forme?
[kɔmɑ̃ vu mɛ̃tne vu ɑ̃ fɔʀm]

Eu corro./Eu nado./Ando de bicicleta.
Je fais du jogging/de la natation/du vélo.
[ʒə fɛ dy dʒɔgiɲ/də la natasjɔ̃/dy velo]

Jogo *squash*/tênis/golfe uma vez por semana.
Je joue une fois par semaine au squash/tennis/golf.
[ʒə ʒu yn fwa paʀ səmɛn o skwaʃ/tɛnis/gɔlf]

Vou regularmente à academia.
Je vais régulièrement dans un centre de gym.
[ʒə vɛ ʀegyljɛʀmɑ̃ dɑ̃z‿ɛ̃ sɑ̃tʀə də ʒim]

Que esporte o(a) senhor(a) pratica?
Que sport est-ce que vous pratiquez?
[kɛl‿spɔʀ ɛs‿kə vu pʀatike]

Pratico ...
Je fais du *(m)*/de la *(f)* ... [ʒə fɛ dy/də la]

Sou fã de ...
Je suis un passioné *(m)*/une passionnée *(f)* de ...
[ʒsɥiz ɛ̃ pasjɔne/yn pasjɔne də]

Gosto de ir ...
J'aime bien aller ... [jɛm bjɛ̃ ale]

Posso me juntar a vocês?
Je peux me joindre à vous? [ʒpø mə ʒwɛ̃dʀa vu]

Encontro

A expressão *rendez-vous* não tem, no francês, conotação galante. Os homens de negócios marcam *rendez-vous*, e eu tenho um *rendez-vous* com meu irmão ou com uma amiga...

O(A) senhor(a)/Você já tem programa para amanhã?
Vous avez/Tu as des projets pour demain?
[vuz‿ave/ty a de pʀɔʒɛ puʀ dəmɛ̃]

Podemos ir juntos, se o(a) senhor(a)/você quiser.
On peut y aller ensemble, si vous voulez/si tu veux.
[ɔ̃ pø i ale ɑ̃sɑ̃bl si vu vule/si ty vø]

Poderíamos sair hoje à noite ...
On pourrait sortir ce soir ... [ɔ̃ puʀɛ sɔʀtiʀ sə swaʀ]

Vamos almoçar/jantar juntos?
Est-ce que je peux vous inviter *(form)*/**t'inviter** *(inform)* **à manger?** [ɛs‿kəʒ pø vuz‿ɛ̃vite/tɛ̃vite a mɑ̃ʒe]

A que horas nos encontraremos?
On se voit à quelle heure? [ɔ̃s vwa a kɛl‿œʀ]

Vamos nos encontrar às 9h na frente de .../no ...
On se retrouve à 9h devant .../au ... [ɔ̃s ʀətʀuva nœv‿œʀ dəvɑ̃/o]

Virei buscá-lo(a).
Je viens vous *(form)*/**te** *(inform)* **chercher** [ʒə vjɛ̃ vu/tə ʃɛʀʃe]

Posso vê-lo(a) de novo?
Est-ce que je peux vous *(form)*/**te** *(inform)* **revoir?**
[ɛs‿kəʒ pø vu/tə ʀəvwaʀ]

Foi realmente uma noite agradável.
C'était vraiment une soirée sympa. [setɛ vʀɛmɑ̃ yn swaʀe sɛ̃pa]

Paquera

Você tem olhos lindos.
Tu as des yeux magnifiques. [ty a dez‿jø maɲifik]

Gosto quando você ri.
J'aime bien quand tu ris. [ʒɛm bjɛ̃ kɑ̃ ty ʀi]

Gosto de você.
Tu me plais. [tym plɛ]

Achei você fantástico(a).
Je te trouve absolument super. [ʒtə tʀuv apsɔlymɑ̃ sypɛʀ]

Eu te amo!
Je t'aime. [ʒə tɛm]

Você tem namorado(a)?
Tu as un petit copain/une petite copine?
[ty a ɛ̃ pti kɔpɛ̃/yn ptit kɔpin]

Você vive com alguém?
Tu vis avec quelqu'un? [ty vi avɛk kɛlkɛ̃]

Você é gay/lésbica?
Tu es homo/lesbienne? [ty ez‿ɔmɔ/lɛsbjɛn]

Você é casado(a)?
Tu es marié(e)? [ty ɛ maʀie]

Conheço um lugar tranquilo.
Je connais un coin tranquille. [ʒkɔnɛ ɛ̃ kwɛ̃ tʀɑ̃kil]

Podemos passar a noite juntos?
On pourrait rester ensemble cette nuit?
[ɔ̃ puʀɛ ʀɛste ɑ̃sɑ̃blə sɛt nɥi]

Não, está indo rápido demais.
Non, ça va trop vite. [nɔ̃ sa va tʀo vit]

Podemos trocar uns carinhos.
On peut se faire des câlins. [ɔ̃ pø sfɛʀ de kalɛ̃]

Mas só com camisinha/preservativo!
Mais seulement avec des préservatifs!
[mɛ sœlmɑ̃ avɛk de pʀezɛʀvatif]

Você tem? ***(preservativos)***
Tu en as? [ty ɑ̃n‿a]

Onde podemos comprar? ***(preservativos)***
Où est-ce qu'on peut en acheter? [u ɛs‿kɔ̃ pø ɑ̃n‿aʃte]

Você gostou?
Ça t'a plu? [sa ta ply]

Foi maravilhoso!
C'était super! [setɛ sypɛʀ]

Agora vá embora!
Va-t-en maintenant! [vatɑ̃ mɛ̃ntnɑ̃]

Suma daqui!
Décampe! [dekɑ̃mp]

Deixe-me em paz!
Laissez-moi tranquille! [lese mwa tʀɑ̃kil]/***(mais forte)*** **Foutez-moi la paix!** [fute mwa la pɛ]

Dificuldades de compreensão

Como, por favor?
Comment? [kɔmɑ̃]
Pardon? [paʀdɔ̃]

Não estou entendendo. O(A) senhor(a) pode repetir, por favor?
Je ne comprends pas. Vous pouvez répéter, s'il vous plaît?
[ʒən kɔ̃pʀɑ̃ pa vu puve ʀepete sil vu plɛ]

O(A) senhor(a) poderia falar um pouco mais devagar, por favor?
Vous pourriez parler un peu plus lentement, s.v.p.?
[vu puʀje paʀle ɛ̃ pø ply lɑ̃tma sil vu plɛ]

Sei./Entendo.
Je comprends. [ʒkɔ̃pʀɑ]

O(A) senhor(a) fala .../Você fala ...
Vou parlez ... /Tu parles ... [vu paʀle/ty paʀl]

português?
portugais? [pɔʀtygɛ]

alemão?
allemand? [almɑ̃]

inglês?
anglais? [ɑ̃glɛ]

francês?
français? [fʀɑ̃sɛ]

Falo só um pouco de ...
Je parle un tout petit peu ... [ʒpaʀl ɛ̃ tu pti pø]

Por favor, o(a) senhor(a) poderia escrever?
Vous pouvez me l'écrire, s.v.p.? [vu puvem lekʀiʀ sil vu plɛ]

A CAMINHO

Perguntas sobre o caminho 60
Na fronteira 62
Automóvel e motocicleta 65
Avião 76
Trem 79
Navio 84
Meios de transporte urbano 86
Táxi 89

Se você quiser se deslocar rapidamente na França, recomendamos que use o trem. O trem de alta velocidade *TGV (train à grande vitesse)*, que trafega a uma velocidade de 300 km/h, permite viajar de Paris a Marselha (863 km) em três horas e dez minutos. Mas é necessário ter reserva, o que é possível fazer até cinco minutos antes do embarque.

Quem prefere viajar de carro deve respeitar o limite de velocidade das estradas, 130 km/h, ou correr o risco de pagar multas bem altas. Mesmo para quem obedece ao limite de velocidade não é barato trafegar pelas rodovias da França, pois em quase toda parte há pedágios. Entretanto, se a pessoa perceber a tempo, poderá sair da rodovia. A palavra mágica é *péage* (pedágio). Quando você vir uma placa com a indicação de *péage* e, junto, *sortie* (saída), poderá decidir-se por prosseguir viagem por uma estrada vicinal ou regional.

Perguntas sobre o caminho

Indicações de lugar

à esquerda/à direita	**à gauche** [a goʃ]/**à droite** [a dʀwat]
ao lado de	**à côté de** [a kote də]
aqui/lá	**ici** [isi]/**là, là-bas** [la, laba]
cruzamento	**carrefour** [kaʀfuʀ]
curva	**virage** *(m)* [viʀaʒ]
diante de/atrás de	**devant** [dəvɑ̃]/**derrière** [dɛʀjɛʀ]
em frente, reto	**tout droit** [tu dʀwa]
em frente de	**en face de** [ɑ̃ fas də]
para, em direção a	**à, vers, en direction de** [a, vɛʀ, ɑ̃ diʀɛksjɔ̃ də]
perto/longe	**près** [pʀɛ]/**loin** [lwɛ̃]

rua	**rue** [ʀy]
semáforo	**feu (de circulation)** [fø (də siʀkylasjɔ̃)]

Descrição do caminho

Por favor, qual o caminho para ...?
Excusez-moi, pour aller à ..., s'il vous plaît?
[ɛkskyse mwa puʀ ale a ... sil vu plɛ]

Sempre em frente/reto até ...
Toujours tout droit jusqu'à ... [tuʒuʀ tu dʀwa ʒyska]

Em seguida, vire à esquerda/à direita no semáforo.
Ensuite, vous tournez à gauche/à droite, au feu.
[ɑ̃sɥit vu tuʀne a goʃ/a dʀwat o fø]

Siga as placas.
Suivez les panneaux. [sɥive le pano]

A placa *Toutes directions* (todas as direções) pode parecer estranha para muitos estrangeiros, mas geralmente é de grande ajuda para encontrarmos o caminho correto.

É longe daqui?
C'est loin d'ici? [sɛ lwɛ̃ disi]

Mais ou menos dois quilômetros.
Environ deux kilomètres. [ɑ̃viʀɔ̃ dø kilɔmɛtʀə]

É bem perto daqui.
C'est tout près d'ici. [sɛ tu pʀɛ disi]

Por favor, senhora/senhorita/senhor, esta é a estrada para ...?
Pardon Mme/Mlle/M., je suis bien sûr la route de ...?
[paʀdɔ̃ madam/madmwazɛl/məsjø ʒə sɥi bjɛ̃ suʀ la ʀut də]

Por favor, senhora/senhorita/senhor, onde fica ...?
Pardon Mme/Mlle/M., où se trouve ..., s.v.p.?
[paʀdɔ̃ madam/ madmwazɛl/ məsjø us tʀuv ... sil vu plɛ]

Sinto muito, mas não sei.
Je suis désolé, je ne sais pas. [ʒə sɥi dezɔle ʒən sɛ pa]

Eu não sou daqui
Je ne suis pas d'ici. [ʒən sɥi pa disi]

Vá reto/em frente./Vire à esquerda/à direita.
Vous allez tout droit./Vous prenez à gauche/à droite.
[vuz ale tu dʀwa/vu pʀəne a goʃ/a dʀwat]

A primeira/segunda à esquerda/à direita.
La première/deuxième rue à gauche/à droite.
[la pʀəmjɛʀ/døzjɛm ʀy a goʃ/a dʀwat]

Atravesse ...
Vous traversez ... [vu tʀavɛʀse]

a ponte.
le pont. [lə pɔ̃]

a praça.
la place. [la plas]

a rua.
la rue. [la ʀy]

O melhor é pegar o ônibus nº ...
Le mieux, c'est de prendre le bus n°...
[lə mjø sɛd pʀɑ̃dʀ lə bys nymeʀo]

Na fronteira

Fiscalização de passaporte

Seu passaporte, por favor!
Votre passeport, s'il vous plaît! [vɔtʀə paspɔʀ sil vu plɛ]

O(A) senhor(a) tem visto?
Vous avez un visa? [vuz ave ɛ̃ viza]

Posso obter o visto aqui?
Est-ce que je peux obtenir le visa ici?
[ɛs‿kəʒ pø ɔbtəniʀ lə viza isi]

Controle alfandegário

O(A) senhor(a) tem alguma coisa a declarar?
Vous avez quelque chose à déclarer?
[vuz ave kɛlkə ʃoz a deklaʀe]

Encoste à direita/à esquerda, por favor.
Rangez-vous sur la droite/la gauche, s.v.p.
[ʀɑ̃ʒe vu syʀ la dʀwat/la goʃ sil vu plɛ]

Por favor, abra o porta-malas/esta mala.
Ouvrez votre coffre/cette valise, s.v.p.
[uvʀe vɔtʀə kɔfʀ/sɛt valiz sil vu plɛ]

É preciso declarar isto?
Il faut déclarer ça? [il fo deklaʀe sa]

Dados pessoais

data de nascimento	**date de naissance** [dat də nɛsɑ̃]
documento de identidade	**pièce** *(f)* **d'identité** [pjɛs didɑ̃tite]
domicílio	**domicile** [dɔmisil]
estado civil	**situation** *(f)* **de famille** [sityasjɔ̃d famij]
casado(a)	**marié(e)** [maʀje]
solteiro(a)	**célibataire** [selibatɛʀ]
viúvo/viúva	**veuf** [vœf]/**veuve** [vœv]
local de nascimento	**lieu de naissance** [ljød nɛsɑ̃s]

nacionalidade	**nationalité** [nasjɔnalite]
nome	**prénom** [pʀenɔ̃]
sobrenome	**nom de famille** [nɔ̃d famij]
sobrenome de solteira	**nom de jeune fille** [nɔ̃d jœn fij]

Fronteira

alfândega	**douane** [dwan]
cartão de seguro do carro	**carte** *(f)* **verte** [kaʀtə vɛʀt]
carteira de identidade	**carte d'identité** [kaʀtə didɑ̃tite]
carteira de motorista	**permis** *(m)* **de conduire** [pɛʀmid kɔ̃dɥiʀ]
carteira internacional de vacinação	**carnet** *(m)* **international de vaccination** [kaʀnɛ ɛ̃tɛʀnasjɔnal də vaksinasjɔ̃]
cidadão da União Europeia	**citoyen européen** [sitwajɛ̃ øʀopeɛ̃]
controle de passaportes	**contrôle des passeports** [kɔ̃tʀol de paspɔʀ]
entrada	**entrée** [ɑ̃tʀe]
fronteira	**frontière** [fʀɔ̃tjɛʀ]
isento de taxas alfandegárias	**exempt de droits de douane** [ɛgzɑ̃ də dʀwad duan]
passaporte	**passeport** [paspɔʀ]
placa de nacionalidade	**plaque de nationalité** [plak də nasjɔnalite]
placa do carro	**plaque d'immatriculation** [plak dimatʀikylasjɔ̃]
posto de fronteira	**poste-frontière** [pɔstə fʀɔ̃tjɛʀ]
saída	**sortie** [sɔʀti]
sujeito a taxas alfandegárias	**soumis aux droits de douane** [sumi o dʀwad duan]
taxas alfandegárias	**droits** *(m)* **de douane** [dʀwad duan]

válido	**valable** [valabl]
visto	**visa** [viza]

Automóvel e motocicleta

Quanto às regras de trânsito, os franceses não as seguem tão à risca como outros povos europeus. Quando não há semáforos, os motoristas quase nunca param nas faixas de pedestres, a não ser para idosos e crianças pequenas, mas nem sempre. Para atravessar a rua, os pedestres ficam esperando até que não venha nenhum carro, e se – contrariando as expectativas – algum carro para, o pedestre agradece.
Já nos semáforos às vezes acontece o contrário: o pedestre avança mesmo quando o farol de pedestres está vermelho. Nesses casos, porém, os motoristas são relativamente tolerantes. De qualquer modo, é melhor tomar cuidado e respeitar a sinalização, para evitar problemas. Mas, ao atravessar uma rua, se realmente não estiver vindo nenhum carro, ninguém vai estranhar se você não esperar o farol de pedestres abrir.

Rotas, indicações ...

alça de acesso	**bretelle** [bʀətɛl]
área de descanso	**aire de repos** [ɛʀ də ʀəpo]
carona *(pessoa que pega carona)*	**autostoppeur** *(m)*/**auto-stoppeuse** *(f)* [otɔstɔpœʀ/otɔstɔpøz]
engarrafamento, congestionamento	**embouteillage** [ɑ̃butɛjaʒ]
entrada	**entrée** [ɑ̃tʀe]

estrada secundária	**route secondaire** [Rut səgɔ̃dεR], **route départementale** [Rut depaRtəmɑ̃tal]
fiscalização por radar	**contrôle** *(m)* **radar** [kɔ̃tRol RadaR]
índice máximo de alcoolemia	**taux** *(m)* **d'alcoolémie maximal** [to dalkɔlemi maksimal]
multa	**amende** [amɑ̃d]
pedágio	**péage** [peaʒ]
pedir carona	**faire de l'auto-stop** [fεR də lotɔstɔp]
placa de trânsito	**poteau** *(m)* **indicateur** [pɔto ε̃dikatœR]
posto de serviço	**aire** *(f)* **de service** [εR də sεRvis]
restaurante de estrada	**restoroute** [Rεstɔrut]
rodovia	**autoroute** [otɔRut]
rua principal	**rue principale** [Ry pRε̃sipal]
saída	**sortie (d'autoroute)** [sɔRti (dotoRut)]
travessa	**rue adjacente** [Ry adʒasɑ̃t]
via expressa	**voie rapide** [vwa Rapid]

No posto de gasolina

➢ **ver também Na oficina mecânica**

Por favor, senhora/senhorita/senhor, onde fica o posto de gasolina mais próximo?
Pardon Mme/Mlle/M., où est la station-service la plus proche, s.v.p.? [paRdɔ̃ madam/madmwazεl/məsjø u ε la stasjɔ̃ sεRvis la ply pRɔʃ sil vu plε]

Coloque ... litros de ...., por favor.
... litres, s'il vous plaît. [litRə sil vu plε]

(gasolina sem chumbo) 95 (octanos)
Du (sans plomb) 95 (octanes). [dy (sɑ̃ plɔ̃) katRə vε̃kε̃(z‿ɔktan)]

(gasolina sem chumbo) 98 (octanos).
Du (sans plomb) 98 (octanes). [dy (sɑ̃ plɔ̃) katʀə vɛ̃ dizɥit(‿ɔktan)]

gasolina especial.
Du super. [dy sypɛʀ]

diesel.
Du gazole/gasoil. [dy gazɔl/gazwal]

A gasolina especial (*super*) da França não é isenta de chumbo. Quem quiser gasolina especial sem chumbo deve pegar a *98*.

Encha o tanque, por favor.
Le plein, s.v.p. [lə plɛ̃ sil vu plɛ]

Verifique o nível do óleo, por favor.
Vérifiez le niveau d'huile, s.v.p. [veʀifje lə nivo dɥil sil vu plɛ]

Por favor, eu queria um mapa rodoviário desta região.
Je voudrais une carte routière de la région, s.v.p.
[ʒvudʀɛ yn kaʀt ʀutjɛʀ də la ʀeʒjɔ̃ sil vu plɛ]

Estacionamento

Em geral, durante o horário do almoço, ou seja, entre 12h e 14h, é possível estacionar o carro gratuitamente em áreas com parquímetros. Mas confirme antes, pois em Paris, por exemplo, a regra não é essa!

Por favor, a senhora/a senhorita/o senhor sabe se há algum estacionamento aqui perto?
Pardon, Mme/Mlle /M., est-ce qu'il ya un parking près d'ici, s.v.p.? [paʀdɔ̃ madam/madmwazɛl/məsjø ɛs‿kil‿ja ɛ̃ paʀkiŋ pʀɛ disi sil vu plɛ]

Indicações e informações

Arrêt interdit	Proibido estacionar
Attention	Cuidado/Atenção
Chantier	Obras
Chaussée déformée	Pista irregular
Danger	Perigo
Dérapage	Perigo de derrapagem
Descente dangereuse	Declive perigoso
Déviation	Desvio
École	Escola
Entrée interdite	Entrada proibida
Fin d'interdiction de stationner	Término da área de estacionamento proibido
Gravillons	Cascalho
Haute tension	Alta-tensão
Hôpital	Hospital
Péage	Pedágio
Poids lourds	Caminhões
Priorité à droite	Preferência de quem vem pela direita
Prudence	Cuidado
Ralentir	Reduza a velocidade
Rappel	Advertência
Secours routier français	Resgate rodoviário francês
Serrer à droite (à gauche)	Conserve-se à direita (à esquerda)
Sortie d'autoroute	Saída
Sortie de véhicules	Saída de veículos
Stationnement interdit	Proibido estacionar
Trous en formation	Buracos na pista
Virage dangereux	Curva perigosa

Voie de dégagement	Desvio
Zone à stationnement réglementé	Área de estacionamento regulamentado

O estacionamento tem vigia?
Est-ce que le parking est gardé?
[ɛs‿kə lə paʀkiŋ ɛ gaʀde]

Qual é o preço por hora?
Quel est le tarif pour une heure?
[kɛl‿ɛl taʀif puʀ yn‿œʀ]

O estacionamento fica aberto a noite toda?
Est-ce que le parking est ouvert toute la nuit?
[ɛs‿kə lə paʀkiŋ ɛt‿uvɛʀ tut la nɥi]

Problemas mecânicos

Meu carro está avariado.
Je suis en panne. [ʒə sɥiz‿ɑ̃ pan]

Por favor, senhora/senhorita/senhor, há alguma oficina aqui perto?
Pardon Mme/Mlle/M., est-ce qu'il y a un garage près d'ici? s.v.p.? [paʀdɔ̃ madam/madmwazɛl/məsjø ɛs‿kil‿ja ɛ̃ gaʀaʒ pʀɛ disi sil vu plɛ]

Por favor, o(a) senhor(a) poderia telefonar para o serviço de reboque?
Vous pourriez téléphoner pour moi à un service de dépannage, s.v.p.? [vu puʀje telefɔne puʀ mwa a ɛ̃ sɛʀvis də depanaʒ sil vu plɛ]

O(A) senhor(a) poderia me dar um pouco de gasolina, por favor?
Vous pourriez me donner un peu d'essence, s.v.p.? [vu puʀjem dɔne ɛ̃ pø dɛsɑ̃s sil vu plɛ]

O(A) senhor(a) poderia me ajudar a trocar o pneu, por favor?
Vous pourriez m'aider à changer la roue, s.v.p.?
[vu puʀje mede a ʃɑ̃ʒe la ʀu sil vu plɛ]

Será que o(a) senhor(a) poderia me levar até a oficina mais próxima?
Est-ce que vous pouvez m'emmener jusqu'au prochain garage?
[ɛs‿kə vu puve mɑ̃mne ʒysko pʀɔʃɛ̃ gaʀaʒ]

avaria	**panne** [pan]
cabo de reboque	**câble de remorquage** [kablə də ʀəmɔʀkaʒ]
cabo do motor de arranque	**câble de démarrage** [kablə də demaʀaʒ]
estepe	**roue** *(f)* **de secours** [ʀud səkuʀ]
ferramentas	**outils** *(m)* [uti]
galão de combustível	**bidon d'essence** [bidɔ̃ dɛsɑ̃s]
guincho, reboque	**dépanneuse** *(f)* [depanøz]
luzes de advertência, pisca alerta	**feux** *(m)* **de détresse** [fød də detʀɛs]
macaco	**cric** [kʀik]
pneu furado	**pneu crevé** [pnø kʀəve]
rebocar	**remorquer** [ʀəmɔʀke]
socorro mecânico	**service de dépannage** [sɛʀvis də depanaʒ]
telefone de emergência	**téléphone de secours** [telefɔn də skuʀ]
triângulo de segurança	**triangle de présignalisation** [tʀijɑ̃gl də pʀesiɲalizasjɔ̃]

Na oficina mecânica

Meu carro não arranca.
Ma voiture ne démarre pas. [ma vwatyʀ nə demaʀ pa]

Meu carro está com problemas de motor.
J'ai des ennuis de moteur. [ʒɛ dez‿ɑ̃nɥid mɔtœʀ]

... está/estão com defeito.
... est/sont défectueux *(m)*/**défectueuse(s)** *(f/f.pl)*
[... ɛ/sɔ̃ defɛktyø/defɛktyøz]

Está vazando óleo.
Il y a une fuite d'huile. [il‿ja yn fɥit dɥil]

Está fazendo um barulho estranho do lado direito.
Il y a un drôle de bruit à droite. [il‿ja ɛ̃ dʀol də bʀɥi a dʀwat]

Pode dar uma olhada, por favor?
Vous pouvez jeter un coup d'oeil, s.v.p.?
[vu puve ʒte ɛ̃ ku dœj sil vu plɛ]

Quando meu carro/minha moto fica pronto(a)?
Quand est-ce que ma voiture/ma moto sera prête?
[kɑ̃t‿ɛs‿kə ma vwatyʀ/ma mɔto səʀa pʀɛt]

Quanto vai custar?
Ça va me coûter combien? [sa vam kute kɔ̃bjɛ̃]

acelerador	**accélérateur** [akseleʀatœʀ]
água do radiador	**eau de refroidissement** [od ʀəfʀwadismɑ̃]
anticongelante	**antigel** [ɑ̃tiʒɛl]
bloqueio automático do arranque	**antidémarrage éléctronique** [ɑ̃tidemaʀaʒ elɛktʀɔnik]
bomba de gasolina	**pompe à essence** [pɔ̃p‿a ɛsɑ̃s]
buzina	**klaxon** *(m)* [klaksɔn]

caixa de câmbio	**boîte de vitesses** [bwat də vitɛs]
câmbio automático	**boîte** *(f)* **automatique** [bwat ɔtɔmatik]
cano de escapamento	**tuyau d'échappement** [tɥijo deʃapmɑ̃]
capô	**capot** [kapo]
cinto de segurança	**ceinture** *(f)* **de sécurité** [sɛ̃tyʀ də sekyʀite]
curto-circuito	**court-circuit** [kuʀsiʀkɥi]
dano, prejuízo	**dommage** [dɔmaʒ]
defeito	**défaut** [defo]
dínamo	**dynamo** *(f)* [dinamo]
embreagem	**embrayage** *(m)* [ɑ̃bʀɛjaʒ]
faróis traseiros	**feux arrière** [fø aʀjɛʀ]
farol	**phare** [faʀ]
farol alto	**feux** *(pl)* **de route** [fød ʀut]
farol baixo	**codes** *(m/pl)* [kɔd]
filtro de ar	**filtre à air** [filtʀ a ɛʀ]
fluido de freio	**liquide de frein** [likid də fʀɛ̃]
freio	**frein** [fʀɛ̃]
freio de mão	**frein à main** [fʀɛ̃ a mɛ̃]
ignição	**allumage** *(m)* [alymaʒ]
limpador de para-brisas	**essuie-glace** [esɥi glas]
luzes de advertência	**feux** *(m)* **de détresse** [fød detʀɛs]
luzes de freio	**stops** *(m)* [stɔp]
luzes de posição, faroletes	**feux** *(m)* **de position** [fød pozisjɔ̃]
marcha	**vitesse**
marcha a ré	**marche arrière** [maʀʃ aʀjɛʀ]
ponto morto	**point mort** [pwɛ̃ mɔʀ]
primeira marcha	**première** [pʀəmjɛʀ]
motor	**moteur** [mɔtœʀ]
motor de arranque	**démarreur** [demaʀœʀ]

oficina mecânica	**atelier** *(m)* [atəlje], **garage** *(m)* [gaʀaʒ]
óleo	**huile** *(f)* [ɥil]
para-brisa	**pare-brise** [paʀbʀiz]
para-choque	**pare-choque** [paʀʃɔk]
parafuso	**vis** *(f)* [vis]
pisca-pisca, seta	**clignotant** *(m)* [kliɲɔtɑ̃]
pneu	**pneu** [pnø]
pneu para a neve	**pneu neige** [pnø nɛʒ]
porta-malas	**coffre** [kɔfʀ]
radiador	**radiateur** [ʀadjatœʀ]
retrovisor	**rétroviseur** [ʀetʀɔvizœʀ]
roda	**roue** [ʀu]
sistema de alarme	**système d'alarme** [sistɛm dalaʀm]
tanque	**réservoir** [ʀezɛʀvwaʀ]
troca de óleo	**vidange** [vidɑ̃ʒ]
vela	**bougie** [buʒi]
velocímetro	**compteur** [kɔ̃tœʀ]

Acidente de carro

Houve um acidente.
Il y a un accident. [il‿ja ɛ̃n‿aksidɑ̃]

Chame logo …
Appelez vite … [aple vit]

uma ambulância.
une ambulance. [yn‿ɑ̃bylɑ̃s]

a polícia.
la police [la pɔlis]

os bombeiros.
les pompiers. [le pɔ̃pje]

O(A) senhor(a) tem *kit* de primeiros socorros?
Vous avez une trousse de secours? [vuz‿ave yn tʀus də skuʀ]

O(A) senhor(a) ...
Vous ... [vu]

não respeitou a preferência.
n'avez pas respecté la priorité. [nave pa ʀɛspɛkte la pʀijɔʀite]

não deu seta.
n'avez pas mis votre clignotant. [nave pa mi vɔtʀə kliɲɔtɑ̃]

O(A) senhor(a) ...
Vous ... [vu]

estava correndo demais.
rouliez trop vite. [ʀulje tʀo vit]

passou no sinal vermelho.
avez brûlé un feu rouge. [‿zave bʀyle ɛ̃ fø ʀuʒ]

O(A) senhor(a) pode me dar seu nome e seu endereço?
Vous pouvez me donner votre nom et votre adresse?
[vu puve mə dɔne vɔtʀə nɔ̃ e vɔtʀ‿adʀɛs]

Agradeço-lhe muito pela ajuda.
Je vous remercie beaucoup de votre aide.
[ʒə vu ʀəmɛʀsi boku də vɔtʀ‿ɛd]

Aluguel de automóvel, motocicleta e bicicleta

Eu gostaria de alugar por dois dias/uma semana ...
Je voudrais louer pour deux jours/une semaine ...
[ʒvudʀɛ lue puʀ dø ʒuʀ/yn səmɛn]

um carro *off-road*/com tração nas quatro rodas.
une voiture tout terrain/un 4x4.
[yn vwatyʀ tu tɛʀɛ̃/ɛ̃ katkat]

uma motocicleta.
une moto. [yn mɔto]

uma *scooter*.
un scooter. [ɛ̃ skutɛʀ]

um ciclomotor.
un cyclomoteur. [ɛ̃ siklomɔtœʀ]

uma bicicleta.
un vélo. [ɛ̃ velo]

Qual é o preço por dia/semana?
Quel est le tarif à la journée/semaine?
[kɛl‿ɛl taʀif a la ʒuʀne/smɛn]

Qual é o preço por quilômetro rodado?
Quel est le prix au kilomètre? [kɛl‿ɛl pʀi o kilɔmɛtʀ]

O veículo tem seguro total?
Est-ce que le véhicule est assuré tous risques?
[ɛs‿kə lə veikyl ɛt‿asyʀe tu ʀisk]

É possível devolver o veículo em ...?
Est-ce qu'il est possible de rendre le véhicule à ...?
[ɛs‿kil‿ɛ pɔsibl də ʀɑ̃dʀə lə veikyl a]

cadeira de segurança infantil para automóveis	**siège-enfants** *(m)* [sjɛʒɑ̃fɑ̃]
capacete (de motocicleta)	**casque de moto** [kaskə də mɔto]
cartão de seguro do carro	**carte** *(f)* **verte** [kaʀtə vɛʀt]
carteira de motorista	**permis** *(m)* **de conduire** [pɛʀmid kɔ̃dɥiʀ]
caução	**caution** [kosjɔ̃]
chave de ignição	**clé de contact** [kled kɔ̃takt]
cinto abdominal para motociclista	**ceinture** *(f)* **de moto** [sɛ̃tyʀ də mɔtɔ]
depositar	**déposer** [depoze]
documentos	**papiers** [papje]
seguro contra terceiros	**assurance** *(f)* **au tiers** [asyʀɑ̃s o tjɛʀ]

tarifa de fim de semana	**forfait-weekend** *(m)* [fɔʀfɛ wikɛnd]
teto solar	**toit ouvrant** [twa uvʀɑ̃]

Avião

Comprando uma passagem aérea

Quando sai o próximo avião para …?
Quand part le prochain avion pour …?
[kɑ̃ paʀ lə pʀɔʃɛn‿avjɔ̃ puʀ]

Ainda há lugares/assentos disponíveis?
Est-ce qu'il y a encore des places?
[ɛs‿kil‿ja ɑ̃kɔʀ de plas]

Eu queria uma passagem só de ida para …
Je voudrais un billet d'avion pour … en aller simple.
[ʒvudʀɛ ɛ̃ bijɛ davjɔ̃ puʀ … ɑ̃n‿ale sɛ̃pl]

Eu queria uma passagem de ida e volta para …
Je voudrais un billet d'avion pour … en aller retour.
[ʒvudʀɛ ɛ̃ bijɛ davjɔ̃ puʀ … ɑ̃n‿ale ʀtuʀ]

Fumante ou não fumante?
Fumeur ou non-fumeur? [fymœʀ u nɔ̃fymœʀ]

Eu gostaria de …
Je voudrais … [ʒə vudʀɛ]

um lugar na janela, por favor.
une place au hublot, s.v.p. [yn plas o yblo sil vu plɛ]

um lugar no corredor, por favor.
une place sur l'allée, s.v.p. [yn plas syʀ lale sil vu plɛ]

Gostaria de trocar esta passagem.
Je voudrais changer ce vol. [ʒə vudʀɛ ʃɑ̃ʒe sə vɔl]

No aeroporto

Por favor, onde fica o balcão da (companhia) ...?
Où se trouve le guichet de la compagnie ..., s.v.p.?
[us tʀuv lə giʃɛ də la kɔ̃paɲi sil vu plɛ]

Posso ver sua passagem, por favor?
Je pourrais voir votre billet, s.v.p.?
[ʒə puʀɛ vwaʀ vɔtʀə bijɛ sil vu plɛ]

A bordo

O(A) senhor(a) pode me trazer um copo de água, por favor?
Vous pourriez m'apporter un verre d'eau, s.v.p.?
[vu puʀje mapɔʀte ɛ̃ vɛʀ do sil vu plɛ]

O(A) senhor(a) pode me trazer outro travesseiro/outra manta, por favor?
Je pourrais avoir encore un coussin/une couverture, s.v.p.?
[ʒpuʀɛ avwaʀ ɑ̃kɔʀ ɛ̃ kusɛ̃/yn kuvɛʀtyʀ sil vu plɛ]

O(A) senhor(a) se incomodaria de trocar de lugar comigo?
Ça vous ennuierait d'échanger votre place avec moi?
[sa vuz‿ɑ̃nɥiʀɛ deʃɑ̃ze vɔtʀə plas avɛk mwa]

Chegada

➢ **ver também Achados e perdidos (capítulo Coisas importantes em geral)**

Minha bagagem foi extraviada.
Mes bagages ont été égarés.
[me bagaʒ ɔ̃t‿ete egaʀe]

Minha mala está danificada.
Ma valise est abîmée. [ma valiz ɛt‿abime]

De onde sai o ônibus para ...?
D'où part le bus pour ...? [du paʀ lə bys puʀ]

➢ **ver também a lista de palavras do item Trem**

aeromoça, comissária de bordo	**hôtesse de l'air** [otɛs də lɛʀ]
aeroporto	**aéroport** [aeʀɔpɔʀ]
área de entrega de bagagens	**arrivée des bagages** [aʀive de bagaʒ]
aterrissagem	**atterrissage** *(m)* [ateʀisaʒ]
aterrissagem forçada, pouso de emergência	**atterrissage** *(m)* **forcé** [ateʀisaʒ fɔʀse]
atraso	**retard** [ʀətaʀ]
bagagem	**bagages** *(m/pl)* [bagaʒ]
cancelar	**annuler** [anyle]
carrinho de bagagens	**chariot** [ʃaʀjo]
cartão de embarque	**carte** *(f)* **d'embarquement** [kaʀtə dɑ̃baʀkəmɑ̃]
chegada	**arrivée** [aʀive]
colete salva-vidas	**gilet de sauvetage** [ʒilɛd sovtaʒ]
comissário de bordo	**steward** [stiwaʀt]
companhia aérea	**compagnie aérienne** [kɔ̃paɲi aeʀjɛn]
conexão	**correspondance** [kɔʀɛspɔ̃dɑ̃s]
controle de segurança	**contrôle de sécurité** [kɔ̃tʀol də sekyʀite]
decolagem	**décollage** *(m)* [dekɔlaʒ]
despacho da bagagem	**enregistrement des bagages** [ɑ̃ʀʒistʀəmɑ̃ de bagaʒ]
escala	**escale** [ɛskal]
escorregador inflável de emergência	**toboggan d'évacuation** [tɔbɔgɑ̃ devakyasjɔ̃]

fazer *check-in*	**faire les formalités** *(f/pl)* **d'embarquement** [fɛʀ le fɔʀmalite dɑ̃baʀkəmɑ̃]
free shop	**boutique** *(f)* **hors-taxes** [butik ɔʀtaks]
horário da chegada	**heure** *(f)* **d'arrivée** [œʀ daʀive]
ônibus para o aeroporto	**bus pour l'aéroport** [bys puʀ laeʀɔpɔʀ]
passageiro(a)	**passager/passagère** [pasaʒe/pasaʒɛʀ]
piloto	**pilote** [pilɔt]
portão de embarque	**porte** *(f)* **d'embarquement** [pɔʀt dɑ̃baʀkəmɑ̃]
saída de emergência	**sortie de secours** [sɔʀtid səkuʀ]
taxa de seguro	**taxe de sécurité** [taks də sekyʀite]
taxas de embarque	**taxes** *(m)* **d'aéroport** [taks daeʀɔpɔʀ]
terminal	**terminal** [tɛʀminal]
trocar	**changer** [ʃɑ̃ʒe]
voo	**vol** [vɔl]
voo doméstico	**vol intérieur** [vɔl ɛ̃teʀjœʀ]
voo internacional	**vol international** [vɔl ɛ̃tɛʀnasjɔnal]

Trem

Nas estações ferroviárias menores há, antes das plataformas, máquinas de validação de passagens. Essas máquinas são cor de laranja. Quem for pego com passagem não validada, mesmo que por falta de conhecimento, será considerado passageiro clandestino e estará sujeito a pagar multa. Não há exceção para os estrangeiros...

Comprando a passagem

Uma passagem de ida na segunda/primeira classe para ..., por favor.
Un aller deuxième/première classe pour ..., s.v.p.
[ɛ̃n‿ale døzjɛm/ pʀəmjɛʀ klas puʀ ... sil vu plɛ]

Duas passagens de ida e volta para ..., por favor.
Deux aller-retour pour ..., s.v.p.
[døz‿ale ʀtuʀ puʀ ... sil vu plɛ]

Há algum desconto para crianças/estudantes/idosos?
Est-ce qu'il y a des réductions pour les enfants/les étudiants/les personnes du troisième âge? [ɛs‿kil‿ja de ʀedyksjɔ̃ puʀ lez‿ɑ̃fɑ̃/ lez‿etydjɑ̃/le pɛʀsɔn dy tʀwasjɛm aʒ]

Eu queria reservar um lugar no trem das ... horas para ...
Je voudrais réserver une place dans le train de ... heures pour ...
[ʒvudʀɛ ʀezɛʀve yn plas dɑ̃ lə tʀɛ̃ də ... œʀ puʀ]

Eu queria reservar um assento-leito/um lugar no vagão-leito.
Je voudrais réserver une couchette/une place en wagon-lit.
[ʒvudʀɛ ʀezɛʀve yn kuʃɛt/yn plas ɑ̃ vagɔ̃ li]

Há ...
Est-ce qu'il y a ... [ɛs kil ja]

um trem-leito que transporta automóveis?
un train autos-couchette? [ɛ̃ tʀɛ̃ ɔtokuʃɛt]

um serviço de despacho de automóveis por trem?
un service auto-express? [ɛ̃ sɛʀvis ɔtoɛkspʀɛs]

Há alguma conexão em ... para ...?
Est-ce qu'à ... j'ai une correspondance pour ...?
[ɛs‿ka ... ʒɛ yn kɔʀɛspɔ̃dɑ̃s puʀ]

(Onde) Tenho de fazer baldeação?
(Où) Est-ce que je dois changer? [(u) ɛs‿kəʒ dwa ʃɑ̃ʒe]

Na estação de trem

Gostaria de despachar minha mala como bagagem acompanhada.
Je voudrais faire enregistrer ma valise en bagage accompagné.
[ʒvudʀɛ fɛʀ ɑ̃ʀʒistʀe ma valiz ɑ̃ bagaʒ akɔ̃paɲe]

Onde posso despachar minha bicicleta?
Où est-ce que je peux faire enregistrer mon vélo?
[u ɛs kə ʒpø fɛʀ ɑ̃ʀʒistʀe mɔ̃ velo]

Por favor, de que plataforma sai o trem para ...?
Le train pour ... part de quelle voie, s.v.p.?
[lə tʀɛ̃ puʀ ... paʀ də kɛl vwa sil vu plɛ]

No trem

Com licença, senhora/senhorita/senhor, este lugar está vago?
Pardon, Mme/Mlle/M., cette place est libre, s.v.p.?
[paʀdɔ̃ madam/madmwazɛl/məsjø sɛt plas‿ɛ libʀ sil vu plɛ]

Será que eu poderia abrir/fechar a janela?
Est-ce que je peux ouvrir/fermer la fenêtre, s.v.p.?
[ɛs‿kəʒ pø uvʀiʀ/fɛʀme la fnɛtʀə sil vu plɛ]

Sinto muito, senhora/senhorita/senhor, mas este lugar está reservado. Aqui está o comprovante da reserva.
Je suis désolé, Mme/Mlle/M., mais cette place est réservée. Voilà ma réservation. [ʒə sɥi dezɔle madam/madmwazɛl/məsjø mɛ sɛt plas ɛ ʀesɛʀve vwala ma ʀesɛʀvasjɔ̃]

➢ **ver também a lista do item Avião**

assento da janela	**coin-fenêtre** [kwɛ̃ fənɛtʀ]
assento-leito	**couchette** *(f)* [kuʃɛt]
bagagem	**bagages** *(m/pl)* [bagaʒ]

balcão de bagagens	**guichet des bagages** [giʃɛ de bagaʒ]
bilheteria	**guichet** *(m)* [giʃɛ]
chegar	**arriver** [aʀive]
compartimento	**compartiment** [kɔ̃paʀtimɑ̃]
compartimento de fumantes	**compartiment** *(m)* **fumeurs** [kɔ̃paʀtimɑ̃ fymœʀ]
compartimento de não fumantes	**compartiment** *(m)* **non-fumeurs** [kɔ̃paʀtimɑ̃ nɔ̃ fymœʀ]
corredor	**couloir** [kulwaʀ]
depósito de bagagens	**consigne** *(f)* [kɔ̃siɲ]
descer	**descendre** [desɑ̃dʀ]
desconto	**réduction** *(f)* [ʀedyksjɔ̃]
dia útil	**jour ouvrable** [ʒuʀ uvʀablə]
estação ferroviária	**gare** [gaʀ]
estação principal	**gare principal** [gaʀ pʀɛ̃sipal]
guarda-volumes automático	**consigne** *(f)* **automatique** [kɔ̃siɲ‿ɔtɔmatik]
horário da partida	**heure** *(f)* **de départ** [œʀ də depaʀ]
número do vagão	**numéro de la voiture** [nymeʀo də la vwatyʀ]
parada	**arrêt** *(m)* [aʀɛ]
partida	**départ** *(m)* [depaʀ]
passagem	**billet** *(m)* [bijɛ]
passagem de ida e volta	**billet** *(m)* **aller-retour** [bijɛ aleʀtuʀ]
passagem infantil	**billet** *(m)* **enfants** [bijɛ ɑ̃fɑ̃]
preço da passagem	**prix du billet** [pʀi dy bijɛ]
reserva	**réservation** [ʀezɛʀvasjɔ̃]
sala de espera	**salle d'attente** [sal datɑ̃t]
serviço de despacho de automóveis por trem	**service auto-express** [sɛʀvis ɔto ɛkspʀɛs]

subir (no trem)	**monter (dans le train)** [mɔ̃te (dɑ̃l tʀɛ̃)]
suplemento	**supplément** [syplemɑ̃]
tabela de horários	**horaire** *(m)* **(de chemin de fer)** [ɔʀɛʀ (də ʃəmɛ̃d fɛʀ)]
trem	**train** [tʀɛ̃]
trem-leito que transporta automóveis	**train autos-couchettes** [tʀɛ̃ ɔtokuʃɛt]
vagão sem divisões	**wagon sans compartiments** [vagɔ̃ sɑ̃ kɔ̃paʀtimɑ̃]
vagão-restaurante	**wagon-restaurant** [vagɔ̃ ʀɛstɔʀɑ̃]
validar, obliterar a passagem	**composter** [kɔ̃pɔste]
verificação de passagens	**contrôle** *(m)* **des billets** [kɔ̃tʀol de bijɛ]
via	**voie** [vwa]

Instruções e informações

accès aux quais	acesso às plataformas
arrivée	chegada
buffet	café-restaurante
chef de gare	chefe de estação
dames	senhoras
eau non potable	água não potável
fumeurs	fumantes
horaire des trains	tabela de horários dos trens
lavabo	lavabo
libre	livre
messieurs	cavalheiros
non-fumeurs	não fumantes
occupé	ocupado
passage souterrain	passagem subterrânea

passerelle	passarela
quai	plataforma
renseignements	informações
salle d'attente	sala de espera
signal d'alarme	sinal de alarme
sortie	saída
toilettes	toaletes, sanitários
voie	via
voiture-couchettes	vagão com assentos-leito
w.-c.	banheiro
wagon-lit	vagão-leito
wagon-restaurant	vagão-restaurante

Navio

Informações

A que horas sai o próximo navio/*ferryboat* para ...?
À quelle heure part le prochain bateau/ferry pour ...?
[a kɛl œʀ paʀ lə pʀɔʃɛ̃ bato/feʀi puʀ]

Quando tempo dura a travessia?
La traversée dure combien de temps? [la tʀavɛʀse dyʀ kɔ̃bjɛ̃d tɑ̃]

Quando chegaremos em ...?
Quand est-ce qu'on arrive à ...? [kɑ̃t‿ɛs kɔ̃n‿aʀiv a]

De quanto tempo é a escala em ...?
L'escale à ... dure combien de temps? [leskal a ... dyʀ kɔ̃bjɛ̃d tɑ̃]

Eu queria uma passagem para ...
Je voudrais un billet pour ... [ʒvudʀɛ ɛ̃ bijɛ puʀ]

na primeira classe
en première classe [ɑ̃ pʀəmjɛʀ klas]

na classe turística
en classe touristes [ɑ̃ klas tuʀist]

numa cabine individual
une cabine pour une personne [yn kabin puʀ yn pɛʀsɔn]

numa cabine dupla
une cabine pour deux personnes. [yn kabin puʀ dø pɛʀsɔn]

Queria uma passagem para o navio da(s) ... hora(s).
Je voudrais un billet pour le départ de ... heures.
[ʒvudʀɛ ɛ̃ bijɛ puʀ lə depaʀ də ... œʀ]

A bordo

Onde fica a sala de refeições/o salão?
Où est la salle à manger/le salon? [u ɛ la sal‿a mɑ̃ʒe/lə salɔ̃]

Não estou me sentindo muito bem.
Je ne me sens pas très bien. [ʒən mə sɑ̃ pa tʀɛ bjɛ̃]

Por favor, chame o médico de bordo.
Appelez le médecin de bord, s.v.p. [aple lə medsɛ̃d bɔʀ sil vu plɛ]

Por favor, dê-me um remédio contra enjoo.
Donnez-moi un médicament contre le mal de mer, s.v.p.
[dɔne mwa ɛ̃ medi-kamɑ̃ kɔ̃tʀə lə mal də mɛʀ sil vu plɛ]

aerodeslizador	**hovercraft** [ɔvœʀkʀaft], **aéroglisseur** [aeʀoglisœʀ]
balsa	**bac** *(m)* [bak]
boia salva-vidas	**bouée de sauvetage** [bued sovtaʒ]
bote salva-vidas	**canot de sauvetage** [kanod sovtaʒ]
cabine	**cabine** [kabin]
cais	**quai** [kɛ]
capitão	**capitaine** [kapitɛn]
colete salva-vidas	**gilet de sauvetage** [ʒilɛd sovtaʒ]

condição do mar	**état** *(m)* **de la mer** [etad la mɛʀ]
convés	**pont** [pɔ̃]
costa	**côte** [kot]
cruzeiro	**croisière** *(f)* [kʀwazjɛʀ]
excursão em terra	**excursion à terre** [ɛkskyʀsjɔ̃ a tɛʀ]
fazer escala em	**faire escale à** [feʀ ɛskal a]
ferryboat	**ferry** [fɛʀi]
ficar mareado/com enjoo	**avoir le mal de mer** [avwaʀ lə mal də mɛʀ]
hidroplano	**hydroglisseur** [idʀoglisœʀ]
itinerário	**circuit** [siʀkɥi]
passagem	**billet** *(m)* [bijɛ]
porto	**port** [pɔʀ]
reserva	**réservation** [ʀesɛʀvasjɔ̃]
terra firme	**terre ferme** [tɛʀ fɛʀm], **continent** *(m)* [kɔ̃tinɑ̃]
vapor	**vapeur** [vapœʀ]

Meios de transporte urbano

Embora os bilhetes e passagens de metrô e de ônibus em Paris sejam relativamente baratos, em geral compensa adquirir um cartão diário *(une carte mobilis)*, que funciona como um passe. Também há cartões com validade para vários dias. O cartão *Paris Visite* tem essas características, mas é mais caro porque dá direito a descontos em museus e outros estabelecimentos públicos. Verifique qual é o melhor cartão para você.

Onde fica ...
Où se trouve [us tʀuv]

o ponto de ônibus mais próximo, por favor?
l'arrêt de bus le plus proche, s.v.p.?
[larɛd bys lə ply pʀɔʃ sil vu plɛ]

A propósito, uma boa maneira de explorar Paris é de ônibus. Pegue, por exemplo, o ônibus número 42, que sai da *Gare du Nord* em direção ao *Parc André-Citroën*. Ele passa pela *Opéra*, pela *Madeleine*, pela *Assemblée Nationale*, pela *Place de la Concorde*, pela *Pont de l'Alma*, pela *Avenue Montaigne* (com muitas lojas de *design*) e pela Torre Eiffel. Dificilmente você conseguirá fazer um *city-tour* mais barato.

o ponto de bonde mais próximo, por favor?
l'arrêt de tram le plus proche, s.v.p.?
[larɛd tʀam lə ply pʀɔʃ sil vu plɛ]

a estação de metrô mais próxima, por favor?
la station de métro la plus proche, s.v.p.?
[la stasjɔ̃d metʀo la ply pʀɔʃ sil vu plɛ]

Qual é a linha que vai para..., por favor?
C'est quelle ligne pour ..., s.v.p.? [sɛ kɛl liɲ puʀ ... sil vu plɛ]

A que horas sai o primeiro/último metrô para ...?
Le premier/dernier métro pour ... est à quelle heure?
[lə pʀəmje/dɛʀnje metʀo puʀ ... ɛt‿a kɛl œʀ]

É este o ônibus para ...?
C'est bien le bus pour ...? [sɛ bjɛ̃ lə bys puʀ]

Quantos pontos/Quantas estações há daqui até ...?
Il y a combien d'arrêts d'ici à ...? [ilja kɔ̃bjɛ̃ daʀɛ disi a]

Em que ponto/estação tenho de fazer baldeação/descer?
À quel arrêt est-ce que je dois changer/descendre?
[a kɛl‿aʀɛ ɛs kəʒ dwa ʃɑ̃ʒe/desɑ̃dʀ]

Uma passagem/bilhete para ..., por favor.
Un billet pour ..., s.v.p. [ɛ̃ bijɛ puʀ ... sil vu plɛ]

A máquina não está aceitando minha passagem/meu bilhete.
La machine n'accepte pas mon ticket.
[la maʃin naksɛptə pa mɔ̃ tikɛ]

bonde	**tram** [tʀam]
carnê de passagens/ de bilhetes	**carnet de tickets** [kaʀnɛd tikɛ]
cremalheira	**chemin** *(m)* **de fer à crémaillère** [ʃmɛ̃d fɛʀ a kʀemajɛʀ]
direção	**direction** [diʀɛksjɔ̃]
estação	**station** [stasjɔ̃]
fiscal	**contrôleur** [kɔ̃tʀolœʀ]
máquina de validação de passagens	**composteur** [kɔ̃pɔstœʀ]
máquina de venda de passagens	**distributeur** *(m)* **de billets** [distʀibytœʀ də bijɛ]
metrô	**métro** [metʀo]
ônibus	**bus** [bys]
ônibus interurbano	**car** [kaʀ]
passagem, bilhete	**billet** *(m)* [bijɛ]
passe de um dia	**billet pour une journée** [bijɛ puʀ yn ʒuʀne]
passe de uma semana	**carte** *(f)* **hebdomadaire** [kaʀt ɛbdɔmadɛʀ]
ponto	**arrêt** [aʀɛ]
preço da passagem/ do bilhete	**prix du billet** [pʀi dy bijɛ]
rodoviária	**gare routière** [gaʀ rutjɛr]
saída, partida	**départ** *(m)* [depaʀ]
subir	**monter** [mɔ̃te]

tabela de horários (dos ônibus/do metrô/dos trólebus)	**horaire** *(m)* **(des bus/du métro/des trolleys)** [ɔʀɛʀ (de bys/dy metʀo/de de tʀɔlɛ)]
terminal, ponto final	**terminus** [tɛʀminys]
trem de subúrbio	**train de banlieue** [tʀɛ̃d bɑ̃ljø]
trólebus, ônibus elétrico	**trolley** [tʀɔlɛ]
validar, obliterar a passagem	**composter** [kɔ̃pɔste]

Táxi

Por favor, senhora/senhorita/senhor, onde fica o ponto de táxi mais próximo?
Pardon Mme/Mlle/M., où est la station de taxis la plus proche, s.v.p.? [paʀdɔ̃ madam/madmwazɛl/məsjø u ɛ la stasjɔ̃ də taksi la ply pʀɔʃ sil vu plɛ]

Para a estação ferroviária, por favor.
À la gare, s.v.p. [a la gaʀ sil vu plɛ]

Para o hotel …, por favor.
À l'hôtel …, s'il vous plaît. [a lotɛl ... sil vu plɛ]

Para a rua …, por favor.
Rue …, s'il vous plaît. [ʀy ... sil vu plɛ]

Para …, por favor.
À …, s'il vous plaît. [a ... sil vu plɛ]

Quanto fica a corrida até …?
Il faut compter combien pour aller à …? [il fo kɔ̃te kɔ̃bjɛ̃ puʀ‿ale a]

Pode me deixar aqui, por favor?
Vous m'arrêtez ici, s.v.p.? [vu maʀete isi sil vu plɛ]

Pode ficar com o troco.
Gardez la monnaie. [gaʀde la mɔnɛ]

Só diga *Gardez la monnaie* se o troco realmente for de um valor considerável.

gorjeta	**pourboire** *(m)* [puʀbwaʀ]
número da casa/do prédio	**numéro de la maison/de l'immeuble** [nymeʀod la mɛzɔ̃/də limœbl]
parar	**arrêter** [aʀete]
ponto de táxi	**station** *(f)* **de taxis** [stasjɔ̃ də taksi]
preço fechado	**prix** *(m)* **forfaitaire** [pʀi fɔʀfɛtɛʀ]
preço por quilômetro	**prix au kilomètre** [pʀi o kilɔmɛtʀ]
recibo	**reçu** [ʀəsy]
taxista	**chauffeur de taxi** [ʃofœʀ də taksi]

VIAJANDO COM CRIANÇAS

Utilidades aqui e lá 92
A caminho 93
No restaurante 94
Saúde 95

Nas férias escolares, muitas estâncias no litoral oferecem atividades específicas para crianças (*clubs de vacances, clubs Mickey,* dentre outros). Além disso, o centro de informações turísticas certamente poderá lhe sugerir algumas atividades para as crianças.

Utilidades aqui e lá

Há algum parquinho/parque infantil/*playground* aqui?
Est-ce qu'il y a une aire de jeux pour les enfants?
[ɛs‿kil‿ja yn ɛʀ də jø puʀ lez‿ɑ̃fɑ̃]

Há algum berçário aqui?
Est-ce qu'il y a une garderie ici?
[ɛs‿kil‿ja yn gaʀdʀi isi]

A partir de que idade?
À partir de quel âge? [a paʀtiʀ də kɛl aʒ]

O(A) senhor(a) conhece alguém que possa trabalhar de *baby-sitter* para nós?
Vous connaissez quelqu'un qui pourrait faire du baby-sitting chez nous? [vu kɔnɛse kɛlkɛ̃ ki puʀɛ fɛʀ dy bebisitiɲ ʃe nu]

O(A) senhor(a) tem babá eletrônica?
Vous avez un interphone pour bébés?
[vuz‿ave ɛ̃n‿ɛ̃tɛʀfɔn puʀ bebe]

Há atividades para crianças?
Il y a des activités pour les enfants?
[il‿ja dez‿aktivite puʀ lez‿ɑ̃fɑ̃]

Há desconto para crianças?
Vous faites des réductions pour les enfants?
[vu fɛt de ʀedyksjɔ̃ puʀ lez‿ɑ̃fɑ̃]

Onde posso comprar fraldas?
Où est-ce que je peux acheter des couches?
[u ɛs‿kə ʒpø aʃte de kuʃ]

A caminho

Nos trens e no metrô, crianças de até quatro anos não pagam passagem. Após essa idade pagam metade do preço no metrô (até dez anos) e nos trens (até doze anos).

Estamos viajando com uma criança pequena. Poderíamos nos sentar nos lugares da frente?
Nous voyageons avec un enfant en bas-âge. Pourrions-nous avoir des places sur le devant? [nu vwajaʒɔ̃ avɛk ɛ̃n‿ɑ̃fɑ̃ ɑ̃ bazaʒ. puʀjɔ̃ nu avwaʀ de plas syʀl dəvɑ̃]

O(A) senhor(a) tem cinto de segurança para crianças?
Vous avez une ceinture de sécurité pour enfants?
[vuz‿ave yn sɛ̃tyʀ də sekyʀite puʀ ɑ̃fɑ̃]

O(A) senhor(a) teria lápis de cor e papel/uma revista para colorir?
Vous avez peut-être des crayons et du papier/un album à colorier? [vuz‿ave pøtɛtʀ de cʀɛjɔ̃ e dy papje/ɛ̃n‿albɔma kɔlɔʀje]

O(A) senhor(a) empresta cadeiras de segurança para crianças?
Vous prêtez des sièges-enfants pour les voitures?
[vu pʀɛte de sjɛʒɑ̃fɑ̃ puʀ le vwatyʀ]

Importante: Reforce a seus filhos que nem em todos os países os pedestres têm, na prática, prioridade na faixa de pedestres. Apesar de ser semelhante no Brasil, nunca é demais lembrá-los disso.

No restaurante

O(A) senhor(a) pode trazer um cadeirão, por favor?
Vous nous apportez une chaise haute, s.v.p.?
[vu nuz‿apɔʀte yn ʃɛz ot sil vu plɛ]

Tem refeições para crianças?
Vous avez des menus-enfants? [vuz‿ave de mənyɑ̃fɑ̃]

O(A) senhor(a) poderia, por favor, aquecer a mamadeira?
Vous pourriez me réchauffer le biberon, s.v.p.?
[vu puʀjem ʀeʃofe lə bibʀɔ̃ sil vu plɛ]

Tem fraldário aqui?
Vous avez une nursery? [vuz‿ave yn‿nœʀsəʀi]

Onde posso amamentar o bebê?
Où est-ce que je peux allaiter? [u ɛs‿kəʒ pø alɛte]

alimento para bebês	**nourriture** *(f)* **pour bébés** [nuʀityʀ puʀ bebe]
aquecedor de mamadeira	**chauffe-biberon** [ʃofbibʀɔ̃]
assento *booster*	**réhausseur** [ʀeosœʀ]
babá eletrônica	**interphone***(m)* [ɛ̃tɛʀfɔn]
baby-sitter	**baby-sitter** [bebisitɛʀ]
bebê conforto	**siège-bébés** [sjɛʒbebe]
berçário	**garderie** *(f)* [gaʀdəʀi]
berço	**lit d'enfant** [li dɑ̃fɑ̃]
bico de mamadeira	**tétine** *(f)* [tetin]
boia	**bouée** [bue]
boias de braço	**bracelets** *(m)* [bʀaslɛ]
boné	**casquette** *(f)* [kaskɛt]
brincar	**jouer** [ʒue]
brinquedos	**jouets** [ʒuɛ]

cadeira de segurança infantil para automóvel	**siège-enfants** *(m)* [sjɛʒɑ̃fɑ̃]
cantil	**gourde** *(f)* [guʀd]
castelo de areia	**château de sable** [ʃato də sablə]
chupeta	**sucette** [sysɛt], **tétine** [tetin]
desconto para crianças	**réduction-enfants** *(f)* [ʀedyksjɔ̃ɑ̃fɑ̃]
fraldas	**couches** [kuʃ]
mamadeira	**biberon** *(m)* [bibʀɔ̃]
menina	**fille** [fij]
menino	**garçon** [gaʀsɔ̃]
oficinas para crianças	**club pour enfants** [klœb puʀ ɑ̃fɑ̃]
parceiro(a) (de brincadeiras)	**copain/copine (de jeux)** [kɔpɛ̃/kɔpin də ʒø]
parque infantil, parquinho	**aire** *(f)* **de jeux** [ɛʀ də ʒø]
piscina infantil	**bassin** *(m)* **pour enfants** [basɛ̃ puʀ ɑ̃fɑ̃], **pataugeoire** [patoʒwaʀ]
protetor solar	**protection** *(f)* **solaire** [pʀɔtɛksjɔ̃ sɔlɛʀ]
revista para colorir	**album** *(m)* **à colorier** [albɔm‿a kɔlɔʀje]
roupas infantis	**habits** *(m)* **pour enfants** [abi puʀ ɑ̃fɑ̃]
tanque de areia	**bac à sable** [bak a sablə]
trocador	**table** *(f)* **à langer** [tabla lɑ̃ʒe]

Saúde

➢ **ver também o capítulo Saúde**

Há algum pediatra aqui?
Est-ce qu'il y a un pédiatre ici?
[ɛs‿kil‿ja ɛ̃ pediatʀ‿isi]

Meu filho/Minha filha tem/está com ... [mɔ̃ fis/ma fij a]
Mon fils/Ma fille a ...

Ele/Ela tem alergia a ...
Il/Elle est allergique à ... [il/ɛl ɛt‿alɛʀʒika]

Ele/Ela foi picado(a).
Il/Elle a été piqué(e). [il/ɛl a ete pike]

alergia	**allergie** [alɛʀʒi]
carteira de vacinação	**carnet** *(m)* **de vaccinations** [kaʀnɛd vaksinasjɔ̃]
catapora	**varicelle** [vaʀisɛl]
caxumba	**oreillons** *(m/pl)* [ɔʀɛjɔ̃]
coqueluche	**coqueluche** [kɔklyʃ]
doença infantil	**maladie infantile** [maladi ɛ̃fɑ̃til]
eritemas	**rougeurs** *(f)* [ʀuʒœʀ]
escarlatina	**scarlatine** [skaʀlatin]
febre	**fièvre** [fjɛvʀ], **température** [tɑ̃peʀatyʀ]
hospital infantil	**hôpital pour enfants** [opital puʀ ɑ̃fɑ̃]
micose	**mycose** [mikoz]
rubéola	**rubéole** [ʀybeɔl]
sarampo	**rougeole** *(f)* [ʀuʒɔl]
soro reidratante	**solution** *(f)* **de réhydratation** [sɔlysjɔ̃ də ʀeidʀatasjɔ̃]

Portadores de necessidades especiais

A caminho	99
Hospedagem	100
Museus, monumentos, teatros...	101

Viajando desacompanhado

- A empresa francesa responsável pelos trens publica um livreto com informações para auxiliar as pessoas com dificuldades de locomoção, *Le Mémento du Voyageur à mobilité réduite* (Manual do passageiro com mobilidade reduzida). Abaixo alguns excertos do manual:
"Nos trens expressos e nos de alta velocidade você poderá viajar em sua cadeira de rodas. Para isso há um lugar específico no vagão da primeira classe, com acesso central. É necessário fazer reserva (com antecedência de, pelo menos, dois dias úteis). Não há custos adicionais de primeira classe.
Se desejar, estará à sua disposição uma cadeira de rodas pequena, que lhe facilitará o acesso aos toaletes, bem como a locomoção dentro do trem. Caso precise de auxílio especial nas estações ou nos trens (ajuda para chegar ao trem, para subir ou descer dele etc.), faça uma solicitação prévia na estação de embarque."
Esse livreto – também disponível em braile – pode ser encontrado em *Mission Voyageurs Handicapés SNCF, 209/211 rue de Bercy, 75585 Paris Cedex 12.*
- Uma linha telefônica gratuita encontra-se à disposição dos portadores de necessidades especiais para que possam planejar melhor suas viagens: 0800 15 47 53.
- Informações sobre hotéis, museus e meios de transporte com estrutura para portadores de necessidades especiais em Paris e arredores encontram-se em um guia publicado pelo CNRH (*Comité Nacional Français de liaison pour la Réadaptation des Handicapés*) com o título *Paris et Île de France pour tous*. Há também uma versão em inglês desse guia. É possível acessá-lo também pela Internet, no seguinte endereço: www.handitel.org
- A *Fédération des Gîtes de France* (Federação de hospedagem da França), situada na 59 rue Saint-Lazare, 75439 Paris cedex 09, também publicou um guia sobre locais de hospedagem com estrutura para portadores de necessidades especiais, intitulado *Gîtes accessibles aux personnes handicapées*.

Sou ...
Je suis ... [ʒə sɥi]

deficiente físico.
handicapé physique. [ɑ̃dikape fisik]

deficiente visual.
mal-voyant(e). [malvwajɑ̃]

Tenho ...
J'ai ... [ʒɛ]

dificuldade para andar.
des difficultés à marcher. [de difikylte a maʀʃe]

esclerose múltipla.
de la sclérose en plaques. [də la skleʀoz ɑ̃ plak]

A caminho

A maioria das grandes cidades da França dispõe atualmente de ônibus para cadeirantes. Em geral, esses ônibus precisam ser solicitados previamente e não custam mais do que os ônibus de linha.

Posso levar minha cadeira de rodas (dobrável) no avião?
Je peux emporter mon fauteuil roulant (pliant) dans l'avion?
[ʒə pøz‿ɑ̃pɔʀte mɔ̃ fotœj ʀulɑ̃ (pliɑ̃) dɑ̃ lavjɔ̃]

No aeroporto haverá uma cadeira de rodas à disposição na saída/chegada?
Il y a un fauteuil roulant de prévu au départ/à l'arrivée à l'aéroport? [il‿ja ɛ̃ fotøj ʀulɑ̃ də pʀevy o depaʀ/a laʀʀive a laeʀopoʀ]

É possível eu ter um assento no corredor?
Je pourrais avoir une place sur l'allée?
[ʒə puʀɛ avwaʀ yn plas syʀ lalle]

Há banheiros adaptados para deficientes?
Il y a des toilettes amenagées pour handicapés?
[il‿ja de twalɛtz‿amenaʒe puʀ ɑ̃dikape]

Há lavabo para deficientes?
Il y a une salle d'eau pour handicapés? [il‿ja yn sal do puʀ ɑ̃dikape]

Haverá alguém para me ajudar a fazer a baldeação?
Est-ce que quelqu'un pourra m'aider à changer de train?
[ɛs‿kə kɛlkɛ̃ puʀa mede a ʃɑ̃ʒed tʀɛ̃]

O acesso aos vagões é no nível do chão?
Est-ce que la montée dans les voitures est au niveau du sol?
[ɛs‿kə la mɔ̃te dɑ̃ le vwatyʀ ɛt‿o nivo dy sɔl]

Há ônibus com entrada rebaixada?
Il y a des bus à marche surbaissée? [il‿ja de bys‿a maʀʃ syʀbese]

Há rampas de acesso às plataformas, para cadeirantes?
Il y a de rampes d'accès aux quais pour handicapés en fauteuil (roulant)? [il‿ja de ʀɑ̃p daksɛ puʀ ɑ̃dikape ɑ̃ fotœj (ʀulɑ̃)]

O(A) senhor(a) aluga *trailers* adaptados para cadeirantes?
Vous louez des caravanes équipées pour handicapés (en fauteuil)? [vu lue de kaʀavanz ekipe puʀ ɑ̃dikape (ɑ̃ fotœj)]

Aqui há algum lugar que aluga bicicletas para deficientes?
Peut-on louer ici quelque part des bicyclettes pour handicapés?
[pøt‿ɔ̃ lue isi kɛlkə paʀ de bisiklɛt puʀ ɑ̃dikape]

Hospedagem

O(A) senhor(a) poderia me enviar informações sobre hotéis em ... adaptados para deficientes?
Pourriez-vous m'envoyer des informations sur les hôtels de ... qui sont équipés pour handicapés? [puʀje vu mɑ̃vwaje dez‿ɛ̃fɔʀmasjɔ̃ syʀ lez‿otel də ... ki sɔ̃t‿ekipe puʀ ɑ̃dikape]

Quais hotéis e *campings* são adaptados para deficientes?
Quels sont les hôtels et campings qui sont aménagés pour handicapés? [kɛl sɔ̃ lez‿otɛl e kɑ̃piŋ ki sɔt‿amenaʒe puʀ ɑ̃dikape]

Qual o revestimento do chão dos cômodos?
La pièce a un sol recouvert de quel revêtement?
[la piɛs a ɛ̃ sɔl ʀəkuvɛʀ də kɛl ʀəvɛtmɑ̃]

Museus, monumentos, teatros...

A exposição dispõe de acesso por elevador, para deficientes?
L'exposition est-elle accessible aux handicapés par des ascenseurs? [lɛkspozisjɔ̃ ɛt‿ɛl aksɛsiblə o ɑ̃dikape paʀ dez‿asɑ̃sœʀ]

Há visitas guiadas especialmente para deficientes/*city-tours* para surdos?
Il y a des visites guidées spécialement pour handicapés/des visites de la ville pour les sourds? [il‿ja de vizit gide spesjalmɑ̃ puʀ ɑ̃dikape/de vizit də la vil puʀ le suʀ]

É possível acionar o anel magnético para deficientes auditivos?
Est-ce que vous pouvez brancher la boucle magnétique pour les malentendants? [ɛs‿kə vu puve bʀɑ̃ʃe la buklə maɲetik puʀ le malɑ̃tɑ̃dɑ̃]

Há visitas ao museu/apresentações teatrais para surdos-mudos/cegos?
Il y a des visites du musée/des représentations théâtrales pour les sourds-muets/les aveugles? [il‿ja de vizit du myze/de ʀəpʀezɑ̃tasjɔ̃ teatʀal puʀ le suʀmye/lez‿avœglə]

abertura automática das portas	**ouverture automarique des portes** [uvɛʀtyʀ ɔtɔmatik de pɔʀt]
acessibilidade	**accessibilité** [aksɛsibilite]
acesso sem degrau	**accès sans marche** [aksɛ sɑ̃ maʀʃ]

acompanhante	**accompagnateur** *(m)*/ **accompagnatrice** *(f)* [akɔ̃paɲatœʀ/akɔ̃paɲatʀis]
adaptado para deficientes	**aménagé/équipé pour handicapés** [amenaʒe/ekipe puʀ ɑ̃dikape]
altura	**hauteur** [otœʀ]
andador	**déambulateur** [deɑ̃bylatœʀ]
anel magnético	**boucle magnétique** [buklə maɲetik]
associação de deficientes	**association de handicapés** [asɔsjasjɔ̃ də ɑ̃dikape]
barra de apoio	**poignée** [pwaɲe]
bengala branca (bengala de cegos)	**canne d'aveugle** [kan davœglə]
braile	**braille** [bʀaj]
cabine adaptada para deficientes (navio)	**cabine équipée pour handicapés** [kabin ekipe puʀ ɑ̃dikape]
cadeira de banho	**douche assise** [duʃ asiz]
cadeira de rodas	**fauteuil** *(m)* **roulant** [fotœj ʀulɑ̃]
cadeira de rodas dobrável	**fauteuil** *(m)* **roulant pliant** [fotœj ʀulɑ̃ pliɑ̃]
cadeira de rodas motorizada	**fauteuil** *(m)* **roulant électrique** [fotœj ʀulɑ̃ elɛktʀik]
cadeira de transporte	**chaise de transport** [ʃɛz də tʀɑ̃spɔʀ]
cão-guia	**chien d'aveugle** [ʃjɛ̃ davœglə]
cartão de deficiente	**carte** *(f)* **d'invalidité** [kaʀt dɛ̃validite]
cego(a)	**aveugle** [avœglə]
centro de tratamento	**centre de soins** [sɑ̃tʀə də swɛ̃]
centro social de assistência	**centre social de soins** [sɑ̃tʀə sɔsjal də swɛ̃]

comandos manuais	**commandes** *(f)* **manuelles** [kɔmɑ̃d manyɛl]
corrimão	**rampe** *(f)* [ʀɑ̃p]
declive	**pente** [pɑ̃t]
deficiência física	**handicap** *(m)* **physique** [ɑ̃dikap fizik]
deficiente auditivo(a)	**malentendant** *(m)*/**malentendante** *(f)* [malɑ̃tɑ̃dɑ̃/malɑ̃tɑ̃dɑ̃t]
deficiente em cadeira de rodas, cadeirante	**handicapé en fauteuil roulant** [ɑ̃dikape ɑ̃ fotœj ʀulɑ̃]
deficiente mental	**handicapé mental** [ɑ̃dikape mɑ̃tal]
deficiente visual	**malvoyant** *(m)*/**malvoyante** *(f)* [malvwajɑ̃/malvwajɑ̃t]
degrau	**marche** *(f)* [maʀʃ]
entrevado(a)	**grabataire** [gʀabatɛʀ]
epilepsia	**épilepsie** [epilɛpsi]
estribo	**marchepied** [maʀʃəpje]
fone de ouvido	**écouteurs** *(m/pl)* [ekutœʀ]
instalações sanitárias	**installations sanitaires** [ɛ̃stalasjɔ̃ sanitɛʀ]
largura	**largeur** [laʀʒœʀ]
largura da porta	**largeur de la porte** [laʀʒœʀ de la pɔʀt]
largura do corredor	**largeur du couloir** [laʀʒœʀ dy kulwaʀ]
linguagem de sinais	**langue des signes** [lɑ̃g de siɲ]
mudo(a)	**muet** *(m)*/**muette** *(f)* [mɥɛ/mɥɛt]
muleta	**béquille** [bekij]
no nível do chão	**au niveau du sol** [o nivo dy sɔl]
paraplégico(a)	**paraplégique** [paʀapleʒik]
pessoa com mobilidade reduzida	**personne à mobilité réduite** [pɛʀsɔn a mɔbilite ʀedɥit]
plataforma elevatória	**plate-forme** [platfɔʀm], **élévateur** *(m)* [elevatœʀ]

porta automática	**porte automatique** [pɔʀt ɔtɔmatik]
portador de deficiência severa	**grand(e) handicapé(e)** [gʀɑ̃/(d) ɑ̃dikape]
rampa	**rampe** [ʀɑ̃p]
rampa de acesso	**rampe d'accès** [ʀɑ̃p daksɛ]
rebaixado	**surbaissé** [syʀbese]
sanitários para deficientes	**toilettes** *(f)* **pour handicapés** [twalɛt puʀ ɑ̃dikape]
sem obstáculos	**sans obstacle** [sɑ̃z‿ɔpstakl]
serviço de acompanhante	**service d'assistance** [sɛʀvis dasistɑ̃s]
serviço de transporte (para deficientes)	**service de transport (pour handicapés)** [sɛʀvis də tʀɑ̃spɔʀ (puʀ ɑ̃dikape)]
serviços de assistência social	**services d'aide sociale** [sɛʀvis ded sɔsjal]
soleira da porta	**seuil** *(m)* [sœj]
surdo(a)	**sourd** *(m)*/**sourde** *(f)* [suʀ/suʀdə]
surdo-mudo/surda-muda	**sourd-muet/sourde-muette** [suʀmɥɛ/suʀmɥɛt]
telefone para surdos	**minitel-dialogue** [minitɛldjalɔg]
vaga de estacionamento para deficientes	**place de stationnement pour handicapés** [plas də stasjɔ̃nmɑ̃ puʀ ɑ̃dikape]
vagão adaptado para deficientes	**wagon aménagé pour handicapés** [vagɔ̃ amenaʒe puʀ ɑ̃dikape]
volante ajustável	**volant mobile** [vɔlɑ̃ mɔbil]

Hospedagem

Pedindo informações 106
Hotel – pensão – quarto particular 106
Casas e apartamentos de veraneio 113
Camping 114

Pedindo informações

Por favor, a senhora/a senhorita/o senhor poderia me indicar...
Pardon, Mme/Mlle/M., vous pourriez m'indiquer ...
[paʀdɔ̃ madam/madmwazɛl/məsjø vu puʀje mɛ̃dike]

um bom hotel?
un bon hôtel? [ɛ̃ bɔn‿otɛl]

um hotel não muito caro?
un hôtel pas trop cher? [ɛ̃n‿otɛl pa tʀo ʃɛʀ]

uma pensão?
une pension de famille? [yn pɑ̃sjɔ̃d famij]

Fica no centro/em local tranquilo/perto da praia?
Est-ce qu'il/qu'elle est dans le centre/dans un quartier tranquille/près de la plage? [ɛs‿kil/kɛl ɛ dɑ̃l sɑ̃tʀ/dɑ̃z‿ɛ̃ kaʀtje tʀɑ̃kil/pʀɛd la plaʒ]

Aqui há alguma área de *camping*/algum albergue da juventude?
Est-ce qu'il y a un terrain de camping/une auberge de jeunesse ici?ici? [ɛs‿kil‿ja ɛ̃ tɛʀɛ̃d kɑ̃piŋ/yn‿obɛʀʒ də ʒœnɛs isi]

Hotel – pensão – quarto particular

Na recepção

Reservei um quarto aqui. Meu nome é ...
J'ai réservé une chambre chez vous. Je m'appelle ...
[ʒɛ ʀesɛʀve yn ʃɑ̃bʀə ʃe vu. ʒə mapɛl]

O(A) senhor(a) ainda tem quartos disponíveis?
Est-ce que vous avez encore des chambres de libres?
[ɛs‿kə vuz‿ave ɑ̃kɔʀ de ʃɑ̃bʀə də libʀ]

... para uma noite
... pour une nuit [puʀ yn nɥi]

... para dois dias
... pour deux jours [puR dø ʒuR]

... para uma semana
... pour une semaine [puR yn səmɛn]

Não, senhora/senhorita/senhor, infelizmente estamos lotados.
Non, Mme/Mlle/M., malheureusement, nous sommes "complet". [nɔ̃ madam/madmwazel/məsjø malœRøzmɑ̃ nu sɔm kɔ̃plɛ]

Sim. Que tipo de quarto o(a) senhor(a) deseja?
Oui, qu'est-ce que vous désirez comme chambre?
[wi kɛs‿kə vu dezire kɔm ʃɑ̃bR]

um quarto individual
une chambre pour une personne [yn ʃɑ̃bR puR yn pɛRsɔn]

um quarto para duas pessoas, um quarto duplo
une chambre pour deux personnes [yn ʃɑ̃bR puR dø pɛRsɔn], **une chambre double** [yn ʃɑ̃bRə dubl]

um quarto sossegado
une chambre tranquille [yn ʃɑ̃bRə tRɑ̃kil]

com chuveiro
avec douche [avɛk duʃ]

com banheiro
avec salle de bains [avɛk sal də bɛ̃]

com vista para o mar
avec vue sur la mer [avɛk vy syR la mɛR]

Posso ver o quarto?
Est-ce que je peux voir la chambre? [ɛs‿kəʒ pø vwaR la ʃɑ̃bR]

É possível colocar uma terceira cama/uma cama de criança no quarto?
Est-ce que vous pouvez installer un troisième lit/un lit pour enfant? [ɛs‿kə vu puve ɛ̃stale ɛ̃ tRwazjɛm li/ɛ̃ li puR ɑ̃fɑ̃]

Qual é o preço do quarto, com ...
Quel est le prix de la chambre, ... [kɛl‿ɛ lə pʀid la ʃɑ̃bʀ]

café da manhã?
petit déjeuner compris? [pti deʒœne kɔ̃pʀi]

meia pensão?
en demi-pension? [ɑ̃ dmi pɑ̃sjɔ̃]

pensão completa?
en pension complète? [ɑ̃ pɑ̃sjɔ̃ kɔ̃plɛt]

O(A) senhor(a) pode mandar levar as bagagens para o quarto, por favor?
Vous voulez faire monter mes bagages, s.v.p.?
[vu vule fɛʀ mɔ̃te me bagaʒ sil vu plɛ]

Onde posso estacionar o carro?
Où est-ce que je peux garer ma voiture?
[u ɛs‿kəʒ pø gaʀe ma vwatyʀ]

Em nossa garagem./Em nosso estacionamento.
Dans notre garage./Sur notre parking.
[dɑ̃ nɔtʀə gaʀaʒ/syʀ nɔtʀə paʀkiŋ]

Perguntas e pedidos

➢ **ver também Café da manhã (cardápio, no capítulo Gastronomia)**

A partir de que horas é servido o café da manhã?
Le petit déjeuner est à partir de quelle heure?
[lə pti deʒœne ɛt‿a paʀtiʀ də kɛl‿œʀ]

Qual é o horário das refeições?
Quelles sont les heures des repas? [kɛl sɔ̃ lez‿œʀ de ʀpa]

Onde fica a sala de refeições?
Où est la salle à manger? [u ɛ la sal a mɑ̃ʒe]

Por favor, amanhã de manhã acorde-me às ... horas.
Réveillez-moi à ... heures, demain matin, s.v.p.
[ʀevɛje mwa a ... œʀ dəmɛ̃ matɛ̃ sil vu plɛ]

Minha chave, por favor.
Ma clé, s.v.p. [ma kle sil vu plɛ]

Reclamações

Não limparam meu quarto.
Ma chambre n'a pas été nettoyée. [ma ʃɑ̃bʀ na paz‿ete nɛtwaje]

... não está funcionando.
... ne fonctionne pas. [nə fɔ̃ksjɔn pa]

A torneira está pingando.
Le robinet goutte. [lə ʀɔbinɛ gut]

Não tem água (quente).
Il n'y a pas d'eau (chaude). [il nja pa do (ʃod)]

A privada está entupida./A pia está entupida.
Les W.-C. sont bouchés./Le lavabo est bouché.
[le vese sɔ̃ buʃe/lə lavabo ɛ buʃe]

Eu gostaria de trocar de quarto, por favor.
J'aimerais une autre chambre, s.v.p.
[ʒɛmʀɛ yn‿otʀə ʃɑ̃bʀə sil vu plɛ]

Check-out/Saída

Partirei esta noite/amanhã às ... horas.
Je pars ce soir/demain à ... heures. [ʒə paʀ sə swaʀ/dəmɛ̃ a ... œʀ]

O(A) senhor(a) pode fechar minha conta, por favor?
Est-ce que vous pouvez préparer ma note, s.v.p.?
[ɛs‿kə vu puve pʀepaʀe ma nɔt sil vu plɛ]

O(A) senhor(a) aceita cartão de crédito?
Est-ce que vous prenez les cartes de crédit?
[ɛs‿kə vu pʀəne le kaʀt də kʀedi]

O(A) senhor(a) poderia chamar um táxi para mim, por favor?
Vous pourriez m'appeler un taxi, s.v.p.?
[vu puʀje maple ɛ̃ taksi sil vu plɛ]

Obrigado(a) por tudo! Até logo!
Merci pour tout! Au revoir! [mɛʀsi puʀ tu o ʀvwaʀ]

água	**eau** [o]
água fria	**eau froide** [o fʀwad]
água quente	**eau chaude** [o ʃod]
almoço	**déjeuner** [deʒœne]
alta temporada	**haute saison** [ot sɛzɔ̃], **pleine saison** [plɛn sɛzɔ̃]
andar	**étage** [etaʒ]
aquecimento	**chauffage** [ʃofaʒ]
ar-condicionado	**air conditionné** [ɛʀ kɔ̃disjɔne]
armário	**armoire** *(f)* [aʀmwaʀ]
baixa temporada	**basse saison** [bɑs sɛzɔ̃], **arrière-saison** [aʀjɛʀsɛzɔ̃]
banheira	**baignoire** [bɛɲwaʀ]
banheiro	**salle** *(f)* **de bains** [sal də bɛ̃]
bufê (de café da manhã)	**buffet (de petit déjeuner)** [byfɛ (də pti deʒœne)]
cabide	**cintre** [sɛ̃tʀ]
café da manhã	**petit déjeuner** [pti deʒœne]
cama	**lit** *(m)* [li]
camareira, arrumadeira	**femme de chambre** [fam də ʃɑ̃bʀ]
chave	**clé** [kle]
chuveiro	**douche** *(f)* [duʃ]
cinzeiro	**cendrier** [sɑ̃dʀije]

cobertor	**couverture** *(f)* [kuvɛʀtyʀ]
cofre	**coffre-fort** [kɔfʀəfɔʀ]
colcha	**couvre-lit** *(m)* [kuvʀəli]
colchão	**matelas** [matla]
criado-mudo, mesa de cabeceira	**table de nuit** *(f)* [tablə də nɥi]
elevador	**ascenseur** [asɑ̃sœʀ]
estacionamento	**parc de stationnement** [paʀk də stasjɔnmɑ̃]
filtro de linha	**prise** *(f)* **multiple** [pʀiz myltipl]
frigobar	**minibar** [minibaʀ]
garagem	**garage** *(m)* [gaʀaʒ]
interruptor	**interrupteur** [ɛ̃teʀyptœʀ]
janela	**fenêtre** [fnɛtʀə]
jantar	**dîner** [dine]
lâmpada	**lampe** [lɑ̃p]
lâmpada de cabeceira	**lampe de chevet** [lɑ̃p də ʃvɛ]
lençóis	**draps** [dʀa]
limpar	**nettoyer** [nɛtwaje]
luz	**lumière** [lymjɛʀ]
meia pensão	**demi-pension** [dmipɑ̃sjɔ̃]
motel	**motel** [mɔtɛl]
papel higiênico	**papier hygiénique** [papje iʒjenik]
pensão	**pension (de famille)** [pɑ̃sjɔ̃(d famij)]
pensão completa	**pension complète** [pɑ̃sjɔ̃ kɔ̃plɛt]
pernoite	**nuit** *(m)* [nɥit]
pia *(de banheiro)*	**lavabo** *(m)* [lavabo]
piscina	**piscine** [pisin]
plugue	**fiche** *(f)* [fiʃ]
poltrona	**fauteuil** *(m)* [fotœj]

porteiro(a)	**portier** *(m)* [pɔRtje]/**portière** *(f)* [pɔRtjɛR], **concierge** *(m e f)* [kɔ̃sjɛRʒ]
pré-temporada	**avant-saison** *(f)* [avɑ̃sɛzɔ̃]
quarto	**chambre** *(f)* [ʃɑ̃bR]
rádio	**radio** *(f)* [Radjo]
recepção	**réception** [Resɛpsjɔ̃]
reserva	**réservation** [RezɛRvasjɔ̃]
sacada, varanda	**balcon** *(m)* [balkɔ̃]
saguão	**hall** [ol]
sala de café da manhã	**salle de petit déjeuner** [sal də pti deʒœne]
sala de estar	**le salon** [salɔ̃]
sala de refeições	**salle à manger** [sal a mɑ̃ʒe]
sala de TV	**salle de télévision** [sal də televizjɔ̃]
sanitários, toaletes	**toilettes** *(f)* [twalɛt]
semana extra	**semaine supplémentaire** [smɛn syplemɑ̃tɛR]
telefone (do quarto)	**téléphone (de la chambre)** [telefɔn (də la ʃɑ̃bR)]
televisor	**téléviseur** [televizœR]
terraço	**terrasse** *(f)* [tɛRas]
toalha de banho	**serviette de bain** [sɛRvjɛt də bɛ̃]
toalha de rosto	**serviette de toilette** [sɛRvjɛt də twalɛt]
tomada	**prise de courant** [pRiz də kuRɑ̃]
torneira	**robinet** *(m)* [Rɔbinɛ]
transporte interno gratuito	**navette** *(f)* [navɛt]
travesseiro	**oreiller** [ɔRɛje]
troca de roupa	**changement** *(m)* **de linge** [ʃɑ̃ʒmɑ̃d lɛ̃ʒ]
ventilador	**ventilateur** [vɑ̃tilatœR]

Casas e apartamentos de veraneio

A água e a energia elétrica estão incluídas no aluguel?
Est-ce que l'eau et l'électricité sont comprises dans le loyer?
[ɛs‿kə lo e lelɛktʀisite sɔ̃ kɔ̃pʀiz dɑ̃ lə lwaje]

É permitido levar animais domésticos?
Est-ce que les animaux domestiques sont admis?
[ɛs‿kə lez‿animo dɔmɛstik sɔ̃t‿admi]

A limpeza final é por nossa conta?
Est-ce que nous devons faire nous-mêmes le nettoyage de fin de séjour? [ɛs‿kə nu dvɔ̃ fɛʀ numɛm lə nɛtwajaʒ də fɛ̃d seʒuʀ]

➢ **ver também o item Hotel – pensão – quarto particular**

alugar	**louer** [lue]
aluguel	**loyer** [lwaje]
animais domésticos	**animaux domestiques** [animo dɔmɛstik]
bangalô	**bungalow** [bɛ̃galo]
beliche	**lit à étage** [li a etaʒ]
cafeteira	**machine à café** [maʃin a kafe]
canto de cozinha	**coin** *(m)* **cuisine** [kwɛ̃kɥizin]
casa de campo	**maison de campagne** [mɛzɔ̃d kɑ̃paɲ]
casa de férias	**maison de vacances** [mɛzɔ̃d vakɑ̃s]
consumo de água	**consommation** *(m)* **d'eau** [kɔ̃sɔmasjɔ̃ do]
corrente elétrica	**courant** *(m)* **(électrique)** [kuʀɑ̃ (elɛktʀik)]
cozinha	**cuisine** [kɥizin]
dia da chegada	**jour de l'arrivée** [ʒuʀ də laʀive]
encargos	**charges** *(f)* [ʃaʀʒ]
entrega das chaves	**remise des clés** [ʀəmiz de kle]
fogão	**cuisinière** *(f)* [kɥizinjɛʀ]

geladeira	**réfrigérateur** *(m)* [ʀefʀiʒeʀatœʀ], **frigo** *(m)* [fʀigo]
limpeza final (para entrega do imóvel)	**nettoyage** *(m)* **de fin de séjour** [nɛtwajaʒ də fɛ̃d seʒuʀ]
lixo	**ordures** *(f/pl)* [ɔʀdyʀ]
louça	**vaisselle** [vɛsɛl]
máquina de lavar roupa	**machine à laver** [maʃin‿a lave]
pano de prato	**torchon** [tɔʀʃɔ̃]
propriedade rural	**ferme** [fɛʀm]
proprietário (da casa)	**propriétaire (de la maison)** [pʀɔpʀijetɛʀ (də la mɛzɔ̃)]
quarto de dormir	**chambre** *(f)* **à coucher** [ʃɑ̃bʀ a kuʃe]
quitinete	**studio** *(m)* [stydjo]
resort	**village de vacances** [vilaʒ də vakɑ̃s]
sala de estar	**salle de séjour** [sal də seʒuʀ]
sofá-cama	**banquette-lit** *(f)* [bɑ̃kɛtli]
voltagem	**voltage** *(m)* [vɔltaʒ]

Camping

Aqui há alguma área de *camping*?
Est-ce qu'il y a un terrain de camping par ici?
[ɛs‿kil‿ja ɛ̃ tɛʀɛ̃d kɑ̃piŋ paʀ isi]

O(A) senhor(a) ainda tem lugar para um *trailer*/uma barraca?
Vous avez encore de la place pour une caravane/une tente?
[vuz‿ave ɑ̃kɔʀ də la plas puʀ yn kaʀavan/yn tɑ̃t]

Qual é o preço por dia e por pessoa?
Quel est le tarif par jour et par personne?
[kɛl‿ɛl taʀif paʀ ʒuʀ e paʀ pɛʀsɔn]

Qual é o preço para ...
Quel est le tarif pour ... [kɛl‿ɛl taʀif puʀ]

carros?
les voitures? [le vwatyʀ]

***trailers*?**
les caravanes? [le kaʀavan]

***motor-homes*?**
les camping-cars? [le kɑ̃piŋkaʀ]

barracas?
les tentes? [lə tɑ̃t]

O(A) senhor(a) aluga *trailers*?
Vous louez des caravanes? [vu lue de kaʀavan]

Ficaremos ... dias/semanas.
Nous restons ... dias/semanas. [nu ʀɛstɔ̃ ... ʒuʀ/smɛn]

Onde são ...
Où sont ... [u sɔ̃]

os banheiros?
les toilettes? [le twalɛt]

os lavabos?
les lavabos? [le lavabo]

os chuveiros?
les douches? [le duʃ]

acampar	**camper** [kɑ̃pe]
água	**eau** [o]
água potável	**eau potable** [o pɔtabl]
(área de) *camping*	**(terrain** *(m)* **de) camping** [(tɛʀɛ̃ də) kɑ̃piŋ]
barraca	**tente** [tɑ̃t]
bujão de gás	**bouteille** *(f)* **de gaz** [butɛj də gaz]
camping	**camping** [kɑ̃piŋ]
cantil	**bidon d'eau** [bidɔ̃ do]

cartucho de gás	**cartouche** *(f)* **de gaz** [kaʀtuʃ də gaz]
conector	**prise** *(f)* **de courant** [pʀiz də kuʀɑ̃]
fogareiro	**réchaud** [ʀeʃo]
fogareiro a gás	**réchaud à gaz** [ʀeʃo a gaz]
guia de *campings*	**guide de camping-caravaning** [gid də kɑ̃piŋ kaʀavaniŋ]
lampião a querosene	**lampe** *(f)* **à pétrole** [lɑ̃p a petʀɔl]
lavabos	**lavabos** [lavabo]
licença para acampar	**licence camping** [lisɑ̃s kɑ̃piŋ]
motor-home	**camping-car** [kɑ̃piŋkaʀ]
pia de cozinha	**lavabo** *(m)* **pour la vaisselle** [lavabo puʀ la vɛsɛl]
plugue	**fiche** *(f)* [fiʃ]
propano	**propane** [pʀɔpan]
reserva	**réservation** [ʀezɛʀvasjɔ̃]
tomada	**prise de courant** [pʀiz də kuʀɑ̃]
trailer	**caravane** *(f)* [kaʀavan]

Saindo para comer	118
No restaurante	119
Fazendo o pedido	119
Reclamando	121
A conta	122
Cafés	123
Cardápio	128
Carta de bebidas	136

GASTRONOMIA

❐ O **café** serve principalmente bebidas, mas também tem *croissants, baguettes, sandwichs* e outras comidinhas para matar uma fome não muito grande. O **café-tabac** funciona como loja de produtos de tabacaria, loja de jornais/revistas, selos, cartões telefônicos e bilhetes de ônibus.
❐ No **café-restaurant** é possível obter pratos quentes e refeições completas.
❐ **Bistrot** é a designação comum para pequenos estabelecimentos em geral; mais especificamente um **bistrot** pode ser um pequeno restaurante tradicional e com menus a bons preços.
❐ A **brasserie** era originalmente um local para se beber cerveja. No entanto, agora funciona como um grande **café-restaurant**, muitas vezes com especialidades da Alsácia, dentre outras.
❐ Os **restaurants** em geral têm suas próprias especialidades e, neles, o mais comum é que se peça uma entrada, um prato principal, eventualmente uma sobremesa e uma bebida para acompanhar.
❐ O **salon de thé** corresponde à casa de chá. A especialidade da **crêperie**, como diz o nome, são os crepes (em francês, substantivo feminino).

Saindo para comer

O(A) senhor(a) poderia me indicar ...
Vous pourriez m'indiquer ... [vu puʀje mɛ̃dike]

um bom restaurante?
un bon restaurant? [ɛ̃ bɔ̃ ʀɛstɔʀɑ̃]

um restaurante não muito caro?
un restaurant pas trop cher? [ɛ̃ ʀɛstɔʀɑ̃ pa tʀo ʃɛʀ]

No restaurante

Eu gostaria de reservar uma mesa para quatro pessoas para esta noite.
Je voudrais retenir une table pour ce soir, pour quatre personnes. [ʒvudʀɛ ʀətniʀ yn tablə puʀ sə swaʀ puʀ katʀə pɛʀsɔn]

Por gentileza, esta mesa está livre?
Est-ce que cette table est libre, s.v.p.?
[ɛs‿kə sɛt tabl ɛ libʀ sil vu plɛ]

Eu queria uma mesa para duas/três pessoas.
Je voudrais une table pour deux/trois personnes.
[ʒvudʀɛ yn tablə puʀ dø/tʀwa pɛʀsɔn]

Por favor, onde ficam os toaletes/banheiros?
Où sont les toilettes, s.v.p.? [u sɔ̃ le twalɛt sil vu plɛ]

Posso fumar?
Je peux fumer? [ʒpø fyme]

Fazendo o pedido

Garçom/Senhor/Senhora/Senhorita,
Garçon/Monsieur/Madame/Mademoiselle,
[gaʀsɔ̃ (məsjø)/madam (madmwazɛl)]

o cardápio, por favor.
la carte, s.v.p. [la kaʀt sil vu plɛ]

a carta de bebidas, por favor.
la carte des boissons, s.v.p. [la kaʀt de bwasɔ̃ sil vu plɛ]

O que o(a) senhor(a) recomenda?
Qu'est-ce que vous me conseillez? [kɛs‿kə vum kɔ̃sɛje]

Vocês fazem meia porção para crianças?
Vous faites des demi-portions pour les enfants?
[vu fɛt de dmipɔʀsjɔ̃ puʀ lez‿ɑ̃fɑ̃]

Já escolheram?
Vous avez choisi? [vuz‿ave ʃwazi]

Quero ...
Je prends ... [ʒə pʀɑ̃]

De entrada/prato principal/sobremesa quero ...
Comme entrée/plat/dessert, je prends ...
[kɔm ɑ̃tʀe/desɛʀ/pla pʀɛ̃sipal ʒə pʀa]

Não quero entrada, obrigado(a).
Je ne veux pas d'entrée, merci. [ʒən vø pa dɑ̃tʀe mɛʀsi]

Em vez de ..., é possível vir ...?
Est-ce qu'à la place de ... je pourrais avoir ...?
[ɛs‿ka la plas də ... ʒə puʀɛ avwaʀ]

Como o(a) senhor(a) quer o bife?
Comment voulez-vous votre bifteck?
[kɔmɑ̃ vule vu vɔtʀə biftek]

bem passado
bien cuit [bjɛ̃ kɥi]

ao ponto
à point [a pwɛ̃]

malpassado
saignant [sɛɲɑ̃]

O que o(a) senhor(a) gostaria de beber?
Qu'est-ce que vous désirez comme boisson(s)?
[kɛs‿kə vu deziʀe kɔm bwasɔ̃]

Um copo de ..., por favor.
Un verre de ..., s.v.p.[ɛ̃ vɛʀ də ... sil vu plɛ]

Uma garrafa/Meia garrafa de ..., por favor.
Une bouteille/Une demi-bouteille de ..., s.v.p.
[yn butɛj/yn dəmibutɛj də ... sil vu plɛ]

Bom apetite!
Bon appétit! [bɔn‿apeti]

À sua saúde!
À votre santé./À la vôtre. [a vɔtʀ sɑ̃te/a la votʀ]

Deseja mais alguma coisa?
Vous désirez encore quelque chose? [vu deziʀe ɑ̃kɔʀ kɛlkə ʃoz]

Traga-nos ..., por favor.
Apportez-nous ..., s.v.p. [apɔʀtenu ... sil vu plɛ]

O(A) senhor(a) poderia nos trazer mais um pouco de pão/água/vinho, por favor?
Est-ce que vous pourriez nous apporter encore un peu de pain/d'eau/de vin, s.v.p.? [ɛs‿kə vu puʀje nuz‿apɔʀte ɑ̃kɔʀ ɛ̃ pød pɛ̃/do/də vɛ̃ sil vu plɛ]

Reclamando

Se você quiser reclamar de alguma coisa, inicie sua queixa sempre com um *Excusez-moi*; por exemplo, *Excusez-moi, mais je n'ai pas de ...*

Estou sem ...
Je n'ai pas de ... [ʒnɛ pad ...]

O(A) senhor(a) está se lembrando do(s) meu(s)/da(s) minha(s) ... ?
Vous pensez à mon *(m)*/ma *(f)*/mes *(pl)* ...? [vu pɑ̃se a mɔ̃/ma/me ...]

Não foi isto que pedi.
Ce n'est pas ce que j'ai commandé. [snɛ pa skə ʒɛ kɔmɑ̃de]

A sopa está fria/muito salgada.
Le potage est froid/trop salé. [lə pɔtaʒ ɛ fʀwa/tʀo sale]

Esta carne está dura/muito gordurosa.
Cette viande est dure/trop grasse. [sɛt vjɑ̃d‿ɛ dyʀ/tʀo gʀas]

O peixe não está fresco.
Le poisson n'est pas frais. [lə pwasɔ̃ nɛ pa fʀɛ]

O(A) senhor(a) pode levá-lo de volta, por favor?
Vous pouvez le remporter, s.v.p.? [vu puve lə ʀɑ̃pɔʀte sil vu plɛ]

Chame o gerente, por favor.
Allez chercher le patron, je vous prie. [ale ʃɛʀʃel patʀɔ̃ ʒə vu pʀi]

A conta

A conta, por favor.
L'addition, s.v.p. [ladisjɔ̃ sil vu plɛ]

É tudo por minha conta.
Je paye le tout. [ʒə pɛ lə tu]

Algumas dicas sobre os hábitos dos franceses em cafés e restaurantes:

- Ao chegar a um restaurante, espere sempre que alguém venha recebê-lo e lhe indique uma mesa vaga.
- Em restaurantes e brasseries, sobretudo nos dias de maior afluência, é comum as pessoas fazerem reservas com antecedência, por telefone, e-mail ou mesmo pessoalmente.
- Nos cafés, em geral o garçom já traz a conta junto com cada item consumido. Isso não significa que você tenha que pagá-la imediatamente nem que não possa fazer outros pedidos. No final, o próprio garçom se encarregará de fazer a soma.
- Em geral a gorjeta pode ser deixada sobre a mesa ou no pratinho próprio para isso.

O serviço está incluído?
Le service est compris? [lə sɛʀvis ɛ kɔ̃pʀi]

Acho que há um erro na conta.
Je crois qu'il y a une erreur dans l'addition.
[ʒə kʀwa kil‿ja yn‿ɛʀœʀ dɑ̃ ladisjɔ̃]

Não pedi ... Pedi ...
Je n'ai pas pris de ... J'ai pris ...
[ʒnɛ pa pʀi də ... ʒɛ pʀi]

A refeição/A comida estava excelente.
Le repas était excellent. [lə ʀəpa etɛt‿ɛksɛlɑ̃]

Isto é para você.
Voilà pour vous. [vwala puʀ vu]

Está certo. ***(= Pode ficar com o troco.)***
C'est bien comme ça. [sɛ bjɛ̃ kɔm sa]

Cafés

Ao pedir um café, convém conhecer as várias maneiras de servi-lo e denominá-lo, para evitar surpresas. Observe, principalmente, que *café crème* é café com leite.

- *un grand crème = un grand café au lait*
- *un petit crème = un petit café au lait*
- *un grand noir = un grand café noir*
- *un petit noir* ou *un express*
- *une noisette* (ao pé da letra, avelã) é um café com um pouco de leite

Dependendo da região, as designações e seus significados podem variar.

O que o(a) senhor(a) deseja beber?
Qu'est-ce que vous bouvez? [kɛs‿kə vu byve]

Eu queria um café, por favor.
Je voudrais un café, s.v.p. [ʒvudʀɛ ɛ̃ kafe sil vu plɛ]

... um café puro
... un café noir [ɛ̃ kafe nwaʀ]

... um café *espresso*
... un café express [ɛ̃ kafe ɛkspʀɛs]

... um café com leite
... un café au lait/un café crème [ɛ̃ kafe o lɛ/ɛ̃ kafe kʀɛm]

... um café com creme
... un café à la crème [ɛ̃ kafe a la kʀɛm]

Um suco de limão.
Un citron pressé. [ɛ̃ sitʀɔ̃ pʀese]

Um refresco de xarope de menta.
Un diabolo menthe. [ɛ̃ djabolo mɑ̃t]

Eu queria um chá puro/com leite/com limão.
Je voudrais un thé nature/au lait/au citron.
[ʒvudʀɛ ɛ̃ te natyʀ/o lɛ/o sitʀɔ̃]

Um chope, por favor.
Une (bière) pression, s.v.p. [yn (bjɛʀ) pʀɛsjɔ̃ sil vu plɛ]

Essa rodada é por minha conta.
C'est ma tournée. [sɛ ma tuʀne]

A mesma coisa, por favor.
La même chose, s.v.p. [la mɛm ʃoz sil vu plɛ]

O que tem para comer?
Qu'est-ce que vous avez à manger? [kɛs kə vuz‿ave a mɑ̃ʒe]

Temos omeletes, frios, patê da casa e *croque-monsieur*.
Nous avons des omelettes, de la charcuterie, du pâté maison ou des croque-monsieur. [nuz‿avɔ̃ dez ɔmlɛt, dla ʃaʀkytʀi, dy pate mɛsɔ̃ u de kʀɔkməsjø]

> **ver também a lista de palavras do item Produtos alimentícios (no capítulo Compras)**

açúcar	**sucre** [sykʀə]
adoçante em comprimido	**sucrettes** *(f/pl)* [sykʀɛt]
água	**eau** [o]
almoço	**déjeuner** [deʒœne]
bebida	**boisson** [bwasɔ̃], **consommation** *(em cafés, bares)* [kɔ̃sɔmasjɔ̃]
bem quente	**très chaud** [tʀɛ ʃo]
bufê de saladas	**buffet de salades** [byfɛd salad]
café da manhã	**petit déjeuner** [pti deʒœne]
canudo, canudinho	**paille** *(f)* [paj]
cardápio	**menu** [məny], **carte** *(f)* [kaʀt]
caseiro	**(fait) maison** [(fɛ) mɛzɔ̃]
catchup	**ketchup** [kɛtʃəp]
cinzeiro	**cendrier** [sɑ̃dʀije]
colher	**cuillère** [kɥijɛʀ]
colher de café	**cuillère à café** [kɥijɛʀ a kafe]
comida dietética	**cuisine diététique** [kɥizin djetetik]
condimento, especiaria	**épice** *(f)* [epis]
copo	**verre** *(m)* [vɛʀ]
copo para água	**verre à eau** [vɛʀ a o]
taça para vinho	**verre** *(m)* **à vin** [vɛʀ a vɛ̃]
cozinheiro/cozinheira	**cuisinier/cuisinière** [kɥizinje/kɥizinjɛʀ]
diabético	**diabétique** [djabetik]
duro	**dur** [dyʀ]

entrada	**entrée** [ɑ̃tʀe]
especialidade	**spécialité** [spesjalite]
espinha de peixe	**arête** [aʀɛt]
estar com fome	**avoir faim** [avwaʀ fɛ̃]
faca	**couteau** *(m)* [kuto]
fatia	**tranche** [tʀɑ̃ʃ]
garçom	**garçon** [gaʀsɔ̃]
Garçom! *(para chamar)*	**Monsieur!** [məsjø]
garçom/garçonete	**garçon/serveuse** [gaʀsɔ̃/sɛʀvøz]
garfo	**fourchette** *(f)* [fuʀʃɛt]
gorjeta	**pourboire** *(m)* [puʀbwaʀ]
grelha	**gril** *(m)* [gʀil]
guardanapo	**serviette** *(f)* [sɛʀvjɛt]
jantar	**dîner** [dine]
jarra	**carafe** [kaʀaf]
maionese	**mayonnaise** [majɔnɛz]
mancha	**tache** [taʃ]
molho	**sauce** *(f)* [sos]
mostarda	**moutarde** [mutaʀd]
óleo	**huile** *(f)* [ɥil]
osso	**os** [ɔs]
palito de dente	**cure-dents** [kyʀdɑ̃]
pedido	**commande** *(f)* [kɔmɑ̃d]
pimenta	**poivre** *(m)* [pwavʀ]
pimenteiro(a)	**poivrière** *(f)* [pwavʀijɛʀ]
porção	**portion** [pɔʀsjɔ̃]
prato *(iguaria)*	**plat** [pla]
prato *(louça)*	**assiette** *(f)* [asjɛt]
prato do dia	**plat du jour** [pla dy ʒuʀ]
prato fundo	**assiette** *(f)* **creuse** [asjɛt kʀøz]
prato para criança	**menu enfants** [məny ɑ̃fɑ̃]

prato principal	**plat principal** [pla pRɛ̃sipal]
saca-rolhas	**tire-bouchon** [tiRbuʃɔ̃]
sal	**sel** [sɛl]
saleiro	**salière** *(f)* [saljɛR]
seco *(vinho)*	**sec** [sɛk]
sem álcool	**sans alcool** [sɑ̃z‿alkɔl]
serviço de mesa	**couvert** [kuvɛR]
sobremesa	**dessert** *(f)* [desɛR]
sopa	**soupe** [sup], **potage** *(m)* [pɔtaʒ]
suave *(vinho)*	**doux** [du]
talheres	**couverts** [kuvɛR]
temperar	**assaisonner** [asɛzɔne]
tempero	**assaisonnement** [asɛzɔnmɑ̃]
toalha de mesa	**nappe** [nap]
travessa	**plat** *(m)* [pla]
vegetariano	**végétarian** [veʒetaRjɛ]
vinagre	**vinaigre** [vinɛgR]
xícara	**tasse** [tas]
pires	**soucoupe** *(f)* [sukup]

Preparo

amargo	**aigre** [ɛgR]
ao ponto	**à point** [a pwɛ̃]
assado	**rôti** [Roti]
na grelha	**sur le gril** [syR lə gRil]
no espeto	**à la broche** [a la bRɔʃ]
no forno	**au four** [o fuR]
azedo	**aigre** [ɛgR]
bem passado	**bien cuit** [bjɛ̃ kɥi]
corado	**rissolé** [Risɔle]
cozido	**bouilli** [buji]
cru	**cru** [kRy]

defumado	**fumé** [fyme]
doce	**doux** [du]
duro	**coriace** [kɔrjas]
estufado	**en daube** [ɑ̃ dob]
frito	**frit** [fʀi]
gratinado	**gratiné** [gʀatine]
macio, tenro	**tendre** [tɑ̃dʀ]
magro, sem gordura	**maigre** [mɛgʀ]
no vapor	**à l'étouffée** [a letufe], **à l'étuvée** [a letyve]
picante	**épicé** [epise]
recheado	**farci** [faʀsi]
suculento	**juteux** [ʒytø]

Cardápio

Le petit déjeuner	Café da manhã
café noir [kafe nwaʀ]	café puro
café au lait [kafe o lɛ]	café com leite
café décafféiné [kafe dekafeine]	café descafeinado
thé au lait/citron [te o lɛ/sitʀɔ̃]	chá com leite/limão
infusion [ɛ̃fyzjɔ̃]	infusão, chá *(de qualquer erva, como hortelã, camomila etc.)*
chocolat [ʃɔkɔla]	chocolate
jus de fruits [ʒyd fʀɥi]	suco de frutas
orange pressée [ɔʀɑ̃ʒ pʀese]	suco de laranja (natural)
oeuf à la coque [œf a la kɔk]	ovo quente
oeufs brouillés [ø bʀuje]	ovos mexidos
oeufs au bacon [ø o bekɔn]	ovos com *bacon*
pain/petit pain/toast [pɛ̃/pti pɛ̃/tost]	pão/pãozinho/torrada

croissant [kʀwasɑ̃]	*croissant*
beurre [bœʀ]	manteiga
fromage [frɔmaʒ]	queijo
saucisson [sosisɔ̃]	salame
jambon [ʒɑ̃bɔ̃]	presunto
confiture [kɔ̃fityʀ]	geleia
miel [mjɛl]	mel
muesli [mysli]	*müsli*
yaourt [jaurt]	iogurte
fruit [fʀɥi]	fruta

Potages et soupes	Caldos e sopas
bisque d'écrevisses [bisk dekʀəvis]	sopa de lagostim
bouillabaisse [bujabɛs]	caldeirada de peixe
consommé de poulet [kɔ̃sɔmed pulɛ]	caldo de frango
potage au cresson [pɔtaʒ‿o kʀesɔ̃]	sopa de agrião
potage de légumes [pɔtaʒ də legym]	sopa de legumes
soupe à l'oignon [sup a lɔɲɔ̃]	sopa de cebola
soupe de poisson [sup də pwasɔ̃]	sopa de peixe
velouté d'asperges [vəlute daspɛʀʒ]	creme de aspargos

Fruits de mer	**Frutos do mar**
calmar [kalmaʀ]	lula
coquilles Saint-Jacques [kɔkij sɛ̃ʒak]	vieiras
crabes [kʀab]	caranguejos
crevettes [kʀəvɛt]	camarões
écrevisse [ekʀəvis]	lagostim
homard [ɔmaʀ]	lagosta
huîtres [ɥitʀ]	ostras
langouste [lɑ̃gust]	lagostim
langoustine [lɑ̃gustin]	lagosta da Noruega
moules [mul]	mariscos
plateau de fruits de mer [plato də fʀɥi də mɛʀ]	travessa de frutos do mar

Poissons	**Peixes**
Poissons de mer	**Peixes de água salgada**
aiglefin [ɛgləfɛ̃]	hadoque
cabillaud [kabijo]	bacalhau fresco
colin [kɔlɛ̃]	merluza
daurade [dɔʀad]	dourada
hareng [aʀɑ̃]	arenque
lotte [lɔt]	peixe-pescador, tamboril
maquereau [makʀo]	cavala
morue [mɔʀy]	bacalhau
rouget [ʀuʒɛ]	salmonete
sole [sɔl]	linguado
turbot [tyʀbo]	rodovalho
Poissons d'eau douce	**Peixes de água doce**
anguille [ɑ̃gij]	enguia

brochet [bʀɔʃɛ]	lúcio
carpe [kaʀp]	carpa
perche [pɛʀʃ]	perca
petite friture [pətit fʀityʀ]	porção de peixe frito
quenelles de brochet [kənɛl də bʀɔʃɛ]	bolinhos, croquetes de lúcio
sandre [sɑ̃dʀ]	lúcio
truite meunière [tʀɥit mønjɛʀ]	truta *meunière*

Viandes	**Carnes**
agneau [aɲo]	cordeiro
bœuf [bœf]	carne de vaca
mouton [mutɔ̃]	carneiro
porc [pɔʀ]	carne de porco
veau [vo]	vitela
bifteck [biftɛk]	bife
blanquette de veau [blɑ̃kɛt də vo]	guisado de vitela
bœuf bourguignon [bœf buʀgiɲɔ̃]	carne de vaca em pedaços com cebola e vinho tinto
cassoulet [kasulɛ]	guisado de feijão branco com carne de ganso, pato, carneiro ou porco, e eventualmente embutidos (*especialidade de Toulouse*)
choucroute [ʃukʀut]	chucrute (repolho servido com diversos tipos de carne, geralmente embutidos [*região da Alsácia*])
cochon de lait [kɔʃɔ̃d lɛ]	leitão
côte de bœuf [kot də bœf]	costela de boi

entrecôte [ɑ̃tʀəkot]	entrecosto, contrafilé de costela
épaule [epol]	quarto dianteiro
escalope de veau [ɛskalɔp də vo]	escalope de vitela
escalope panée [ɛskalɔp pane]	escalope à milanesa
filet de bœuf [filɛd bœf]	filé-mignon
foie [fwa]	fígado
gigot d'agneau [ʒigo daɲo]	pernil de cordeiro
grillades [gʀijad]	carne grelhada
jarret de veau [ʒaʀɛd vo]	ossobuco de vitela
langue [lɑ̃g]	língua
pieds de cochon [pjed kɔʃɔ̃]	pés de porco, chispes
paupiettes [popjɛt]	bife enrolado de vitela
ris de veau [ʀid vo]	moleja de vitela
rognons [ʀɔɲɔ̃]	rins
rôti [ʀoti]	pernil
sauté de veau	vitela salteada
steak au poivre [stɛk‿o pwavʀ]	filé com pimenta
steak tartare [stɛk taʀtaʀ]	bife tártaro

Volailles et gibier — Aves e carnes de caça

canard à l'orange [kanaʀ a lɔʀɑ̃ʒ]	pato com laranja
civet de lièvre [sivɛ də ljɛvʀ]	guisado de lebre
coq au vin [kɔko vɛ̃]	frango ao vinho
cuissot de chevreuil [kɥisod ʃəvʀœj]	pernil de cabrito montês
dinde truffée [dɛ̃d tryfe]	peru com trufas
faisan [fəzɑ̃]	faisão
lapin chasseur [lapɛ̃ ʃasœʀ]	coelho à caçadora
oie aux marrons [wa o maʀɔ̃]	ganso com castanhas

perdrix [pɛʀdʀi]	perdiz
pigeon [piʒɔ̃]	pombo
pintade [pɛ̃tad]	galinha-d'angola
poulet rôti [pulɛ ʀoti]	frango assado
sanglier [sɑ̃glije]	javali

Légumes	Legumes
chou [ʃu]	repolho
chou-fleur [ʃuflœʀ]	couve-flor
endives braisés [ɑ̃div bʀɛze]	endívias no vapor
épinards en branches [epinaʀ ɑ̃ bʀɑ̃ʃ]	folhas de espinafre
fenouil [fənuj]	erva-doce, funcho
flageolets [flaʒɔlɛ]	feijão anão branco
jardinière de légumes [ʒaʀdiɲɛʀ də legym]	jardineira de legumes
petits pois [pti pwa]	ervilhas
pommes de terre sautées [pɔm də tɛʀ sote]	batatas *sautées*
pommes mousseline [pɔm muslin]	purê de batatas
pommes nature [pɔm natyʀ], **pommes anglaises** [pɔmz‿ɑ̃glɛz]	batatas cozidas no vapor
frites [fʀit]	batatas fritas
pommes allumettes [pɔmz‿alymɛt]	batatas palito
ratatouille niçoise [ʀatatuj niswaz]	guisado de legumes
salsifis [salsifi]	salsifi
tomates farcies [tɔmat faʀsi]	tomates recheados

Pâtes et riz	**Massas e arroz**
macaronis [makaʀɔni]	macarrão
nouilles [nuj]	massa
riz [ʀi]	arroz

Fromages	**Queijos**
assortiment de fromages [asɔʀtimɑ̃ də fʀɔmaʒ]	seleção de queijos
fromage blanc [fʀɔmaʒ blɑ̃]	*cream cheese*
fromage de brebis [fʀɔmaʒ də bʀəbi]	queijo de ovelha
fromage de chèvre [fʀɔmaʒ də ʃɛvʀ]	queijo de cabra
gruyère [gʀyjɛʀ]	*gruyère*
petit suisse [pti sɥis]	queijinho branco cremoso
roquefort [ʀɔkfɔʀ]	*roquefort*

Desserts	**Sobremesas**
baba au rhum [baba o ʀɔm]	babá ao rum
beignets aux pommes [bɛɲɛ o pɔm]	*beignets* de maçã
charlotte [ʃaʀlɔt]	charlote, pavê
crème caramel [kʀem kaʀamɛl]	pudim de caramelo
crème Sabayon [kʀɛm sabajɔ̃]	*zabaione*
gâteau [gato]	bolo
mousse au chocolat [mus o ʃɔkɔla]	musse de chocolate

omelette norvégienne [ɔmlɛt nɔʀveʒjɛn]	espécie de "sorvete quente", feito de sorvete, suspiro e pão de ló, quente por fora e gelado por dentro
profiteroles [pʀɔfitʀɔl]	profiteroles (sobremesa feita com bombinhas rechadas com sorvete de baunilha e cobertas com calda quente de chocolate)
tarte aux fraises [taʀt o fʀɛz]	torta de morango
tarte Tatin [taʀt tatɛ̃]	torta quente de maçã

Fruits	**Frutas**
abricots [abʀiko]	damascos
cerises [səʀiz]	cerejas
macédoine de fruits [masedwan də fʀɥi]	salada de frutas
pêches [pɛʃ]	pêssegos
poires [pwaʀ]	peras
pommes [pɔm]	maçãs
prunes [pʀyn]	ameixas
raisins [ʀɛzɛ̃]	uvas

Glaces	**Sorvetes**
au café [o kafe]	de café
au chocolat [o ʃɔkɔla]	de chocolate
à la fraise [a la fʀɛz]	de morango
à la pistache [a la pistaʃ]	de pistache
à la vanille [a la vanij]	de baunilha
café liégeois [kafe ljeʒwa]	taça de sorvete de café cremoso com chantili
coupe maison [kup mɛzɔ̃]	taça de sorvete à moda da casa

dame blanche [dam blɑ̃ʃ]	taça de sorvete de baunilha com calda de chocolate
poire Belle-Hélène [pwaʀ bɛl elɛn]	pera com sorvete de creme e calda de chocolate
sorbet au citron [sɔʀbɛ o sitʀɔ̃]	*sorbet* de limão

Liste des Consommations — Carta de bebidas

Vin rouge/vin blanc — Vinho tinto/vinho branco

un (verre de vin) rouge [ɛ̃ (vɛʀ də vɛ̃) ʀuʒ]	um copo de/uma taça de vinho tinto
1 quart de vin blanc [ɛ̃ kaʀ də vɛ̃ blɑ̃]	um quarto de vinho branco
1 pichet de rosé [ɛ̃ piʃɛd ʀoze]	um jarro de *rosé*

Appellation contrôlée — Vinhos com denominação de origem controlada

Beaujolais [boʒɔlɛ]	tinto de mesa, leve e frutado
Bordeaux [bɔʀdo] *(rouge)*	tinto encorpado e adstringente
(blanc)	branco seco ou licoroso
Bourgogne [buʀgɔɲ]	tinto encorpado ou branco fresco, da Borgonha
Champagne [ʃɑ̃paɲ]	champanhe
Côtes-de-Provence [kot də pʀɔvɑ̃s]	tinto ou *rosé* leves
Côtes-du-Rhône [bjɛ̃ʀ blɑ̃ʃ]	tinto de mesa

Bière	**Cerveja**
(bière) pression [(bjɛʀ) pʀesjɔ̃]	chope
demi [dmi]	meia cerveja
bière en bouteille [bjɛʀ ɑ̃ butɛj]	cerveja em garrafa
bière blanche [bjɛ̃ʀ blɑ̃ʃ]	cerveja de trigo

Apéritifs	**Aperitivos**
Byrrh [biʀ], **Dubonnet** [dybɔnɛ]	à base de vinho aromatizado com quinino
Muscat (Rivesaltes, Frontignan) [myska ʀivsalt fʀɔ̃tiɲɑ̃]	vinho para aperitivo
Pastis (Pernod, Ricard) [pastis pɛʀno ʀikaʀ]	anisado (aperitivo com sabor de anis)
Suze [syz]	aperitivo amargo com sabor de genciana

Alcools et liqueurs	**Destilados e licores**
Armagnac [aʀmaɲak]	destilado semelhante ao conhaque, da região de Armagnac
Calvados [kalvados]	aguardente de cidra
Cognac [kɔɲak]	conhaque
Chartreuse [ʃaʀtʀøz]	licor de ervas fabricado pelos monges cartuxos
Framboise [fʀɑ̃bwaz]	aguardente de framboesa
Marc [maʀ]	grapa

Mirabelle [miʀabɛl]	aguardente de mirabela *(fruto amarelo com sabor semelhante ao da ameixa)*
Rhum [ʀɔm]	rum

Cidre [sidʀ]	sidra
Jus de fruits [ʒyd fʀɥi]	suco de frutas

Visitas e Passeios

No posto de informações turísticas 141
Monumentos - museus 141
Passeios 149

A cidade de Paris conta com mais de oitenta museus. Quase todo o mundo conhece o *Louvre* ou o *Musée d'Orsay*, mas talvez em sua próxima viagem você tenha vontade de conhecer museus diferentes.

Os três primeiros – tipicamente franceses!? – têm como tema perfume, amor e vinho:

- *Le Musée du Parfum* (39 Boulevard des Capucines, Métro Opéra)
- *Le Musée de l'Érotisme* (72 Boulevard de Clichy, Métro Blanche)
- *Le Musée du Vin* (Rue des Eaux, 5 Square Charles Dickens, Métro Passy)

Os três seguintes trazem desde objetos de uso até magia:

- *Le Musée du Stylo et de l'Écriture* – museu da caneta (3 rue de Maupassant, Métro rue de la Pompe)
- *Le Musée de la Contrefaçon* – museu das imitações (16 rue de la Faisanderie, Métro Pte Dauphine)
- *Le Musée de la Curiosité et de la Magie* – museu das curiosidades e da magia (11 rue St-Paul, Métro St-Paul)

E, como as coisas boas sempre vêm de três em três, aí vão outras três dicas:

- Em Paris também há um museu para crianças: *Le Musée en Herbe* (o "museu dos pequenos", tradução livre) (Jardin d'Acclimatation, Bois de Bologne, Métro Sablons).
- Se você já gastou muito dinheiro em Paris, poderá visitar o *Louvre* de graça no primeiro domingo do mês.
- Se você quiser recuperar as forças para outras aventuras e, ao mesmo tempo, aproveitar uma vista de Paris, vá ao *Institut du monde arabe*, que tem um *salon de thé* no nono andar, de onde se tem uma vista total do Sena e das ilhas *La Cité* e *Saint-Louis*. No alto da *Tour de Montparnasse* há um terraço panorâmico de onde se tem uma visão de Paris em 360°.

No posto de informações turísticas

Eu queria um mapa de ..., por favor.
Je voudrais un plan de ..., s.v.p. [ʒvudʀɛ ɛ̃ plɑ̃ də ... sil vu plɛ]

O(A) senhor(a) tem a programação dos eventos desta semana?
Vous avez les programmes des manifestations de cette semaine? [vuz‿ave lə pʀɔgʀam de manifɛstasjɔ̃ də sɛt səmɛn]

Há visitas guiadas, de ônibus, à cidade?
Est-ce qu'il y a des visites guidées de la ville en car? [ɛs‿kil‿ja de vizit gide də la vil ɑ̃ kaʀ]

Qual é o preço do passeio?
Quel est le prix du tour? [kɛl‿ɛl pʀi dy tuʀ]

Monumentos – museus

Horários, visitas guiadas, ingressos

Quais são as atrações turísticas da cidade?
Quelles sont les curiosités de la ville? [kɛl sɔ̃ le kyʀjozited la vil]

O(A) senhor(a) não pode deixar de ver/visitar ...
Il faut absolument visiter ... [il fot‿apsɔlymɑ̃ vizite]

Qual é o horário de funcionamento do museu?
Quelles sont les heures d'ouverture du musée? [kɛl sɔ̃ lez‿œʀ duvɛʀtyʀ dy myze]

Quando começa a próxima visita guiada?
Quand commence la prochaine visite guidée? [kɑ̃ kɔmɑ̃s la pʀɔʃɛn vizit gide]

Há visitas guiadas em português?
Est-ce qu'il y a une visite guidée en portugais? [ɛs‿kil‿ja yn vizit gide ɑ̃n pɔʀtygɛ]

É permitido fotografar?
Est-ce qu'on peut prendre des photos? [ɛs‿kɔ̃ pø pʀɑ̃dʀə de fɔto]

Duas entradas/Dois ingressos, por favor.
Deux billets, s.v.p. [dø bijɛ sil vu plɛ]

Dois adultos e uma criança.
Deux adultes et un enfant. [døz‿adylt e ɛ̃n‿ɑ̃fɑ̃]

Há desconto para ...
Est-ce qu'il y a des réductions pour ... [ɛs kil ja de ʀedyksjɔ̃ puʀ]

... crianças?
... les enfants? [lez‿ɑ̃fɑ̃]

... estudantes?
... les étudiants? [lez‿etydjɑ̃]

... idosos?
... personnes du troisième âge? [pɛʀsɔn dy tʀwazjɛm aʒ]

... grupos?
... groupes? [gʀup]

Há um catálogo da exposição?
Est-ce qu'il y a un catalogue de l'exposition? [ɛs‿kil‿ja ɛ̃ katalɔg də lɛkspozisjɔ̃]

O quê? Quando? Onde?

Isto é ...?
C'est ...? [sɛ]

Quando foi construído/restaurado este edifício?
Quand est-ce que ce bâtiment a été construit/restauré?
[kɑ̃t‿ɛs‿kə sə batimɑ̃ a ete kɔ̃stʀɥi/ʀɛstɔʀe]

De que época é este monumento?
De quelle époque date ce monument?
[də kɛl epɔk dat sə mɔnymɑ̃]

Quem pintou esse quadro?
Qui a peint ce tableau? [ki a pɛ̃ sə tablo]

Coisas gerais

área de pedestres	**zone piétonne** [zɔn pjetɔn]
arte	**art** *(m)* [aʀ]
atrações turísticas	**curiosités** [kyʀjosite]
bairro	**quartier** [kaʀtje]
casa	**maison** [mɛzɔ̃]
centro da cidade	**centre-ville** [sɑ̃tʀə vil]
cidade natal	**ville natale** [vil natal]
conservação dos monumentos	**protection des monuments** [pʀɔtɛksjɔ̃ de mɔnymɑ̃]
emblema, símbolo	**emblème** [ɑ̃blɛm]
guia	**guide** [gid]
história	**histoire** [istwaʀ]
horário de funcionamento	**heures** *(f/pl)* **d'ouverture** [œʀ duvɛʀtyʀ]
imperador/imperatriz	**empéreur/impératrice** [ɑ̃pʀœʀ/ɛ̃peʀatʀis]
mercado	**marché** [maʀʃe]
museu	**musée** [myze]
museu de arte popular	**musée d'art populaire** [myze daʀ pɔpylɛʀ]
parque	**parc** [paʀk], **jardin public** [ʒaʀdɛ̃ pyblik]
posto de informações turísticas	**office de tourisme** [ɔfis də tuʀism], **syndicat d'initiative** [sɛ̃dika dinisjativ]
rei/rainha	**roi/reine** [ʀwa/ʀɛn]
religião	**religion** [ʀəliʒjɔ̃]
restaurar	**restaurer** [ʀɛstɔʀe]

rua	**rue** [ʀy]
ruela	**ruelle** [ʀyɛl]
subúrbio, arredores da cidade	**(ville de) banlieue** *(f)* [(vil də) bɑ̃ljø]
troca da guarda	**relève de la garde** [ʀəlɛv də la gaʀd]
vestígios, restos	**vestiges** [vɛstiʒ], **restes** [ʀɛst]
vestígios arqueológicos	**vestiges archéologiques** [vɛstiʒ aʀkeɔlɔʒik]
visita	**visite** [vizit]
visita guiada	**visite guidée** [vizit gide]
visita guiada à cidade	**visite guidée de la ville** [vizit gide də la vil]

Arquitetura

abadia	**abbaye** [abei]
abóbada	**voûte** [vut]
ala	**aile** [ɛl]
altar	**autel** [otɛl]
arco	**arc** [aʀk]
arco do triunfo	**arc de triomphe** [aʀk də tʀijɔ̃f]
arena	**arène** [aʀɛn]
arqueologia	**archéologie** [aʀkeɔlɔʒi]
arquiteto(a)	**architecte** [aʀʃitɛkt]
arquitetura	**architecture** [aʀʃitɛktyʀ]
campanário	**clocher** [klɔʃe]
capela	**chapelle** [ʃapɛl]
castelo	**château** [ʃato]
catacumbas	**catacombes** [katakɔ̃b]
catedral	**cathédrale** [katedʀal]
cemitério	**cimetière** [simtjɛʀ]
cidade velha	**vieille ville** [vjɛj vil]

claustro	**cloître** [klwatʀ]
coluna	**colonne** [kɔlɔn]
construção	**bâtiment** *(m)* [batimɑ̃]
cúpula, domo	**coupole** *(f)* [kupɔl], **dôme** *(m)* [dom]
edifício	**bâtiment** [batimɑ̃]
escavações	**fouilles** [fuj]
fachada	**façade** [fasad]
fonte	**fontaine** [fɔ̃tɛn]
fortaleza	**forteresse** [fɔʀtəʀɛs]
frontão	**fronton** [fʀɔ̃tɔ̃]
igreja	**église** [egliz]
igreja de peregrinação	**église** *(f)* **de pèlerinage** [egliz də pɛlʀinaʒ]
inscrição	**inscription** [ɛ̃skʀipsjɔ̃]
janela	**fenêtre** [fənɛtʀ]
mausoléu	**mausolée** [mozɔle]
memorial	**mémorial** [memɔʀjal]
menir	**menhir** [mɛniʀ]
mercado	**halles** *(f/pl)* [al]
monumento	**monument** [mɔnymɑ̃]
mosteiro, convento	**monastère** [mɔnastɛʀ], **couvent** [kuvɑ̃]
muralha	**murs** *(m/pl)* **de la ville** [myʀ də la vil]
muro, parede	**mur** *(m)* [myʀ]
obelisco	**obélisque** [ɔbelisk]
ópera	**opéra** *(m)* [ɔpeʀa]
palácio	**palais** [palɛ]
pátio interno	**cour** *(f)* **intérieure** [kuʀ‿ɛ̃teʀjœʀ]
ponte	**pont** *(m)* [pɔ̃]
porta	**porte** [pɔʀt]
portal	**portail** [pɔʀtaj]

portão	**porte** *(f)* [pɔʀt]
praça	**place** [plas]
prefeitura *(administração municipal)*	**mairie** [mɛʀi]
prefeitura *(edifício histórico)*	**hôtel** *(m)* **de ville** [otɛl də vil]
púlpito	**chaire** *(f)* [ʃɛʀ]
reconstruir	**reconstruire** [ʀəkɔ̃stʀɥiʀ]
ruína	**ruine** [ʀɥin]
sarcófago	**sarcophage** [saʀkɔfaʒ]
teatro	**théâtre** [teatʀ]
telhado	**toit** [twa]
templo	**temple** [tɑ̃pl]
tesouro *(lugar onde se guardam as riquezas)*	**salle** *(f)* **du trésor** [sal dy tʀezɔʀ]
teto	**plafond** [plafɔ̃]
torre	**tour** [tuʀ]
tumba	**tombe** [tɔ̃b]
túmulo	**tombeau** [tɔ̃bo]
universidade	**université** [ynivɛʀsite]

Artes plásticas

água-forte	**(gravure à l') eau-forte** [(gʀavyʀ a l‿) ofɔʀt]
aquarela	**aquarelle** [akwaʀɛl]
artes decorativas	**arts** *(m)* **décoratifs** [aʀ dekɔʀatif]
artes gráficas	**art** *(m/sing)* **graphique** [aʀ gʀafik]
bronze	**bronze** [bʀɔ̃z]
cartaz	**affiche** *(f)* [afiʃ]
cerâmica	**poterie** [pɔtʀi]
cópia	**copie** [kɔpi]
crucifixo	**crucifix** [kʀysifi]

cruz	**croix** [kʀwa]
desenho	**dessin** [dɛsɛ̃]
escultor(a)	**sculpteur** [skyltœʀ]
escultura	**sculpture** [skyltyʀ]
estátua	**statue** [staty]
exposição	**exposition** [ɛkspozisjɔ̃]
faiança	**céramique** [seʀamik]
fotografia	**photographie** [fɔtogʀafi]
galeria	**galerie** [galəʀi]
litografia	**lithographie** [litɔgʀafi]
modelo	**modèle** [mɔdɛl]
mosaico	**mosaïque** *(f)* [mɔzaik]
natureza-morta	**nature morte** [natyʀ mɔʀt]
nu	**nu** [ny]
original	**original** [ɔʀiʒinal]
ourivesaria	**orfèvrerie** [ɔʀfɛvʀəʀi]
peça exposta	**pièce exposée** [piɛs ɛkspoze]
pintor(a)	**peintre** *(m)* [pɛ̃tyʀ]
pintura	**peinture** [pɛ̃tyʀ], **tableau** *(m)* [tablo]
porcelana	**porcelaine** [pɔʀsəlɛn]
quadro	**tableau** [tablo]
retrato	**portrait** [pɔʀtʀɛ]
serigrafia	**sérigraphie** [seʀigʀafi]
talha	**sculpture sur bois** [skyltyʀ syʀ bwa]
terracota	**terre cuite** [tɛʀ kɥit]
torso	**torse** [tɔʀs]
vaso, jarro	**vase** [vaz]
vitral	**peinture** *(f)* **sur verre** [pɛ̃tyʀ syʀ vɛʀ]
xilogravura	**gravure sur bois** [gʀavyʀ syʀ bwa]

Estilos e épocas

antigo(a)	**antique** [ɑ̃tik]
apogeu	**apogée** [apɔʒe]
art nouveau	**Art** *(m)* **nouveau** [ar nuvo]
arte românica	**art** *(m)* **roman** [aʀ ʀɔmɑ̃]
barroco	**barroque** [baʀɔk]
celta	**celte** [sɛlt]
cisterciense	**cistercien** *(m)* [sistɛʀsjɛ̃]/ **cistercienne** *(f)* [sistɛʀsjɛn]
classicismo	**classicisme** [klasisism]
cristianismo	**christianisme** [kʀistjanism]
cubismo	**cubisme** [kybism]
dinastia	**dynastie** [dinasti]
época	**époque** [epɔk]
estilo	**style** [stil]
expressionismo	**expressionisme** [ɛkspʀɛsjɔnism]
gótico	**gothique** [gɔtik]
grego	**grec** [gʀɛk]
Idade da Pedra	**âge** *(m)* **de la pierre** [aʒ də pjɛʀ]
Idade do Bronze	**âge** *(m)* **de bronze** [aʒ də bʀɔ̃z]
Idade Média	**Moyen Âge** *(m)* [mwajɛn‿aʒ]
impressionismo	**impressionisme** [ɛ̃pʀɛsjɔnism]
maneirismo	**maniérisme** [manjeʀism]
moderno(a)	**moderne** [mɔdɛʀn]
normando	**normand** [nɔʀmɑ̃]
pagão	**païen** [pajɛ̃/pajɛn]
pré-histórico	**préhistorique** [pʀeistɔʀik]
Renascimento	**Renaissance** *(f)* [ʀənɛsɑ̃s]
rococó	**rococo** [ʀɔkɔko]
romantismo	**romantisme** [ʀɔmɑ̃tism]
século	**siècle** [sjɛkl]
surrealismo	**surréalisme** [syʀʀealism]

Passeios

A que horas é o encontro?
À quelle heure est le rendez-vous? [a kɛl œʀ ɛl ʀɑ̃devu]

Onde é o ponto de encontro?
Où est le point de rendez-vous? [u ɛl pwɛ̃d ʀɑ̃devu]

Passaremos diante do/da ...?
Est-ce que nous allons passer devant le/la ...?
[ɛs kə nuz‿alɔ̃ pase dəvɑ̃ lə/la]

Também visitaremos ...?
Est-ce qu'on va visiter également ...? [ɛs‿kɔ̃ va vizite egalmɑ̃]

aldeia de pescadores	**village** *(m)* **de pêcheurs** [vilaʒ də pɛʃœʀ]
arredores	**environs** [ɑ̃viʀɔ̃]
cascata	**cascade** [kaskad]
caverna	**caverne** [kavɛʀn]
cidade-museu	**village-musée** *(m)* [vilaʒmyze]
circuito, *tour*	**circuit** [siʀkɥi]
desfiladeiro	**col** [kɔl]
excursão	**excursion** [ɛkskyʀsjɔ̃]
falésia	**falaise** [falɛz]
farol	**phare** [faʀ]
floresta	**forêt** [fɔʀɛ]
garganta	**gorge** [gɔʀʒ]
gruta	**grotte** [gʀɔt]
gruta de estalactites e estalagmites	**grotte à stalactites et à stalagmites** [gʀɔt a stalaktit e a stalagmit]
incêndio florestal	**incendie de forêt** [ɛ̃sɑ̃did fɔʀɛ]
interior	**arrière-pays** [aʀjɛʀpei]
jardim botânico	**jardin botanique** [ʒaʀdɛ̃ bɔtanik]

jardim zoológico	**zoo** [zo]
lago	**lac** [lak]
lande	**lande** *(f)* [lɑ̃d]
lava	**lave** [lav]
local de peregrinação	**lieu de pèlerinage** [ljɔ̃ də pɛlʀinaʒ]
mar	**mer** *(f)* [mɛʀ]
mercado	**marché** [maʀʃe]
montanha	**montagne** [mɔ̃taɲ]
monte	**montagne** *(f)* [mɔ̃taɲ]
museu ao ar livre, museu a céu aberto	**musée en plein air** [myze ɑ̃ plɛn‿ɛʀ]
nascente	**source** [suʀs]
observatório	**observatoire** [ɔbsɛʀvatwaʀ]
paisagem	**paysage** *(m)* [peizaʒ]
pântano	**marais** [maʀɛ]
parque de animais	**parc animalier** [paʀk animalje]
parque de diversões	**parc de loisirs** [paʀk də lwaziʀ]
parque nacional	**parc national** [paʀk nasjɔnal]
parque ornitológico	**parc ornithologique** [paʀk ɔʀnitɔlɔʒik]
passeio de um dia	**excursion** *(f)* **pour une journée** [ɛkskyʀsjø puʀ yn ʒuʀne]
pico	**sommet** [sɔmɛ]
quebra-mar	**digue** *(f)* [dig]
reserva natural	**réserve naturelle** [ʀesɛʀv natyʀɛl]
rio	**rivière** *(f)* [ʀivjɛʀ]
vale	**vallée** *(f)* [vale]
vilarejo montanhês	**village de montagne** [vilaʒ də mɔ̃taɲ]
vista, panorama	**point** *(m)* **de vue** [pwɛ̃d vy]
volta da ilha	**tour de l'île** [tuʀ də lil]
vulcão	**volcan** [vɔlkɑ̃]

FÉRIAS EM BALNEÁRIOS E FÉRIAS COM ATIVIDADES FÍSICAS E CRIATIVAS

Férias em balneários 152
Férias com atividades físicas e esportivas 155
Férias com atividades criativas 166

Recebendo cerca de sessenta milhões de turistas estrangeiros por ano, a França faz parte dos países mais visitados do mundo. Ainda assim você passará suas férias em meio aos nativos, pois 80% dos franceses passam suas férias no próprio país. Visto que quase todos escolhem o período de férias em julho (13 milhões de pessoas) ou agosto (20 milhões) para ir para lá, procure evitar, se possível, esses meses ao planejar suas férias. Entretanto, se você quiser aproveitar Paris (quase) sem parisienses, recomendamos o final de semana próximo ao dia 15 de agosto: sucesso garantido!

Férias em balneários

Há ... aqui?
Est-ce qu'il y a ... ici? [ɛs‿kil‿ja ... isi]

uma piscina
une piscine [yn pisin]

uma piscina descoberta
une piscine en plein air [yn pisin ɑ̃ plɛn‿ɛʀ]

uma piscina coberta
une piscine couverte [yn pisin kuvɛʀt]

Uma entrada/Um ingresso, por favor.
Un billet, s'il vous plaît. [ɛ̃ bijɛ sil vu plɛ]

Onde ficam ...
Où sont ... [u sɔ̃]

os chuveiros?
les douches? [le duʃ]

as cabines?
les cabines? [le kabin]

Grand bain Grande profundidade	**Plongeons interdits!** Proibido mergulhar!
Baignade interdite! Proibido nadar!/Proibido entrar na água!	**Courant dangereux** Correnteza perigosa

A praia é ...
C'est une plage ... [sɛt‿yn plaʒ]

de areia?
de sable? [də sabl]

de cascalho?
de galets? [də galɛ]

Há ouriços-do-mar/águas-vivas/algas aqui?
Est-ce qu'il y a des oursin/des méduses/des algues?
[ɛs‿kil‿ja dez‿uʀsɛ̃/de medyz/dez‿alg]

Há correntes/correntezas fortes aqui?
Est-ce qu'il y a un fort courant? [ɛs‿kil‿ja ɛ̃ fɔʀ kuʀɑ̃]

É perigoso para crianças?
C'est dangereux pour les enfants? [sɛ dɑ̃ʒʀø puʀ lez‿ɑ̃fɑ̃]

Quando é a maré baixa/alta?
La marée basse/haute, c'est quand? [la maʀe bas/ot sɛ kɑ̃]

Eu queria alugar ...
Je voudrais louer ... [ʒə vudʀɛ lue]

uma espreguiçadeira.
un transat/une chaise-longue. [ɛ̃ tʀɑ̃zat/yn ʃɛz lɔ̃g]

um guarda-sol.
un parasol. [ɛ̃ paʀasɔl]

um bote.
un canot. [ɛ̃ kano]

esquis aquáticos.
des skis nautiques. [de ski notik]

Qual é o preço por hora/por dia?
Quel est le tarif à l'heure/à la journée?
[kɛl‿ɛl taʀif a lœʀ/a la ʒuʀne]

boias de braço	**bracelets** *(m)* [bʀaslɛ]
colchão de ar	**matelas pneumatique** [matla pnømatik]
esqui aquático	**ski nautique** [ski notik]
gramado	**pelouse** *(f)* [pluz]
jet ski	**jet ski, scooter des mers** [skutɛʀ de mɛʀ]
nadadeiras, pés de pato	**palmes** *(f)* [palm]
nadador	**nageur** [naʒœʀ]
nadar	**nager** [naʒe]
pedalinho	**pédalo** [pedalo]
piscina infantil	**bassin pour enfants** [basɛ̃ puʀ ɑ̃fɑ̃], **pataugeoire** [patoʒwaʀ]
praia de nudismo	**plage de nudistes** [plaʒ də nydist]
praticar esqui aquático	**faire du ski nautique** [fɛʀ dy ski notik]
quebra-vento	**pare-vent** [paʀvɑ̃]
salva-vidas	**maître-nageur** [mɛtʀənaʒœʀ]
vôlei de praia	**volley-ball de plage** [vɔlɛbol də plaʒ]

Férias com atividades físicas e esportivas

Que esportes é possível praticar aqui?
Qu'est-ce qu'on peut pratiquer comme sports ici?
[kɛ̃s‿kɔ̃ pø pʀaktike kɔm spɔʀ isi]

Por que não aprender uma nova modalidade esportiva? A prática de carro a vela *(faire du char à voile)* ocorre no norte da França, nas extensas praias da *Côte d'Opale* (de Le Touquet até Dunquerque). Com certeza você não vai se molhar, a não ser que chova!

Aqui há ...
Est-ce qu'il y a ... ici [ɛs‿kil‿ja isi]

um campo de golfe?
un terrain de golf? [ɛ̃ tɛʀɛ̃d gɔlf]

uma quadra de tênis?
un tennis? [ɛ̃ tenis]

Onde se pode ...
Où est-ce qu'on peut ... [u ɛs‿kɔ̃ pø]

pescar?
pêcher? [pɛʃe]

fazer caminhadas agradáveis?
faire de belles randonnées? [fɛʀ de bɛl ʀɑ̃dɔne]

Onde posso alugar ...?
Où est-ce que je peux louer ...? [u ɛs kəʒ pø lue]

Eu queria fazer aulas de ... para iniciantes/de nível avançado.
Je voudrais prendre des cours de ... pour débutants/avancés.
[ʒvudʀɛ pʀɑ̃dʀ de kuʀ də ... puʀ debytɑ̃/avɑ̃se]

Esportes náuticos	Sports nautiques
andar de caiaque	**faire du kayak** [fɛʀ dy kajak]
barco a remo	**barque** *(f)*, **canot** *(m)* **à rames** [baʀk, kano a ʀam]
barco a vela, veleiro	**bateau à voiles** [bato a vwal]
batedor	**convoyage** *(m)* [kɔ̃vwajaʒ]
bote inflável	**canot pneumatique** [kano pnømatik]
caiaque	**kayak** [kajak]
canoa	**canoë** [kanɔe]
canyoning	**canyoning** *(m)* [kanjɔniɲ]
carteira de habilitação náutica	**permis-bateau** *(m)* [pɛʀmi bato]
casa-barco	**péniche** [peniʃ]
cruzeiro em veleiro	**croisière** *(f)* **à la voile** [kʀwasjɛʀ a la vwal]
cruzeiro fluvial	**croisière** *(f)* **fluviale** [kʀwasjɛʀ flyvjal]
direção do vento	**direction du vent** [diʀɛksjɔ̃ dy vɑ̃]
lancha	**canot** *(m)* **automobile** [kano ɔtomɔbil]
praticar canoagem	**faire du canoë** [fɛʀ dy kanɔe]
(praticar) remo	**(faire de l') aviron** [(fɛʀ də l‿) aviʀɔ̃]
(praticar) windsurfe	**(faire de la) planche** *(f)* **à voile** [(fɛʀ də la) plɑ̃ʃ a vwal]
rafting	**rafting** [ʀaftiŋ]
regata	**régates** *(pl)* [ʀegat]
remo	**rame** *(f)* [ʀam]
surfar	**faire du surf** [fɛʀ dy sœʀf]
surfe	**surf** [sœʀf]
vela	**voile** [vwal]
velejar	**faire de la voile** [fɛʀ də la vwal]

Mergulho	Plongée *(f)*
arpão	**harpon** [aʀpɔ̃]
cilindro de oxigênio	**bouteille** *(f)* **d'oxygène** [butɛj dɔksiʒɛn]
equipamento de mergulho	**équipement de plongée** [ekipmɑ̃d plɔ̃ʒe]
máscara de mergulho	**lunettes** *(pl)* **de plongée** [lynɛt də plɔ̃ʒe]
mergulhar	**faire de la plongée** [fɛʀ də la plɔ̃ʒe]
mergulho (submarino)	**plongée** *(f)* **sous-marine** [plɔ̃ʒe sumaʀin]
praticar nado submarino/ subaquático	**faire de la nage sous-marine** [fɛʀ də la naʒ sumaʀin]
roupa de mergulho	**combinaison de plongée** [kɔ̃binɛzɔ̃ də plɔ̃ʒe]
snorkel, respiradouro	**tuba** [tyba]

Pesca	Pêche
capitania dos portos	**capitainerie du port** [kapitɛnʀi dy pɔʀ]
defeso	**période** *(f)* **de fermeture de la pêche** [peʀjɔd də fɛʀmətyʀ də la pɛʃ]
licença (de pesca)	**permis** *(m)* **de pêche** [pɛʀmi(d pɛʃ)]
pesca esportiva	**pêche au gros** [pɛʃ o gʀo]
pescar	**pêcher** [pɛʃe]
vara de pesca	**canne à pêche** [kana pɛʃ]

Jogos com bola	**Jeux de balles/ballon**
basquetebol	**basket-ball** [baskɛtbol]
bola	
(maiores, p. ex. de futebol)	**ballon** *(m)* [balɔ̃]
(pequena, p. ex. de tênis)	**balle** [bal]
campo de futebol	**terrain de football** [tɛʀɛ̃d futbol]
futebol	**football** [futbol]
gol	**but** [byt]
meta	**cage** [kaʒ]
goleiro	**gardien de but** [gaʀdjɛ̃d byt]
handebol	**hand-ball** [ɑ̃dbal]
jogo, partida de futebol	**match** *(m)* **de football** [matʃ də futbol]
rede	**filet** *(m)* [filɛ]
rúgbi	**rugby** [ʀygbi]
tempo *(divisão de uma partida)*	**mi-temps** [mitɑ̃]
time	**équipe** *(f)* [ekip]
voleibol	**volley-ball** [vɔlɛbol]

Tênis e badminton	**Tennis et badminton**
badminton	**badminton** [badmintɔn]
jogo de duplas	**double** [dubl]
jogo de simples	**simple** [sɛ̃pl]
peteca	**volant** *(m)* [vɔlɑ̃]
pingue-pongue	**ping-pong** [piŋpɔ̃ŋ]
raquete	**raquette** [ʀakɛt]
raquete de tênis	**raquette de tennis** [ʀakɛt də tenis]
squash	**squash** [skuaʃ]
tênis	**tennis** [tenis]

Condicionamento e musculação	Mise en forme et musculation
academia (de ginástica)	**centre** *(m)* **de gymnastique** [sɑ̃tʀə də ʒimnastik]
alongamento	**stretching** [stʀɛtʃiŋ]
condicionamento físico	**entretien de la forme** [ɑ̃tʀətjɛ̃d la fɔʀm]
correr	**faire du jogging** [fɛʀ dy dʒɔgiŋ]
corrida	**jogging** *(m)* [dʒɔgiŋ]
ginástica	**gymnastique** [ʒimnastik]
(ginástica) aeróbica	**aérobic** *(m)* [aeʀɔbik]
ginástica corretiva	**gymnastique corrective** [ʒimnastik kɔʀɛktiv]
jazz moderno	**modern jazz** [mɔdɛʀn djaz]
musculação	**musculation** [myskylasjɔ̃]

Relaxamento	Relaxation
banheira de hidromassagem	**bassin** *(m)* **bouillonant** [basɛ̃ bujɔnɑ̃]
massagem	**massage** *(m)* [masaʒ]
sauna	**sauna** *(m)* [sona]
solário	**solarium** [sɔlaʀjɔm]

Ciclismo	Vélo
andar de bicicleta	**faire du vélo** [fɛʀ dy velo]
bicicleta	**vélo** *(m)* [velo], **bicyclette** [bisiklɛt]
bicicleta de corrida	**vélo** *(m)* **de course** [velod kuʀs]
bomba de ar	**pompe** [pɔ̃p]
câmara de ar	**chambre à air** [ʃɑ̃bʀ‿a ɛʀ]

capacete de proteção, capacete para ciclismo	**casque de protection** [kask də pʀɔteksjɔ̃]
ciclismo	**cyclisme** [siklism]
ciclovia	**piste cyclable** [pistə siklabl]
kit para conserto/remendo de pneus	**kit de réparation des pneus** [kit də ʀepaʀasjɔ̃ de pnø]
mountain-bike	**V. T. T.** *(m)* **(vélo** *(m)* **tout terrain)** [vetete (velo tu tɛʀɛ̃)]
passeio ciclístico	**randonnée** *(f)* **cycliste** [ʀɑ̃dɔne siklist]
patins *in line*	**rollers** [ʀɔlɛʀ]
road bike, estradeira	**V. T. C.** *(m)* **(vélo** *(m)* **tout chemin)** [vetese (velo tu ʃmɛ̃)]

Caminhadas e alpinismo — Randonnées et alpinisme

Eu gostaria de fazer uma caminhada/trilha nas montanhas.
Je voudrais faire une randonnée en montagne.
[ʒvudʀɛ fɛʀ‿yn ʀɑ̃dɔne ɑ̃ mɔ̃taɲ]

O(A) senhor(a) poderia me indicar no mapa uma trilha/um percurso interessante?
Vous pouvez m'indiquer un itinéraire intéressant sur la carte?
[vu puve mɛ̃dike ɛ̃n‿itineʀɛʀ ɛ̃teʀɛsɑ̃ syʀ la kaʀt]

abrigo, refúgio	**refuge** [ʀəfyʒ]
alpinismo	**alpinisme** [alpinism]
caminhada (de um dia)	**randonnée (pour la journée)** [ʀɑ̃dɔne (puʀ la ʒuʀne)]
circuito de caminhada	**chemin** *(m)* **de grande randonnée** [ʃəmɛ̃ də gʀɑ̃d ʀɑ̃dɔne]
corda de rapel	**corde de rappel** [kɔʀd də ʀapɛl]

duração da caminhada	**durée de la marche** [dyʀe də la maʀʃ]
escalada	**varappe** [vaʀap]
fazer caminhadas/trilhas	**faire de la randonnée** [fɛʀ də la ʀɑ̃dɔne]
itinerário	**itinéraire** [itineʀɛʀ]
mapa de trilhas	**carte de randonnées** [kaʀt də ʀɑ̃dɔne]
pedestrianismo	**randonnée** *(f)* **pédestre** [ʀɑ̃dɔne pedɛstʀ]
trekking	**trekking** [tʀɛkiŋ]
trilha para caminhadas	**chemin** *(m)* **de randonnée** [ʃəmɛ̃ də ʀɑ̃done]

Equitação | Équitation

cavalgar, andar a cavalo	**faire du cheval** [fɛʀ dy ʃval]
cavalo	**cheval** [ʃval]
escola de equitação	**école d'équitation** [ekɔl dekitasjɔ̃]
férias equestres	**vacances équestres** [vakɑ̃s ekɛstʀ]
passeio a cavalo	**promenade** *(f)* **à cheval** [pʀɔmnad a ʃval]
polo	**polo** [pɔlo]

Golfe | Golf

campo de dezoito buracos	**golf 18 trous** [gɔlf dizɥi tʀu]
club house, sede	**chalet** *(m)* [ʃalɛ], **club-house** *(m)* [klœbaus]
clube de golfe	**club de golf** [clœb də gɔlf]
dar uma tacada	**frapper la balle** [fʀape la bal]
green fee	**green-fee** [gʀinfi]

golfe	**golf** [gɔlf]
percurso	**parcours** [paʀkuʀ]
taco de golfe	**crosse** *(f)* **de golf** [kʀɔs də gɔlf]

Voo, esportes aéreos — Vol

subida	**montée** [mɔ̃te]
asa-delta	**deltaplane** *(m)* [dɛltaplan]
paraquedismo	**parachutisme** [paʀaʃytism]
parapente	**parapente** [paʀapɑ̃t]
balão, aeróstato	**montgolfière** *(f)* [mɔ̃gɔlfjɛʀ]
parasailing	**parachute ascensionnel** [paʀaʃyt asɑ̃sjɔnɛl]
voo a vela, volovelismo	**vol à voile** [vɔl a vwal]
volta ao mundo	**tour** *(m)* **de la terre** [tuʀ də la tɛʀ]

Esportes de inverno — Sports d'hiver

Um passe de um dia, por favor.
Un passe pour la journée, s.v.p.
[ɛ̃ pas puʀ la ʒuʀne sil vu plɛ]

Quanto custa o telesqui?
Combien de points coûte ce remonte-pentes?
[kɔ̃bjɛ̃d pwɛ̃ kut sə ʀəmɔ̃tpɑ̃t]

A que horas é a última subida/descida?
La dernière remontée/descente, c'est à quelle heure?
[la dɛʀnjɛʀ ʀəmɔ̃te/dɛsɑ̃t sɛt‿a kɛl‿œʀ]

andar de trenó	**faire de la luge** [fɛʀ də la lyʒ]
aulas de esqui	**cours** *(m/sing)*/**leçons de ski** [kuʀ/ləsɔ̃ də ski]

bastões de esqui	**bâtons** [batɔ̃]
curling	**curling** [kœʀliɲ]
esqui	**ski** [ski]
esqui alpino	**ski alpin** [ski alpɛ̃]
esqui de fundo	**ski de fond** [skid fɔ̃]
esquiar	**skier** [skje], **faire du ski** [fɛʀ dy ski]
fixação *(dos esquis)*	**fixation** [fiksasjɔ̃]
hóquei no gelo	**hockey sur glace** [ɔkɛ syʀ glas]
neve fofa	**(neige) poudreuse** [(nɛʒ) pudʀøz]
óculos de esqui	**lunettes** *(f)* **de ski** [lynɛt də ski]
parada intermediária do telesqui	**arrêt** *(m)* **intermédiaire du téléski** [aʀɛ ɛ̃tɛʀmedjɛʀ dy teleski]
passe de um dia	**forfait-journée** [fɔʀfɛʒuʀne]
passe de uma semana	**forfait-semaine** [fɔʀfɛsmɛn]
patinação no gelo	**patinage** *(m)* [patinaʒ]
patinar no gelo	**faire du patin à glace** [fɛʀ dy patɛ̃ a glas]
patins de gelo	**patins à glace** [patɛ̃ a glas]
pista/rinque de patinação no gelo	**patinoire** *(f)* [patinwaʀ]
pista de esqui de fundo	**piste de ski de fond** [pistə də skid fɔ̃]
ponto de chegada do telesqui	**pont d'arrivée du téléski** [pwɛ̃ daʀive dy teleski]
ponto de partida do telesqui	**point de départ du téléski** [pwɛ̃d depaʀ dy teleski]
professor de esqui	**moniteur de ski** [mɔnitœʀ də ski]
snowboard	**surf des neiges** [sœʀf de nɛʒ]
telecabine, teleférico de cabine	**téléphérique** [telefeʀik]
teleférico de cadeira	**télésiège** [telesjɛʒ]

telesqui	**téléski** [teleski], **remonte-pente** [ʀəmɔ̃tpɑ̃t]

O teleférico que carrega as pessoas de pé em seus esquis pode ser chamado de *téléski* ou *remonte-pente*, mas há uma terceira designação – mais usual – que é talvez a mais bacana: *tire-fesses* (rebocador de bumbum)!

telesqui para crianças	**remonte-pentes pour enfants** [ʀəmɔ̃tpɑ̃t puʀ ɑ̃fɑ̃]
trenó	**luge** *(f)* [lyʒ]

Outros esportes	**Autres sports**
andar de *skate*	**faire de la planche à roulettes** [fɛʀ də la plɑ̃ʃ a ʀulɛt]
atletismo	**athlétisme** [atletism]
bocha, petanca	**jeu** *(m)* **de boules** [ʒød bul], **pétanque** [petɑ̃k]
boliche	**bowling** [buliɲ]
bungee-jump	**saut à l'élastique** [so a lelastik]
jogo da bola	**jeu de quilles** [ʒød kij]
minigolfe	**minigolf** [minigɔlf]
patim de rodas	**patin à roulettes** [patɛ̃ a ʀulɛt]
patinar com patins de rodas	**faire du patin à roulette** [fɛʀ dy patɛ̃ a ʀulɛt]
patinar com patins *in line*	**faire du roller** [fɛʀ dy ʀɔlɛʀ]
patins *in line*	**rollers** [ʀɔlɛʀ]
skate	**planche** *(f)* **à roulettes** [plɑ̃ʃ a ʀulɛt]

Visitando instalações esportivas

Que eventos esportivos se realizam aqui?
Qu'est-ce qu'il y a comme manifestations sportives ici?
[kɛs‿kil‿ja kɔm manifɛstasjɔ̃ spɔʀtiv isi]

Eu queria assistir ao jogo de futebol.
Je voudrais assister au match de football.
[ʒə vudʀɛz‿asiste o matʃ də futbol]

Quando/Onde é?
Quand/Où est-ce qu'il a lieu? [kɑ̃t‿/u ɛs‿kil a ljø]

Quanto custa o ingresso?
Combien coûte l'entrée? [kɔ̃bjɛ̃ kut lɑ̃tʀe]

Quanto está (o jogo)?
Quel est le score? [kɛl ɛ lə skɔʀ]

Dois a um.
Deux à un. [dø a ɛ̃]

Um a um.
Un partout. [ɛ̃ paʀtu]

Falta!
Faute! [fot]

Belo chute!
Beau tir! [bo tiʀ]

Gol!
But! [byt]

árbitro	**arbitre** *(m/f)* [aʀbitʀ]
arremesso direto	**tir au centre** [tiʀ o sɑ̃tʀ]
bilheteria	**caisse** [kɛs]
campeonato	**championnat** [ʃɑ̃pjɔna]

campo de esportes	**terrain de sports** [tɛʀɛ̃ də spɔʀ]
competição	**compétition** [kɔ̃petisjɔ̃]
corrida	**course** [kuʀs]
corrida ciclística	**course cycliste** [kuʀs siklist]
empate	**match nul** [matʒə nyl]
esportista	**sportif** *(m)*/**sportive** *(f)* [spɔʀtif/spɔʀtiv]
estádio	**stade** [stad]
ganhar	**gagner** [gaɲe]
grande área	**surface de réparation** [syʀfas də ʀepaʀasjɔ̃]
impedimento	**hors-jeu** [ɔʀ ʒø]
ingresso	**billet** [bijɛ]
jogo, partida	**match** *(m)* [matʃ]
passe	**passe** *(f)* [pas]
pênalti	**penalty** [penalti]
perder	**perdre** [pɛʀdʀ]
programação	**programme** *(m)* [pʀɔgʀam]
saída de bola	**coup** *(m)* **d'envoi** [ku dɑ̃vwa]
tiro livre	**coup franc** [ku fʀɑ̃]
vitória	**victoire** [viktwaʀ]

Férias com atividades criativas

Eu gostaria de fazer ...
J'aimerais suivre ... [ʒɛmʀɛ sɥivʀ]

um curso de cerâmica
un cours de poterie [ɛ̃ kuʀ də pɔtʀi]

um curso de francês
un cours de français [ɛ̃ kuʀ də fʀɑ̃sɛ]

para iniciantes.
pour débutants. [puʀ debytɑ̃]

de nível avançado.
pour avancés. [puʀ avɑ̃se]

São quantas horas por dia?
Combien y a-t-il d'heures par jour? [kɔ̃bjɛ̃ jatil dœʀ paʀ juʀ]

O número de participantes é limitado?
Est-ce que le nombre de participants est limité?
[ɛs kə lə nɔ̃bʀ də paʀtisipɑ̃ ɛ limite]

É necessário já ter alguma noção básica?
Est-ce qu'il faut des connaissances de base?
[ɛs kil fo de kɔnɛsɑ̃s də baz]

Até quando é preciso se inscrever?
Jusque quand faut-il s'inscrire? [ʒyskə kɑ̃ fotil sɛ̃skʀiʀ]

O custo do material está incluído?
Les frais de matériel sont-ils inclus? [le fʀɛd mateʀjɛl sɔ̃t‿il ɛ̃kly]

O que é preciso trazer?
Qu'est-ce qu'il faut apporter? [kɛskil fo apɔʀte]

aquarela	**aquarelle** [akwaʀɛl]
culinária	**cuisine** [kwizin]
curso	**cours** [kuʀ]
curso de língua	**cours de langue** [kuʀ də lɑ̃g]
desenho com modelo	**dessin sur modèle** [desɛ̃ syʀ modɛl]
fabricação artesanal de pão	**fabrication artisanale du pain** [fabʀikasjɔ̃ aʀtizanal dy pɛ̃]
fotografia	**photographie** [fɔtogʀafi]
grupo de teatro	**groupe théâtral** [gʀup teatʀal]
introspecção	**introspection** [ɛ̃tʀɔspɛksjɔ̃]
ioga	**yoga** *(m)* [jɔga]
jejum	**jeûne** [ʒøn]

oficina/*workshop*	**atelier** *(m)* [atəlje]
oficina de marcenaria/ carpintaria	**atelier** *(m)* **de bois** [atəlje də bwa]
oficina de teatro	**atelier** *(m)* **de théâtre** [atəlje də teatʀ]
ourivesaria	**orfèvrerie** [ɔʀfɛvʀəʀi]
pintura	**peinture** [pɛ̃tyʀ]
pintura a óleo	**peinture à l'huile** [pɛ̃tyʀ a lɥil]
pintura em seda	**peinture sur soie** [pɛ̃tyʀ syʀ swa]
seminário	**seminaire** [seminɛʀ]
tantã	**tam-tam** [tamtam]
teatro de dança	**théâtre de la danse** [teatʀ də la dɑ̃s]

ENTRETENIMENTO

Teatro – concerto – cinema 170
Vida noturna 174
Festas e eventos 175

Os festivais franceses mais famosos decerto são o *Festival de Cannes*, de cinema, e o *Festival d'Avignon*, de teatro. Contudo, no verão, em quase toda parte há pequenos festivais e festas de todo tipo. Entre em contato com o departamento de turismo da região que você quer visitar e peça um *calendrier des fêtes et des festivals de la région.*

Teatro – concerto – cinema

Que peça será apresentada no teatro esta noite?
Quelle pièce est-ce qu'on joue ce soir, au théâtre?
[kɛl pjɛs ɛs‿kɔ̃ ʒu sə swaʀ o teatʀ]

O que vai passar no cinema amanhã à noite?
Qu'est-ce qu'on joue demain soir au cinéma?
[kɛs‿kɔ̃ ʒu dəmɛ̃ swaʀ o sinema]

Há programação de concertos na catedral?
Est-ce qu'il y a des concerts organisés dans la cathédrale?
[ɛs‿kil‿ja de kɔ̃sɛʀ dɔʀganize dɑ̃ la katedʀal]

O(A) senhor(a) pode me recomendar uma peça de teatro?
Vous pouvez me recommander une pièce de théâtre?
[vu puve mə rəkɔmɑ̃de yn pjɛs də teatʀ]

A que horas começa a sessão?
À quelle heure commence la représentation?
[a kɛl‿œʀ kɔmɑ̃s la ʀəpʀezɑ̃tasjɔ̃]

Onde posso comprar os ingressos?
Où est-ce qu'on peut prendre les billets?
[u ɛs‿kɔ̃ pø pʀɑ̃dʀə le bije]

Dois ingressos para hoje à noite, por favor.
Deux billets pour ce soir, s.v.p.? [dø bije puʀ sə swaʀ sil vu plɛ]

Dois lugares no/na ..., por favor.
Deux places à ..., s.v.p. [dø plas a ... sil vu plɛ]

Um programa, por favor.
Un programme, s.v.p. [ɛ̃ pʀɔgʀam sil vu plɛ]

bilheteria	**caisse** [kɛs]
entrada, ingresso	**billet** *(m)* [bijɛ]
festival	**festival** [fɛstival]
intervalo	**entracte** [ɑ̃tʀakt]
programa	**programme** [pʀɔgʀam]
reserva de lugares	**location** [lɔkasjɔ̃], **réservation** [ʀezɛʀvasjɔ̃]
sessão *(cinema)*	**séance** [seɑ̃s]
sessão *(teatro)*	**représentation** [ʀəpʀesɑ̃tasjɔ̃]
vestiário	**vestiaire** [vɛstjɛʀ]

Teatro

apresentação, representação	**représentation** [ʀəpʀezɑ̃tasjɔ̃]
ato	**acte** [akt]
ator/atriz	**acteur/actrice** [aktœʀ/aktʀis]
bailarino(a), dançarino(a)	**danseur** *(m)*/**danseuse** *(f)* [dɑ̃sœʀ/dɑ̃søz]
balcão	**balcon** [balkɔ̃]
balé	**ballet** [balɛ]
cabaré	**cabaret** [kabaʀɛ]
café-teatro	**café-théâtre** [kafeteatʀ]
camarote	**loge** *(f)* [lɔʒ]
chansonnier	**chansonnier** [ʃɑ̃sɔnje]
comédia	**comédie** [kɔmedi]
drama	**drame** [dʀam]

encenação	**mise en scène** [miz‿ɑ̃ sɛn]
espetáculo	**spectacle** [spɛktakl]
estreia	**première** [pʀəmjɛʀ]
ópera	**opéra** *(m)* [ɔpeʀa]
opereta	**opérette** [ɔpeʀɛt]
peça de teatro	**pièce de théâtre** [pjɛs də teatʀ]
peça popular	**pièce populaire** [pjɛs pɔpylɛʀ]
plateia	**parterre** *(m)* [paʀtɛʀ]
programa	**programme** [pʀɔgʀam]
teatro	**théâtre** [teatʀ]
teatro ao ar livre	**théâtre en plein air** [teatʀ ɑ̃ plɛn‿ɛʀ]
teatro de variedades	**variétés** *(f/pl)* [vaʀjete]
tragédia	**tragédie** [tʀaʒedi]

Concerto e espetáculo

blues	**blues** [bluz]
cantor(a)	**chanteur** *(m)*/**chanteuse** *(f)*, **cantatrice** *(f)* [ʃɑ̃tœʀ/ʃɑ̃tøz, kɑ̃tatʀis]
compositor(a)	**compositeur** *(m)*/**compositrice** *(f)* [kɔ̃pozitœʀ/kɔ̃pɔsitʀis]
concerto	**concert** [kɔ̃sɛʀ]
concerto de música clássica	**concert de musique classique** [kɔ̃sɛʀ də myzik klasik]
concerto em igreja	**concert en église** [kɔ̃sɛʀ ɑ̃n‿egliz]
concerto sinfônico	**concert symphonique** [kɔ̃sɛʀ sɛ̃fɔnik]
coro	**choeur** [kœʀ]
jazz	**jazz** [dʒaz]
música clássica	**musique classique** [mysik klasik]
música folclórica	**musique folklorique** [mysik fɔlklɔʀik]

música tecno	**techno** *(f)* [tɛkno]
musical	**comédie** *(f)* **musicale** [kɔmedi myzikal]
orquestra	**orchestre** *(m)* [ɔʀkɛstʀə]
pop	**pop** [pɔp]
rap	**rap** [ʀap]
regente, maestro/maestrina	**chef d'orchestre** [ʃɛf dɔʀkɛstʀ]
reggae	**reggae** [ʀege]
solista	**soliste** [sɔlist]
soul	**soul** [sol]

Cinema

ator/atriz de cinema	**acteur/actrice de cinéma** [aktœʀ/aktʀis də sinema]
cinema	**cinéma** [sinema]
cineclube	**ciné-club** [sineklœb]
cinema ao ar livre, a céu aberto	**cinéma en plein air** [sinema ɑ̃ plɛn‿ɛʀ]
direção	**mise en scène** [miz‿ɑ̃ sɛn]
efeitos especiais	**effets spéciaux** [efɛ spesjo]
filme	**film** [film]
clássico	**classique** [klasik]
curta-metragem	**court-métrage** [kuʀmetʀaʒ]
desenho animado	**dessin animé** [dɛsɛ̃ anime]
documentário	**documentaire** [dɔkymɑ̃tɛr]
filme de ação	**film d'action** [film daksjɔ̃]
filme de faroeste	**western** [wɛstɛʀn]
filme de ficção científica	**film de science-fiction** [film də sjɑ̃sfiksjɔ̃]
filme em preto e branco	**film en noir et blanc** [film ɑ̃ nwaʀ e blɑ̃]
filme policial	**film policier** [film pɔlisje]

legendas	**sous-titres** *(m)* [sutitʀ]
papel principal	**rôle principal** [ʀol pʀɛ̃sipal]
versão original	**version originale (v.o.)** [vɛʀsjɔ̃ ɔʀiʒinal (la ve o)]

Antigamente, nos cinemas era tradicional o serviço das *ouvreuses*, literalmente "abridoras", que, além de indicar às pessoas os assentos vagos, levavam pendurado no pescoço um cesto com balas e chocolates para vender aos espectadores. Talvez em alguns cinemas franceses de bairro ainda haja vestígios desse profissional.

Vida noturna

O que se pode fazer à noite aqui?
Qu'est-ce qu'on peut faire ici le soir? [kɛs kɔ̃ pø fɛʀ isi lə swaʀ]

Há algum barzinho/bistrô agradável aqui por perto?
Est-ce qu'il y a un bistrot sympa dans le coin? [ɛs‿kil‿ja ɛ̃ bistʀo sɛ̃pa dɑ̃l kwɛ̃]

Onde se pode dançar por aqui?
Où est-ce qu'on peut aller danser ici? [u ɛs kɔ̃ pø ale dɑ̃se isi]

Vamos dançar (de novo)?
On danse (encore une fois)? [ɔ̃ dɑ̃s (ɑ̃kɔʀ‿yn fwa)]

banda, conjunto, grupo	**groupe** *(m)* [gʀup]
bar	**bar** [baʀ]
barzinho, bistrô	**bistrot** [bistʀo]
boate, casa noturna	**boîte** *(f)* **de nuit** [bwat də nɥi]
cassino	**casino** [kazino]
conjunto de baile, orquestra de baile	**orchestre** *(m)* **de danse** [ɔʀkɛstʀə də dɑ̃s]

dançar	**danser** [dɑ̃se]
discoteca	**discothèque** [diskɔtɛk]
festa	**soirée** [swaʀe], **fête** [fɛt]
folclore	**folklore** [fɔlklɔʀ]
jogo de azar	**jeu de hasard** [ʒø də azaʀ]
música ao vivo	**musique en direct** [myzik ɑ̃ diʀɛkt]
sair	**sortir** [sɔʀtiʀ]
sarau de dança folclórica	**soirée** *(f)* **de danse folklorique** [swaʀe də dɑ̃s fɔlklɔʀik]
show	**show** [ʃo]
traje elegante	**vêtements** *(pl)* **habillés** [vɛtmɑ̃ abije]

Festas e eventos

Quando é o festival de/da/do ...?
Quand a lieu le festival de/du ...? [kɑ̃ a ljø lə fɛstival də/dy]

de ... a ...
du ... au ... [dy o]

todo ano em agosto
tous les ans au mois d'août [tu lez‿ɑ̃ o mwa du]

a cada dois anos
tous les deux ans [tu le døz‿ɑ̃]

O que é exatamente esse festival?
Qu'est-ce que c'est exactement? [kɛs kə sɛ egzaktəmɑ̃]

Qualquer pessoa pode participar?
Tout le monde peut y participer? [tul mɔ̃d pø i paʀtisipe]

Festas e eventos

carnaval	**carnaval** [kaʀnaval]
circo	**cirque** [siʀk]
cortejo	**cortège** [kɔʀtɛʒ]
fanfarra	**fanfare** [fɑ̃faʀ]
feira popular	**fête foraine** [fɛt fɔʀɛn]
festival	**festival** [fɛstival]
fogo de artifício	**feu d'artifice** [fø daʀtifis]
jogos olímpicos	**jeux olympiques** [ʒøz‿olɛ̃pik]
mercado das pulgas	**foire** *(f)* **à la brocante** [fwaʀa la bʀɔkɑ̃t], **marché aux puces** [maʀʃe o pys]
procissão	**procession** [pʀɔsɛsjɔ̃]
quermesse	**kermesse** [kɛʀmɛs]
torneio de Roland Garros	**tournoi de Roland Garros** [tuʀnwa də ʀɔlɑ̃ gaʀɔs]
Volta da França	**Tour** *(m)* **de France** [tuʀ də fʀɑ̃s]

Perguntas 178
Lojas 180
Livros, revistas e artigos de papelaria 182
CDs e fitas cassete 184
Artigos de higiene e perfumaria 184
Artigos elétricos e eletrônicos 186
Artigos de fotografia 187
Cabeleireiro 188
Produtos para o lar 190
Produtos alimentícios 191
Moda 198
Artigos de ótica 201
Calçados e artigos de couro 202
Souvenirs 204
Artigos de tabacaria 205
Relógios e joias 206

Você raramente encontrará supermercados pequenos *(supermarchés)* na França, pois o que domina a paisagem nos arredores das cidades são os hipermercados *(hypermarchés)*. À exceção de charme, eles oferecem tudo o que o coração deseja – principalmente muitas promoções *(promotions)*. Entretanto, quem estiver à procura de pechinchas, deve ficar atento às placas de *soldes* (liquidação) nas vitrines, ao menos nos meses de janeiro e julho.

Perguntas

Estou procurando ...

O(A) senhor(a) já foi atendido?
On vous sert? [ɔ̃ vu sɛʀ]

Eu queria...
Je voudrais ... [ʒvudʀɛ]/
J'aimerais ... [ʒɛmʀɛ]

Obrigado(a), só estou dando uma olhada.
Merci, je regarde. [mɛʀsi ʒʀəgaʀd]

Estou procurando ...
Je cherche ... [ʒə ʃɛʀʃ]

O(A) senhor(a) tem ...?
Vous avez ...? [vuz‿ave]

O(A) senhor(a) precisa de mais alguma coisa?
Il vous faut autre chose? [il vu fo otʀə ʃoz]

Negociando e comprando

Quanto custa isto?
Combien ça coûte? [kɔ̃bjɛ̃ sa kut]

Que caro!
C'est cher! [sɛ ʃɛʀ]

Na França, só é possível pechinchar nos mercados de pulgas. Mas é claro que em certas situações você poderá achar justo pedir um desconto. Nesse caso, poderá dizer:

O(A) senhor(a) poderia fazer um (pequeno) desconto?
Vous faites une (petite) réduction? [vu fɛt‿yn ptit ʀedyksjɔ̃]

Posso pagar no máximo ...
Je vais jusqu'à ... [ʒvɛ ʒyska]

Não, por esse preço prefiro não vender.
Non, à ce prix-là je préfère le garder!
[nɔ̃ as pʀila ʒpʀefɛʀ lə gaʀde]

Hum, e por ...?
Oh, et pour ...? [o e puʀ]

Está bem./Negócio fechado.
D'accord. [dakɔʀ]

Bem, então eu levo.
Bon, alors je le prends. [bɔ̃ alɔʀ ʒəl pʀɑ̃]

O(A) senhor(a) aceita cartão de crédito?
Vous prenez les cartes de crédit? [vu pʀəne le kaʀtə də kʀedi]

Lojas

Em geral, na França, as lojas ficam abertas até as 19h, algumas até as 19h30 e a maioria dos hipermercados até as 22h. Aos domingos você ainda poderá comprar tudo o que quiser até, pelo menos, as 12h. Caso esteja na França na noite de Natal, você poderá fazer compras em alguns hipermercados até a meia-noite.

Onde se pode comprar ...?
Où est-ce qu'on peut acheter ...? [u ɛs kɔ̃ pø aʃte]

Horário de funcionamento
Horaires d'ouverture [ɔʀɛʀ duvɛʀtyʀ]

Ouvert Aberto	**Fermé** Fechado	**Vacances jusqu'au ...** Fechado para férias até ...

açougue	**boucherie** *(f)* [buʃʀi]
agência de viagens	**agence de voyages** [aʒɑ̃s də vwajaʒ]
alfaiate	**tailleur** [tajœʀ]
antiquário, loja de antiguidades	**magasin** *(m)* **d'antiquités** [magazɛ̃ dɑ̃tikite]
brechó, bricabraque	**brocanteur** [bʀɔkɑ̃tœʀ]
bufê	**traiteur** [tʀɛtœʀ]
cabeleireiro	**salon de coiffure** [salɔ̃d kwafyʀ]
charcutaria	**charcuterie** [ʃaʀkytʀi]
confeitaria, doceria	**confiserie** [kɔ̃fizʀi], **pâtisserie** [patisʀi]
costureira	**couturière** [kutyʀjɛʀ]
drogaria	**droguerie** [dʀɔgʀi]
farmácia	**pharmacie** [faʀmasi]

floricultura	**magasin** *(m)* **de fleuriste** [magazɛ̃ də flœʀist]
hortifrúti/quitanda	**magasin** *(m)* **de fruits et légumes** [magazɛd fʀɥi e legym]
joalheria	**bijouterie** [biʒutʀi]
jornaleiro	**marchand de journaux** [maʀʃɑ̃d ʒuʀno]
lavanderia	**pressing** *(m)* [pʀesiŋ], **blanchisserie** [blɑ̃ʃisʀi]
lavanderia automática	**laverie (automatique)** [lavʀi (ɔtɔmatik)]
leiteria	**crémerie** [kʀɛmʀi]
livraria	**librairie** [libʀɛʀi]
loja	**boutique** [butik]
loja de artigos de couro	**maroquinerie** [maʀɔkinʀi]
loja de artigos fotográficos	**magasin** *(m)* **de photos** [magazɛ̃d fɔto]
loja de artigos musicais	**magasin** *(m)* **de musique** [magazɛ̃d myzik]
loja de bebidas	**magasin** *(m)* **de (vins et) spiritueux** [magazɛ̃d (vɛ̃ e) spiʀityø]
loja de brinquedos	**magasin** *(m)* **de jouets** [magazɛ̃d ʒuɛ]
loja de calçados	**magasin** *(m)* **de chaussures** [magazɛ̃d ʃosyʀ]
loja de departamentos	**grand magasin** *(m)* [gʀɑ̃ magazɛ̃]
loja de eletrodomésticos	**magasin** *(m)* **d'électroménager** [magazɛ̃ delɛktʀomenaʒe]
loja de esportes, de artigos esportivos	**magasin** *(m)* **de sport, d'articles de sport** [magazɛ̃ də spɔʀ, daʀtikl də spɔʀ]
loja de ferragens	**quincaillerie** [kɛ̃kajʀi]

loja de produtos dietéticos	**magasin** *(m)* **de produits diététiques** [magazɛ̃d pʀɔdɥi djetetik]
loja de produtos naturais	**magasin** *(m)* **de produits naturels** [magazɛ̃ də pʀɔdɥi natyʀɛl]
loja de *souvenirs*	**magasin** *(m)* **de souvenirs** [magazɛ̃d suvniʀ]
loja de vinhos	**magasin** *(m)* **de vins** [magazɛ̃d vɛ̃]
marchand	**marchand d'objets d'art** [maʀʃɑ̃ dɔbʒɛ daʀ]
mercado	**marché** [maʀʃe]
mercado das pulgas	**marché aux puces** [maʀʃe o pys]
mercearia	**épicerie** [episʀi], **traiteur** *(m)* [tʀɛtœʀ]
mercearia fina	**épicerie fine** [episʀi fin]
ótica	**opticien** *(m)* [ɔptisjɛ̃]
padaria	**boulangerie** [bulɑ̃ʒʀi]
papelaria	**papeterie** [papɛtʀi]
peixaria	**poissonnerie** [pwasɔnʀi]
perfumaria	**parfumerie** [paʀfymʀi]
relojoeiro	**horloger** [ɔʀlɔʒe]
sapateiro	**cordonnier** [kɔʀdɔnje]
supermercado	**supermarché** [sypɛʀmaʀʃe]
tabacaria	**bureau** *(m)* **de tabac** [byʀod taba]
tinturaria	**teinturerie** [tɛ̃tyʀəʀi]

Livros, revistas e artigos de papelaria

Eu queria ...
Je voudrais ... [ʒvudʀɛ]

um jornal.
un journal. [ɛ̃ ʒuʀnal]

uma revista.
un magazine. [ɛ̃ magazin]

um guia turístico.
un guide touristique. [ɛ̃ gid tuʀistik]

um mapa das trilhas desta região.
une carte des randonnées de la région.
[yn kaʀt de ʀɑ̃dɔne də la ʀeʒjɔ̃]

Livros, revistas e jornais

guia turístico	**guide touristique** [gid tuʀistik]
jornal	**journal** [ʒuʀnal]
livro	**livre** [livʀ]
livro de bolso	**livre de poche** [livʀə də pɔʃ]
livro de culinária	**livre de cuisine** [livʀ də kɥizin]
mapa	**carte** *(f)* **(géographique)** [kaʀt (ʒeɔgʀafi)]
mapa da cidade	**plan** *(m)* **(de la ville)** [plɑ̃ (də la vil)]
mapa rodoviário	**carte** *(f)* **routière** [kaʀt ʀutjɛʀ]
revista	**magazine** *(m)* [magazin]
romance	**roman** [ʀɔmɑ̃]
romance policial	**roman policier** [ʀɔmɑ̃ pɔlisje]

Artigos de papelaria

artigos de papelaria	**articles de papeterie** [aʀtikl də papɛtʀi]
bloco	**bloc** [blɔk]
caneta esferográfica	**stylo** *(m)* **à bille** [stilo a bij]
cartão-postal	**carte** *(f)* **postale** [kaʀt pɔstal]
envelope	**enveloppe** *(f)* [ɑ̃vlɔp]
lápis de cor	**crayon de couleur** [kʀɛjɔ̃d kulœʀ]
papel	**papier** [papje]
papel de carta	**papier à lettres** [papje a lɛtʀ]
revista para colorir	**album** *(m)* **à colorier** [albɔ̃m a kɔlɔʀje]

CDs e fitas cassete

➢ ver também Artigos elétricos e eletrônicos e Concerto (no capítulo Entretenimento)

O(a) senhor(a) tem CDs/fitas (cassete) de ...?
Vous avez des CD/des cassettes de ...?
[vuz‿ave de sede/de kasɛt də]

Eu queria um CD de música típica francesa.
Je voudrais un CD avec de la musique française typique.
[ʒvudʀɛ ɛ̃ sede avɛk də la mysik fʀɑ̃sɛz tipik]

alto-falante	**haut-parleur** [opaʀlœʀ], **baffle** [bafl]
CD	**CD/(disque) compact** [sede/(diskə) kɔ̃pakt]
disco	**disque** [disk]
fita cassete	**cassette** [kasɛt]
fones de ouvido	**écouteurs** [ekutœʀ]
toca-CD	**lecteur de CD** [lɛktœʀ də sede]
toca-fitas	**lecteur de cassettes** [lɛktœʀ de kasɛt]
walkman®	**walkman** [wɔkman], **baladeur** [baladœʀ]

Artigos de higiene e perfumaria

absorventes higiênicos	**serviettes** *(f)* **hygiéniques** [sɛʀvjɛt iʒjenik]
algodão (hidrófilo)	**coton hydrophile** [kɔtɔ̃ idʀɔfil]
barbeador	**rasoir** [ʀazwaʀ]
batom	**rouge à lèvres** [ʀuʒ a lɛvʀ]
contraceptivo, anticoncepcional	**contraceptif** [kɔ̃tʀasɛptif]

cotonete®	**coton-tige** [kɔtɔ̃tiʒ]
creme	**crème** *(f)*
creme para as mãos	**crème** *(f)* **pour les mains** [kʀɛm puʀ le mɛ̃]
creme dental, pasta de dente	**dentifrice** *(m)* [dɑ̃tifʀis]
curativo adesivo, *band-aid®*	**sparadrap** [spaʀadʀa]
desodorante	**déodorant** [deɔdɔʀɑ̃]
detergente	**produit pour laver la vaisselle** [pʀɔdɥi puʀ lave la vɛsɛl]
elástico	**élastique** [elastik]
escova	**brosse** [bʀɔs]
escova de dentes	**brosse à dents** [bʀɔs a dɑ̃]
escova para louça	**brosse pour la vaisselle** [bʀɔs puʀ la vɛsɛl]
esmalte de unha	**vernis à ongles** [vɛʀni a ɔ̃gl]
espelho	**miroir** [miʀwaʀ]
espuma de barbear	**mousse à raser** [musa ʀaze]
fator de proteção	**indice de protection** [ɛ̃dis də pʀɔtɛksjɔ̃]
fixador	**fixateur** [fiksatœʀ]
gel de banho, *shower gel*	**gel douche** [ʒɛl duʃ]
gel para os cabelos	**gel pour les cheveux** [ʒɛl puʀ le ʃvø]
grampos de cabelo	**épingles** *(f)* **à cheveux** [epɛ̃gl a ʃvø]
lâmina de barbear	**lame de rasoir** [lam də ʀazwaʀ]
lenços de papel	**mouchoirs en papier** [muʃwaʀ ɑ̃ papje]
loção pós-barba	**lotion après-rasage** [ɔsjɔ̃ apʀɛʀazaʒ]
luva de banho	**gant** *(m)* **de toilette** [gɑ̃d twalɛt]
óleo bronzeador	**huile** *(f)* **solaire** [ɥil sɔlɛʀ]

pano de prato	**torchon** [tɔʀʃɔ̃]
papel higiênico	**papier hygiénique** [papje iʒjenik]
pente	**peigne** [pɛɲ]
perfume	**parfum** [paʀfɛ̃]
pinça de sobrancelha	**pince à épiler** [pɛ̃s a epile]
pincel de barba	**blaireau** [blɛʀo]
pó de arroz	**poudre** *(f)* [pudʀ]
preservativo	**préservatif** [pʀezɛʀvatif]
protetor diário *(de calcinha)*	**protège-slip** [pʀɔtɛʒslip]
protetor solar	**crème** *(f)* **solaire** [kʀɛm sɔlɛʀ]
removedor de esmalte	**dissolvant** [disɔlvɑ̃]
rímel	**mascara** [maskaʀa]
sabão para lavar roupa	**lessive** *(f)* [lɛsiv]
sabonete	**savon** [savɔ̃]
tampão	**tampon** [tɑ̃pɔ̃]
tesoura de unha	**ciseaux** *(m/pl)* **à ongles** [sizo a ɔ̃gl]
xampu	**shampooing** [ʃɑ̃pwɛ̃]

Artigos elétricos e eletrônicos

➢ **ver também Artigos de fotografia e CDs e fitas cassete**

adaptador	**adaptateur** [adaptatœʀ]
agenda eletrônica	**organizer** [ɔʀganizœʀ]
bateria/pilha	**batterie**
calculadora	**calculatrice** [kalkylatʀis]
carregador	**rechargeur** [ʀəʃaʀʒœʀ]
despertador	**réveil** [ʀevɛj]
extensão	**rallonge** [ʀalɔ̃ʒ]
gameboy®	**gameboy** [gɛmboj]
lâmpada	**ampoule** [ɑ̃pul]
notebook	**portable** [pɔʀtabl]

pager, bip	**bip** [bip]
plugue	**fiche** *(f)* [fiʃ]
secador de cabelos	**sèche-cheveux** [sɛʃ ʃəvø]

Artigos de fotografia

➢ **ver também Filmando e fotografando (capítulo Coisas importantes em geral)**

Eu queria ...
Je voudrais ... [ʒvudʀɛ]

um filme para esta máquina.
une pellicule pour cet appareil. [yn pelikyl puʀ sɛt apaʀɛj]

um filme colorido.
une pellicule couleur. [yn pelikyl kulœʀ]

um filme para diapositivos/*slides*.
une pellicule pour diapos. [yn pelikyl puʀ djapo]

... parou de funcionar.
... ne fonctionne plus. [nə fɔ̃ksjɔn ply]

Está quebrado(a). O(A) senhor(a) poderia consertá-lo(a), por favor?
C'est cassé(e). Vous pouvez réparer ça, s.v.p.?
[sɛ kase. vu puve ʀepaʀe sa sil vu plɛ]

disparador	**déclencheur** [deklɑ̃ʃœʀ]
disparador automático	**déclencheur automatique** [deklɑ̃ʃœʀ ɔtɔmatik]
camcorder	**caméscope** [kameskɔp]
filmadora	**caméra vidéo** [kameʀa video]
filme de vídeo	**film vidéo** [film video]
filme preto e branco	**film en noir et blanc** [film ɑ̃ nwaʀ e blɑ̃]

flash	**flash** [flaʃ]
fotômetro	**photomètre** [fɔtomɛtʀ], **posemètre** [pozmɛtʀ]
lente	**lentille** *(f)* [lɑ̃tij]
máquina fotográfica digital	**appareil** *(m)* **photo digital** [apaʀɛj fɔto diʒital]
objetiva	**objectif** *(m)* [ɔbʒɛktif]
polaroide	**polaroïd** *(m)* [pɔlaʀɔid]
sensibilidade	**sensibilité** [sɑ̃sibilite]
teleobjetiva	**téléobjectif** *(m)* [teleɔbʒɛktif]
tripé	**pied** [pje]
videocassete	**vidéocassette** *(f)* [videokasɛt], **magnétoscope** [maɲetɔskɔp]
visor	**viseur** [vizœʀ]

Cabeleireiro

Lavagem e escova, por favor.
Shampooing et brushing, s.v.p. [ʃɑ̃pwɛ̃ e bʀœʃiŋ sil vu plɛ]

Cortar e/sem lavar, por favor.
Une coupe avec/sans shampooing, s.v.p.
[yn kup avɛk/sɑ̃ ʃɑ̃pwɛ̃ sil vu plɛ]

Eu queria ...
Je voudrais... [ʒvudʀɛ]

Só as pontas.
Les pointes seulement. [le pwɛ̃t sœlmɑ̃]

Não muito curto/Bem curto/Um pouco mais curto, por favor.
Pas trop courts/Très courts/un peu plus courts, s.v.p.
[pa tʀo kuʀ/tʀɛ kuʀ/ɛ̃ pø ply kuʀ sil vu plɛ]

Barba, por favor.
Un rasage, s.v.p. [ɛ̃ ʀazaʒ sil vu plɛ]

Apare o bigode/a barba, por favor.
Vous me taillez la moustache/la barbe, s.v.p.
[vum taje la mustaʃ/la baʀbe sil vu plɛ]

Muito obrigado(a). Está muito bom.
Merci beaucoup. C'est très bien. [mɛʀsi boku. sɛ tʀɛ bjɛ̃]

aplique *(de cabelo)*	**postiche** [pɔstiʃ]
barba	**barbe** [baʀb]
bigode	**moustache** *(f)* [mustaʃ]
bobe, bigudi	**bigoudi** [bigudi]
cabelo	**cheveux** *(pl)* [ʃvø]
cachos	**boucles** *(f)* [bukl]
caspa	**pellicules** *(pl)* [pelikyl]
corte (de cabelo)	**coiffure** *(f)* [kwafyʀ], **coupe** *(f)* **de cheveux** [kup də ʃvø]
corte em camadas	**coupe** *(f)* **en dégradé** [kup ɑ̃ degʀade]
costeletas	**favoris** *(m)* [favɔʀi], **pattes** [pat]
fazer escova	**faire un brushing** [fɛʀ ɛ̃ bʀœʃiŋ]
fazer reflexo	**faire un rinçage** [fɛʀ ɛ̃ ʀɛ̃zaʒ]
fazer um penteado	**coiffer** [kwafe]
fazer uma *mise-en-plis*	**faire une mise en plis** [fɛʀ yn miz‿ɑ̃ pli]
franja	**frange** [fʀɑ̃ʒ]
lavagem	**shampooing** *(m)* [ʃɑ̃pwɛ̃]
loiro, louro	**blond** [blɔ̃]
mechas	**mèches** [mɛʃ]
pentear	**peigner** [peɲe]
permanente	**permanente** *(f)* [pɛʀmanɑ̃t]
peruca	**perruque** [peʀyk]

risca	**raie** [Rɛ]
tingir	**faire une coloration** [fɛR yn kɔlɔRasjɔ̃]

Produtos para o lar

abridor de garrafas	**ouvre-bouteilles** [uvRəbutɛj]
abridor de latas	**ouvre-boîtes** [uvRəbwat]
acendedor de fogo, de churrasqueira	**allume-barbecue** [alymbaRbəky]
agulha	**aiguille** [egɥij]
álcool	**alcool à brûler** [akɔl a bRyle]
alfinete de segurança	**épingle** *(f)* **de sûreté** [epɛ̃gl də syRte]
arame	**fil de fer** [fil də fɛR]
barbante	**ficelle** *(f)* [fisɛl]
barra de gelo	**pain** *(m)* **de glace** [pɛ̃d glas]
canivete	**couteau de poche** [kutod pɔʃ]
carvão vegetal	**charbon de bois** [ʃaRbɔ̃d bwa]
copo	**verre** [vɛR]
garrafa térmica	**(bouteille) thermos** [(butɛj) tɛRmos]
geladeira portátil	**glacière** [glasjɛR]
grelha	**gril** *(m)* [gRil]
guardanapo de papel	**serviette** *(f)* **en papier** [sɛRvjɛt ɑ̃ papje]
papel filme	**film alimentaire** [film alimɑ̃tɛR]
papel-alumínio	**papier (d')alu** [papje (d)aly]
pregador, prendedor de roupa	**pince** *(f)* **à linge** [pɛ̃s a lɛ̃ʒ]
querosene	**pétrole** [petRɔl]
saca-rolhas	**tire-bouchon** [tiRbuʃɔ̃]
saco de lixo	**sac-poubelle** [sak pubɛl]
saco plástico	**sac en plastique** [sak ɑ̃ plastik]

tesoura	**ciseaux** *(m/pl)* [sizo]
utilidades domésticas	**articles** *(m)* **ménagers** [aʀtikl menaʒe]
varal	**corde** *(f)* **à linge** [kɔʀda lɛ̃ʒ]
velas	**bougies** [buʒi]

Produtos alimentícios

O que o(a) senhor(a) deseja?
Vous désirez? [vu deziʀe]

Dê-me ..., por favor.
Donnez-moi ..., s.v.p. [dɔne mwa ... sil vu plɛ]

um quilo de ...
un kilo de ... [ɛ̃ kilo də]

dez fatias de ...
dix tranches de ... [di tʀɑ̃ʃ də]

um pedaço de ...
un morceau de ... [ɛ̃ mɔʀso də]

um pacote de ...
un paquet de ... [ɛ̃ pakɛ də]

um vidro/copo de ...
un verre de ... [ɛ̃ vɛʀ də]

uma lata de ...
une boîte de ... [yn bwat də]

uma garrafa de ...
une bouteille de ... [yn butɛj də]

uma sacola de plástico
un sac en plastique [ɛ̃ sak ɑ̃ plastik]

Deu um pouco mais. Tudo bem?
Ça fait un peu plus. C'est bien? [sa fɛ ɛ̃ pø plys sɛ bjɛ̃]

Deseja mais alguma coisa?
Et avec ça? [e avɛk sa]

Posso experimentar?
Est-ce que je peux goûter? [ɛs‿kəʒ pø gute]

Não, obrigado(a), é só isso.
Non, merci. C'est tout. [nɔ̃ mɛʀsi sɛ tu]

Frutas	Les fruits
cultivado com agrotóxicos	**traité** [tʀɛte]
fresco	**frais** [fʀɛ]
abacate	**avocat** [avɔka]
abacaxi	**ananas** [anana]
ameixa	**prune** [pʀyn]
amêndoa	**amande** [amɑ̃d]
amora	**mûre** [myʀ]
banana	**banane** [banan]
cereja	**cerise** [sʀiz]
coco	**noix** *(f)* **de coco** [nwad koko]
damasco	**abricot** [abʀiko]
figo	**figue** *(f)* [fig]
fruta	**fruit** *(m)* [fʀɥi]
laranja	**orange** [ɔʀɑ̃ʒ]
limão	**citron** [sitʀɔ̃]
maçã	**pomme** [pɔm]
melancia	**pastèque** [pastɛk]
melão	**melon** [məlɔ̃]
morango	**fraise** *(f)* [fʀɛz]
noz	**noix** [nwa]
pera	**poire** [pwaʀ]
pêssego	**pêche** *(f)* [pɛʃ]
tâmara	**datte** [dat]

tangerina	**mandarine** [mãdaʀin]
toranja	**pamplemousse** *(m)* [pãpləmus]
uva	**raisin** *(m)* [ʀɛzɛ̃]

Legumes | Légumes

abóbora-menina	**potiron** *(m)* [pɔtiʀɔ̃]
aipo	**céleri** [sɛlʀi]
alcachofra	**artichaut** *(m)* [aʀtiʃo]
alface	**laitue** [lɛty]
alho	**ail** [aj]
alho-poró	**poireau** [pwaʀo]
aspargo	**asperge** *(f)* [aspɛʀʒ]
azeitona	**olive** [ɔliv]
batata	**pomme de terre** [pɔm də tɛʀ]
berinjela	**aubergine** [obɛʀʒin]
cebola	**oignon** *(m)* [ɔɲɔ̃]
cenoura	**carotte** [kaʀɔt]
couve-flor	**chou-fleur** *(m)* [ʃuflœʀ]
endívia	**endive** [ɑ̃div]
erva-doce, funcho	**fenouil** *(m)* [fənuj]
ervilha	**petit pois** *(m)* [pti pwa]
espinafre	**épinard** [epinaʀ]
feijão	**haricot** [aʀiko]
feijão branco	**haricot blanc** [aʀiko blɑ̃]
grão-de-bico	**pois chiche** [pwa ʃiʃ]
legumes	**légumes** [legym]
lentilha	**lentille** [lɑ̃tij]
milho	**maïs** [mais]
pepininho	**cornichon** [kɔʀniʃɔ̃]
pepino	**concombre** [kɔ̃kɔ̃bʀ]
pimentão	**poivron** [pwavʀɔ̃]

repolho	**chou** [ʃu]
salada	**salade** [salad]
salsa	**persil** *(m)* [pɛʀsi]
tomate	**tomate** *(f)* [tɔmat]
vagem	**haricot** *(m)* **vert** [aʀiko vɛʀ]

Padaria, Confeitaria... / Pain, Pâtisserie, Confiserie...

bala	**bonbon** *(m)* [bɔ̃bɔ̃]
barra de chocolate	**barre de chocolat** [baʀ də ʃɔkɔla]
biscoito	**biscuit** [biskɥi]
bolo	**gâteau** [gato]
chocolate	**chocolat** [ʃɔkɔla]
doces	**friandises** *(f)* [fʀijɑ̃diz], **pâtisseries** *(f)* [patisʀi],
flocos de aveia	**flocons d'avoine** [flɔkɔ̃ davwan]
geleia	**confiture** [kɔ̃fityʀ]
mel	**miel** [mjɛl]
müsli	**musli** [mysli]
pão	**pain** [pɛ̃]
pão branco	**pain blanc** [pɛ̃ blɑ̃]
pão de centeio	**pain bis** [pɛ̃ bi]
pão preto	**pain noir** [pɛ̃ nwaʀ]
pãozinho	**petit pain** [pti pɛ̃]
sanduíche	**sandwich** [sɑ̃dwitʃ]
sorvete	**glace** *(f)* [glas]
tablete de chocolate	**tablette de chocolat** [tablɛt də ʃɔkɔla]
torrada	**toast** *(m)* [tost]

Ovos e Laticínios	Oeufs et Produits laitiers
creme	**crème** *(f)* [kʀɛm]
creme azedo	**crème** *(f)* **aigre** [kʀɛm ɛgʀ]
(creme) chantili	**crème** *(f)* **chantilly** [kʀɛm ʃɑ̃tiji]
iogurte	**yaourt** [jauʀt]
leite	**lait** [lɛ]
leite desnatado	**lait écrémé** [lɛ ekʀeme]
manteiga	**beurre** *(m)* [bœʀ]
ovo	**oeuf** [œf]
queijo	**fromage** [fʀɔmaʒ]
queijo de cabra	**fromage de chèvre** [fʀɔmaʒ də ʃɛvʀ]
queijo de ovelha	**fromage de brebis** [fʀɔmaʒ də bʀəbi]
queijo pastoso	**fromage à pâte molle** [fʀɔmaʒ a pat mɔl]
requeijão	**fromage blanc** [fʀɔmaʒ blɑ̃]
soro (do leite)	**babeurre** [babœʀ]

Carnes e Embutidos	Viandes et Charcuterie
carne	**viande** [vjɑ̃d]
carne de porco	**porc** *(m)* [pɔʀ]
carne de vaca	**boeuf** *(m)* [bœf]
carneiro	**mouton** [mutɔ̃]
charcutaria	**charcuterie** [ʃaʀkytʀi]
coelho	**lapin** [lapɛ̃]
cordeiro	**agneau** [aɲo]
costeleta	**côtelette** [kotlɛt]
frango	**poulet** [pulɛ]
frios fatiados	**tranches** *(f)* **de charcuterie/ de viande froide** [tʀɑ̃ʃ də ʃaʀkytʀi/ də vjɑ̃d fʀwad]

goulash (ensopado de carne de boi com cebolas, batata-inglesa e páprica)	**goulash** *(m/f)* [gulaʃ]
patê de fígado	**pâté de foie** [pated fwa]
picadinho	**viande** *(f)* **hachée** [vjɑ̃d aʃe]
presunto	**jambon** [ʒɑ̃bɔ̃]
presunto cozido	**jambon cuit/blanc/de Paris** [ʒɑ̃bɔ̃ kɥi/blɑ̃/də paʀi]
presunto cru	**jambon cru** [ʒɑ̃bɔ̃ kʀy]
salame	**salami** [salami]
salsicha	**saucisse** [sosis]
vitela	**veau** *(m)* [vo]

Peixes e Frutos do mar — Poissons et Fruits de mer

amêijoa	**palourde** [paluʀd]
arenque	**hareng** [aʀɑ̃]
atum	**thon** [tɔ̃]
camarão	**crevette** *(f)* [kʀəvɛt]
caranguejo	**crabe** [kʀab]
cavala	**maquereau** *(m)* [makʀo]
dourada	**dorade** [dɔʀad]
enguia	**anguille** [ɑ̃gij]
linguado	**sole** *(f)* [sɔl]
marisco	**moule** *(f)* [mul]
moluscos	**coquillages** *(f)* [kɔkijaʒ]
ostras	**huître** [ɥitʀ]
peixe	**poisson** [pwasɔ̃]
peixe-espada	**espadon** [ɛspadɔ̃]
perca	**perche** [pɛʀʃ]
pitu	**crevette** *(f)* **rose** [kʀəvɛt ʀoz]
siba	**seiche** [sɛʃ]

Especiarias	Aromates
açafrão	**safran** [safʀɑ̃]
alecrim	**romarin** [ʀɔmaʀɛ̃]
cominho	**cumin** [kymɛ̃]
cravo	**clou de girofle** [klud ʒiʀɔfl]
ervas	**herbes** [ɛʀb]
louro	**laurier** [lɔʀje]
manjericão	**basilic** [bazilik]
noz-moscada	**muscade** [myskad]
páprica	**paprika** *(m)* [papʀika], **piment** *(m)* [pimɑ̃]
pimenta	**poivre** *(m)* [pwavʀ]
salva, sálvia	**sauge** [soʒ]
tomilho	**thym** [tɛ̃]

Etc., etc.	Ceci, cela
açúcar	**sucre** [sykʀ]
arroz	**riz** [ʀi]
azeite	**huile** *(f)* **d'olive** [ɥil dɔliv]
conservas	**conserves** [kɔ̃sɛʀv]
farinha	**farine** [faʀin]
macarrão	**nouilles** *(f/pl)* [nuj]
maionese	**mayonnaise** [majɔnɛz]
margarina	**margarine** [maʀgaʀin]
massas	**pâtes** [pat]
mostarda	**moutarde** [mutaʀd]
óleo	**huile** *(f)* [ɥil]
sal	**sel** [sɛl]
sopa	**soupe** [sup]
vinagre	**vinaigre** [vinɛgʀ]

Bebidas	**Boissons**
água mineral	**eau minérale** [mineʀal]
café	**café** [kafe]
cerveja	**bière** [bjɛʀ]
cerveja sem álcool	**bière sans alcool** [bjɛʀ sɑ̃z‿alkɔl]
chá	**thé** [te]
champanhe	**champagne** *(m)* [ʃɑ̃paɲ]
limonada	**limonade** [limɔnad]
saquinho de chá	**sachet de thé** [saʃɛd te]
suco de laranja	**jus d'orange** [ʒy dɔʀɑ̃ʒ]
vinho	**vin** [vɛ̃]
(vinho) branco	**(vin) blanc** [vɛ̃ blɑ̃]
(vinho) *rosé*	**(vin) rosé** [vɛ̃ ʀoze]
(vinho) tinto	**(vin) rouge** [vɛ̃ ʀuʒ]

Moda

➢ **ver também Cores (capítulo Generalidades)**

Roupas

O(A) senhor(a) poderia me mostrar ...?
Est-ce que vous pouvez me montrer ...?
[ɛs‿kə vu puvem mɔ̃tʀe]

Posso experimentar?
Je peux l'essayer? [ʒpø lesɛje]

Qual é o seu tamanho/número?
Quelle taille faites-vous? [kɛl taj fɛt vu]

Lembre-se de que há diferenças entre as numerações da França e do Brasil. Portanto, convém sempre provar as roupas ou sapatos que você for comprar.

Ficou muito ... para mim.
Il est trop ... pour moi. [il ɛ tʀo ... puʀ mwa]

apertado/largo
étroit/large [etʀwa/laʀʒ]

curto/comprido
court/long [kuʀ/lɔ̃]

pequeno/grande
petit/grand [pti/gʀɑ̃]

Ficou bom. Vou levar.
Ça me va. Je le prends. [sam va ʒəl pʀɑ̃]

Não é exatamente o que eu queria
Ce n'est pas tout à fait ce que je voulais.
[sə nɛ pa tut‿a fɛ skəʒ vulɛ]

algodão	**coton** [kɔtɔ̃]
anoraque	**anorak** [anɔʀak]
biquíni	**bikini** [bikini]
blazer	**blazer** [blazɛʀ]
body	**body** [bɔdi]
boné	**casquette** *(f)* [kaskɛt]
calça	**pantalon** *(m)* [pɑ̃talɔ̃]
(calça) *jeans*	**jean** [dʒin]
calça de esqui	**pantalon** *(m)* **de ski** [pɑ̃talɔ̃ də ski]
calça de *jogging*	**pantalon** *(m)* **de jogging** [pɑ̃talɔ̃ də ʒɔgiŋ]
calça *legging*	**caleçon** *(m)* [kalsɔ̃]

calção de banho, sunga	**maillot** *(m)* **de bain** [majod bɛ̃]
calcinha	**slip** *(m)* [slip]
camisa	**chemise** [ʃmiz]
camisa feminina	**chemisier** *(m)* [ʃmizje]
camiseta	**t(ee)-shirt** *(m)* [tiʃœʀt]
camiseta sem manga *(para usar por baixo da roupa)*	**maillot** *(m)* **de corps** [majod kɔʀ]
capa de chuva	**imperméable** *(m)* [ɛ̃pɛʀmeabl]
casaco	**veste** *(f)* [vɛst]
casaco de lã	**veste** *(f)* **de laine** [vɛstə də lɛn]
chapéu	**chapeau** [ʃapo]
chapéu de sol	**chapeau de soleil** [ʃapod sɔlɛj]
colete	**gilet** [ʒilɛ]
cueca	**slip** *(m)* [slip]
echarpe	**écharpe** [eʃaʀp]
foulard	**foulard** [fulaʀ]
gravata	**cravate** [kʀavat]
gravata-borboleta	**noeud** *(m)* **papillon** [nø papijɔ̃]
guarda-chuva	**parapluie** [paʀaplɥi]
lã	**laine** [lɛn]
linho	**lin** [lɛ̃], **toile** *(f)* [twal]
luvas	**gants** *(m)* [gɑ̃]
maiô (inteiro)	**maillot une pièce** [majo yn pjɛs]
manga	**manche** [mɑ̃ʃ]
meias	**bas** *(m)* [ba], **chaussettes** [ʃosɛt]
meias-calças	**collants** *(m)* [kɔlɑ̃]
meias soquete	**socquettes** [sɔkɛt]
pulôver	**pull-over** [pylɔvɛʀ]
roupa de baixo, roupa íntima	**sous-vêtement** *(m)* [suvɛtmɑ̃]
roupão de banho	**peignoir de bain** [pɛɲwaʀ də bɛ̃]

roupas	**vêtements** *(m)* [vɛtmɑ̃]
saia	**jupe** [ʒyp]
seda	**soie** [swa]
short	**short** [ʃɔʀt]
sobretudo	**manteau** [mɑ̃to], **pardessus** [paʀdəsy]
sutiã	**soutien-gorge** [sutjɛ̃gɔʀʒ]
tailleur	**tailleur** [tajœʀ]
terno	**costume** [kɔstym]
touca de natação	**bonnet** *(m)* **de bain** [bɔnɛd bɛ̃]
training	**survêtement** [syʀvɛtmɑ̃]
vestido	**robe** *(f)* [ʀɔb]

Lavanderia

Eu gostaria de mandar limpar/lavar estas coisas.
Je voudrais faire nettoyer/laver ces affaires.
[ʒvudʀɛ fɛʀ nɛtwaje/lave sez‿afɛʀ]

Quando ficarão prontas?
Quand est-ce qu'elles seront prêtes? [kɑ̃t‿ɛs kɛl səʀɔ̃ pʀɛt]

lavar a seco	**nettoyer (à sec)** [nɛtwaje (a sɛk)]
passar	**repasser** [ʀəpase]
sabão em pó	**lessive** *(f)* [lɛsiv]

Artigos de ótica

O(A) senhor(a) pode consertar estes óculos/a armação para mim, por favor?
Vous pouvez me réparer ces lunettes/la monture, s.v.p.?
[vu puvem ʀepaʀe se lynɛt/la mɔ̃tyʀ sil vu plɛ]

Tenho miopia/hipermetropia.
Je suis myope/hypermétrope. [ʒə sɥi mjɔp/ipɛʀmetʀɔp]

Qual é sua acuidade visual?
Quelle est votre acuité visuelle? [kɛl‿ɛ vɔtʀ akɥite vizyɛl]

olho direito ..., olho esquerdo ...
oeil droit ..., oeil gauche ... [œj dʀwa ... œj goʃ]

Quando posso vir buscar meus óculos?
Quand est-ce que je peux venir chercher mes lunettes? [kɑ̃t‿ɛs‿kəʒ pø vniʀ ʃɛʀʃe me lynɛt]

Preciso ...
Il me faudrait ... [il mə fodʀɛ]

de solução para conservação
du liquide de conservation [dy likid də kɔ̃sɛʀvasjɔ̃]

de solução para limpeza
du liquide de nettoyage [dy likid də nɛtwajaʒ]

de lentes de contato duras/gelatinosas.
pour lentilles dure/molles. [puʀ lɑ̃tij dyʀ/mɔl]

Estou procurando ...
Je cherche ... [ʒə ʃɛʀʃ]

óculos de sol/escuros.
des lunettes de soleil. [de lynɛt də sɔlɛj]

um binóculo.
des jumelles. [de ʒymɛl]

Calçados e artigos de couro

Eu queria um par de ...
Je voudrais une paire de ... [ʒvudʀɛ yn pɛʀ də]

Calço (número) ...
Je chausse du ... [ʒə ʃos dy]

Estão apertados.
Elles me serrent. [ɛl mə sɛʀ]

Estão muito grandes.
Elles sont trop grandes. [ɛl sɔ̃ tʀo gʀɑ̃d]

artigos de couro	**maroquinerie** *(f/sing)* [maʀɔkinʀi]
bolsa	**sac** *(m)* [sak]
bolsa com alça	**sacoche** [sakɔʃ]
bolsa de mão	**sac** *(m)* **à main** [sak‿a mɛ̃]
bolsa de viagem	**sac** *(m)* **de voyage** [sak də vwajaʒ]
bolso	**poche** *(f)* [pɔʃ]
botas	**bottes** [bɔt]
botas de borracha	**bottes en caoutchouc** [bɔt ɑ̃ kautʃu]
botas de esqui	**chaussures de ski** [ʃosyʀ də ski]
cadarço	**lacet** [lasɛ]
calça de couro	**pantalon** *(m)* **de cuir** [pɑ̃talɔ̃d kɥiʀ]
calçados de plástico (para praia e piscina)	**chaussures** *(f)* **en plastique (pour la baignade)** [ʃosyʀ ɑ̃ plastik (puʀ la bɛɲad)]
calçados de praia	**chaussures** *(f)* **de plage** [ʃosyʀ də plaʒ]
casaco de couro	**manteau de cuir** [mɑ̃tod kɥiʀ]
cinto	**ceinture** *(f)* [sɛ̃tyʀ]
escova para sapatos	**brosse à chaussures** [bʀɔs a ʃosyʀ]
graxa	**cirage** *(m)* [siʀaʒ]
jaqueta de couro	**veste de cuir** [vɛstə də kɥiʀ]

mala	**valise** [valiz]
mochila	**sac** *(m)* **à dos** [sak a do]
salto	**talon** [talɔ̃]
sandálias	**sandales** [sɑ̃dal]
sapato	**chaussure** *(f)* [ʃosyʀ]
sola	**semelle** [smɛl]
tênis	**tennis,** [tɛnis]
(de cano alto)	**baskets** *(pl)* [baskɛt]

Souvenirs

Eu queria ...
Je voudrais ... [ʒvudʀɛ]

um *souvenir*/presente bonito.
un joli souvenir/cadeau. [ɛ̃ ʒɔli suvniʀ/kado]

um *souvenir* típico desta região.
un souvenir typique de la région. [ɛ̃ suvniʀ tipik də la ʀeʒjɔ̃]

Queria algo não muito caro.
Je voudrais quelque chose de pas trop cher.
[ʒvudʀɛ kɛlkə ʃoz də pa tʀo ʃɛʀ]

Veja, isto é bonito.
Tiens, ça c'est joli. [tjɛ̃ sa sɛ ʒɔli]

Obrigado(a), mas não achei nada (que me agrade).
Merci, je n'ai rien trouvé (à mon goût).
[mɛʀsi ʒnɛ ʀjɛ̃ tʀuve (a mɔ̃ gu)]

autêntico	**authentique** [otɑ̃tik]
boneco(a) folclórico(a)	**poupée** *(f)* **folklorique** [pupe fɔlklɔʀik]
bordado	**broderie** *(f)* [bʀɔdʀi]
caixa de música	**boîte à musique** [bwata mysik]

cerâmica	**poterie** [pɔtʀi]
faiança	**céramique** [seʀamik]
feito à mão	**fait-main** [fɛmɛ̃]
joias	**bijoux** *(m)* [biʒu]
kitsch	**kitsch** [kitʃ]
loja de *souvenirs*	**magasin** *(m)* **de souvenirs** [magazɛ̃d suvniʀ]
produto regional/ especialidade da região	**produit régional/spécialité régionale** [pʀɔdɥi ʀeʒjɔnal/ spesjalite ʀeʒjɔnal]
souvenir	**souvenir** [suvniʀ]
talha	**sculpture sur bois** [skyltyʀ syʀ bwa]

Artigos de tabacaria

Um maço/Um pacote de ... com/sem filtro, por favor.
Un paquet/Une cartouche de ... filtre/sans filtre, s.v.p.
[ɛ̃ pakɛ/yn kaʀtuʃ də ... filtʀ/sɑ̃ filtʀ sil vu plɛ]

Dez charutos/cigarrilhas, por favor.
Dix cigares/cigarillos, s.v.p. [di sigaʀ/sigaʀijo sil vu plɛ]

Um pacote/Uma lata de fumo para cigarros/cachimbo, por favor.
Un paquet/Une boîte de tabac pour cigarettes/pipe, s.v.p.
[ɛ̃ pakɛ/yn bwat də taba puʀ sigaʀɛt/pip sil vu plɛ]

Uma caixa de fósforos/Um isqueiro, por favor.
Une boîte d'allumettes/Un briquet, s.v.p.
[yn bwat dalymɛt/ɛ̃ bʀikɛ sil vu plɛ]

charuto	**cigare** [sigaʀ]
cigarrilha	**cigarillo** *(m)* [sigaʀijo]
cigarro	**cigarette** *(f)* [sigaʀɛt]

Relógios e joias

anel	**bague** *(f)* [bag]
bijuteria	**bijou** *(m)* **fantaisie** [biʒu fɑ̃tɛzi]
brinco	**boucle** *(f)* **d'oreille** [buklə dɔʀɛj]
broche	**broche** *(f)* [bʀɔʃ]
colar	**collier** [kɔlje]
cristal	**cristal** [kʀistal]
joia	**bijou** *(m)* [biʒu]
ouro	**or** [ɔʀ]
pérola	**perle** [pɛʀl]
pingente	**pendentif** [pɑ̃dɑ̃tif]
prata	**argent** *(m)* [aʀʒɑ̃]
pulseira	**bracelet** *(m)* [bʀaslɛ]
relógio de pulso	**montre-bracelet** *(f)* [mɔ̃tʀəbʀaslɛ]
turquesa	**turquoise** [tyʀkwaz]

Na farmácia 208
Consulta médica 211
No hospital 214
No dentista 222

SAÚDE

Apenas remédios muito corriqueiros são vendidos na França sem receita médica. Portanto, não se esqueça de levar sua farmacinha. Antes de viajar, peça orientação a seu médico sobre os remédios que convém você levar, por medida de precaução.

Na farmácia

Onde fica a farmácia (de plantão) mais próxima, por favor?
Où est la pharmacie (de garde) la plus proche, s.v.p.?
[u ɛ la farmasi (də gard) la ply prɔʃ sil vu plɛ]

Por favor, dê-me algo contra ...
Donnez-moi quelque chose contre ..., s.v.p.
[dɔne mwa kɛlkə ʃoz kɔ̃tr ... sil vu plɛ]

➢ **ver também Consulta médica**

antibiótico	**antibiotique** [ɑ̃tibjɔtik]
antisséptico	**antiseptique** [ɑ̃tisɛptik]
aspirina®	**aspirine** [aspirin]
(chá de) camomila	**camomille** *(f)* [kamɔmij]
colírio	**collyre** [kɔlir]
comprimido	**comprimé** [kɔ̃prime], **cachet** [kaʃɛ]
comprimido analgésico	**cachet contre la douleur** [kaʃɛ kɔ̃trə la dulœr]
comprimido contra dor de cabeça	**cachet contre les maux de tête** [kaʃɛ kɔ̃trə le mod tɛt]
curativo adesivo, *band-aid®*	**sparadrap** [sparadra]
faixa elástica	**bande élastique** [bɑ̃d elastik]
gaze	**gaze** [gaz]
glicose	**glucose** *(m)* [glykoz]

gotas	**gouttes** [gut]
gotas para dor de estômago	**gouttes pour les maux d'estomac** [gut puʀ le mo dɛstɔma]
gotas para dor de ouvido	**gouttes pour les oreilles** [gut puʀ lez‿ɔʀɛj]
inseticida	**insecticide** [ɛ̃sɛktisid]
insulina	**insuline** [ɛ̃sylin]
laxante	**laxatif** [laksatif]
medicamento	**médicament** [medikamɑ̃]
pastilha contra dor de garganta	**pastille contre le mal de gorge** [pastij kɔ̃tʀə lə mal də gɔʀʒ]
pílula (anticoncepcional)	**pilule (anticonceptionnelle)** [pilyl (ɑ̃tikɔ̃sɛpsjɔnɛl)]
pó	**poudre** *(f)* [pudʀ]
pomada	**pommade** [pɔmad]
pomada contra queimaduras	**pommade contre les brûlures** [pɔmad kɔ̃tʀə le bʀylyʀ]
prescrição médica, receita médica	**ordonnance** [ɔʀdɔnɑ̃s]
preservativo	**préservatif** [pʀezɛʀvatif]
queimadura de sol	**coup** *(m)* **de soleil** [ku də sɔlɛj]
remédio	**remède** [ʀəmɛd]
remédio para a circulação	**médicament pour la circulation** [medikamɑ̃ puʀ la siʀkylasjɔ̃]
sonífero	**somnifère** [sɔmnifɛʀ]
supositório	**suppositoire** [sypozitwaʀ]
termômetro	**thermomètre** [tɛʀmɔmɛtʀ]
tintura de iodo	**teinture d'iode** [tɛ̃tyʀ djɔd]
tranquilizante	**tranquillisant** [tʀɑ̃kilizɑ̃]
xarope contra tosse	**sirop contre la toux** [siʀo kɔ̃tʀə la tu]

Notice	**Bula**
Composition	Composição
Indications	Indicações
Contre-indications	Contraindicações
Effets secondaires	Reações adversas/Efeitos colaterais
Autres effets possibles	Outras reações adversas
Posologie:	**Posologia:**
Prendre ... une fois/ plusieurs fois par jour	Tomar ... uma vez/ várias vezes ao dia
un cachet	um comprimido/uma cápsula
20 gouttes	20 gotas
une mesure	uma medida
avant les repas	antes das refeições
après les repas	depois das refeições
à jeun	em jejum
avaler avec un peu d'eau	engolir com um pouco de água
dissoudre dans un peu d'eau	dissolver em um pouco de água
laisser fondre dans la bouche	deixar dissolver na boca
externe	uso externo
appliquer une fine couche sur la peau e masser	aplicar uma fina camada sobre a pele e massagear
les nourrissons	lactentes
les enfants en bas-âge (jusqu'à ... ans)	crianças pequenas (até ... anos)
les jeunes enfants	crianças maiores
les grands enfants	adolescentes
les adultes	adultos
Ne pas laisser à la portée des enfants.	Manter fora do alcance das crianças.

Consulta médica

➢ **ver também Saúde (capítulo Viajando com crianças)**

Ao programar uma viagem, seja para a França ou para qualquer outro país, não se esqueça de garantir uma cobertura para seus eventuais problemas de saúde. É possível fazer seguros avulsos, por períodos limitados, caso seu plano de saúde não cubra ocorrências no exterior.

Por favor, o(a) senhor(a) poderia me indicar um bom ...
Vous pourriez m'indiquer un bon ..., s.v.p.?
[vu puʀje mɛ̃dike ɛ̃ bɔ̃ ... sil vu plɛ]

clínico geral?
généraliste [ʒeneʀalist]

dentista?
dentiste [dɑ̃tist]

dermatologista?
dermato(logue) [dɛʀmatɔ(lɔg)]

ginecologista?
gynéco(logue) [ʒinekɔ(lɔg)]

médico?
médecin [medsɛ̃]

oftalmologista?
oculiste [ɔkylist]

otorrino(laringologista)?
oto-rhino(-laryngologiste) [ɔtoʀino(laʀɛ̃gɔlɔʒist)]

pediatra?
pédiatre [pedjatʀ]

urologista?
urologue [yʀɔlɔg]

Por favor, onde fica o consultório?
Où se trouve son cabinet, s.v.p.? [u stʀuv sɔ̃ kabinɛ sil vu plɛ]

Queixas

Qual é o problema?
Qu'est-ce qui ne va pas? [kɛs‿kin va pa]

Estou com febre.
J'ai de la fièvre. [ʒɛ dla fjɛvʀ]

Sinto enjoo com frequência.
J'ai souvent mal au coeur. [ʒɛ suvɑ̃ malo kœʀ]

Tenho tido muita vertigem/tontura.
J'ai souvent des vertiges. [ʒɛ suvɑ̃ de vɛʀtiʒ]

Desmaiei.
Je me suis évanoui. [ʒəm sɥiz‿evanwi]

Estou muito resfriado.
Je suis très enrhumé. [ʒə sɥi tʀɛz‿ɑ̃ʀyme]

Estou com dor de cabeça/de garganta.
J'ai mal à la tête/à la gorge.
[ʒɛ mal a la tɛt/a la gɔʀʒ]

Estou com tosse.
Je tousse. [ʒə tus]

Fui picado/mordido.
J'ai été piqué/mordu. [ʒɛ ete pike/mɔʀdy]

Estou com indigestão.
J'ai une indigestion. [ʒe yn‿ɛ̃diʒɛstjɔ̃]

Estou com diarreia/prisão de ventre.
J'ai la diarrhée./Je suis constipé.
[ʒe la djaʀe/ʒə sɥi kɔ̃stipe]

Estou com problemas de digestão./Não estou aguentando o calor.
Je digère mal./Je ne supporte pas la chaleur.
[ʒə diʒɛʀ mal/ʒən sypɔʀtə pa la ʃalœʀ]

Eu me machuquei.
Je me suis blessé. [ʒəm sɥi blese]

Levei um tombo.
J'ai fait une chute. [ʒə fɛ yn ʃyt]

O(A) senhor(a) pode me dar/receitar algo contra ..., por favor?
Vous pouvez me donner/me prescrire quelque chose contre ..., s.v.p.? [vu puve mə dɔne/mə pʀɛskʀiʀ kɛlkə ʃoz kɔ̃tʀ ... sil vu plɛ]

Normalmente tomo ...
Normalement je prends ... [nɔʀmalmɑ̃ ʒə pʀɑ̃]

Tenho pressão alta/baixa.
Je fais de l'hypertension/de l'hypotension.
[ʒfɛ də lipɛʀtɑ̃sjɔ̃/də lipotɑ̃sjɔ̃]

Sou diabético(a).
Je suis diabétique. [ʒə sɥi djabetik]

Estou esperando um bebê./Estou grávida.
J'attends un enfant./Je suis enceinte. [ʒatɑ̃ ɛ̃n‿ɑ̃fɑ̃/ʒə sɥiz‿ɑ̃sɛ̃t]

Há pouco tempo tive/fiquei com ...
J'ai eu récemment ... [ʒɛ y ʀesamɑ̃]

Consulta

Onde dói?
Où est-ce que vous avez mal? [u ɛs‿kə vuz‿ave mal]

Sinto dores aqui.
J'ai des douleurs ici. [ʒɛ de dulœʀ isi]

Tire a roupa/Arregace a manga, por favor.
Déshabillez-vous/Retroussez votre manche, s.v.p.
[desabijevu/ʀətʀuse vɔtʀə mɑ̃ʃ sil vu plɛ]

Inspire fundo. Prenda a respiração.
Inspirez profondément. Retenez votre respiration.
[ɛ̃spiʀe pʀɔfɔ̃demɑ̃ ʀətne vɔtʀə ʀɛspiʀasjɔ̃]

O(A) senhor(a) deverá fazer uma radiografia.
Il faut que vous fassiez faire une radio.
[il fo kə vu fasje fɛʀ yn ʀadjo]

Será preciso coletar sangue/urina.
J'ai besoin d'une prise de sang/d'un échantillon d'urine.
[ʒɛ bəzwɛ̃ dyn pʀiz də sɑ̃/dɛ̃n‿eʃɑ̃tijɔ̃ dyʀin]

O(A) senhor(a) precisa ser operado.
Il va falloir vous faire opérer. [il va falwaʀ vu fɛʀ‿ɔpeʀe]

O(A) senhor(a) deveria ficar de repouso por alguns dias.
Vous devriez garder le lit pendant quelques jours.
[vu devʀije gaʀde lə li pɑ̃dɑ̃ kɛlkə ʒuʀ]

Não é nada grave.
Ce n'est rien de grave. [snɛ̃ ʀjɛ̃d gʀav]

O(A) senhor(a) tem um certificado de vacinação?
Vous avez un certificat de vaccination?
[vuz‿ave ɛ̃ sɛʀtifikad vaksinasjɔ̃]

Sou vacinado contra ...
Je suis vacciné contre ... [ʒə sɥi vaksine kɔ̃tʀ]

No hospital

Quanto tempo terei de ficar aqui?
Combien de temps est-ce que je vais devoir rester ici?
[kɔ̃bjɛ̃d tɑ̃ ɛs‿kə ʒə vɛ dəvwaʀ ʀɛste isi]

Não consigo dormir. Por favor, dê-me um analgésico/sonífero.
Je n'arrive pas à m'endormir. Donnez-moi un cachet contre la douleur/un somnifère, s.v.p. [ʒə naʀiv pa a mɑ̃dɔʀmiʀ dɔne mwa ɛ̃ kaʃɛ kɔ̃tʀə la dulœʀ/ɛ̃ sɔmnifɛʀ sil vu plɛ]

Quando poderei me levantar?
Quand est-ce que je peux me lever? [kɑ̃t‿ɛs‿kəʒ pøm ləve]

Doenças e queixas

aborto	**fausse-couche** *(f)* [fosku∫]
abscesso	**abscès** [absɛ]
aids	**sida** *(m)* [sida]
alergia	**allergie** [alɛʀʒi]
amigdalite	**inflammation des amygdales** [ɛ̃flamasjɔ̃ dez‿amidal]
angina	**angine** [ɑ̃ʒin]
apendicite	**appendicite** [apɛ̃disit]
asma	**asthme** *(m)* [asm]
ataque	**attaque** *(f)* [ltak]
ataque cardíaco	**crise** *(f)* **cardiaque** [kʀiz kaʀdjak]
azia	**aigreurs** *(pl)* **d'estomac** [ɛgʀœʀ dɛstɔma]
bronquite	**bronchite** [bʀɔ̃∫it]
cãibra	**crampe** [kʀɑ̃p]
calafrio	**frisson** [fʀisɔ̃]
cálculo renal	**calcul rénal** [kalkyl ʀenal]
câncer	**cancer** [kɑ̃sɛʀ]
ciática	**sciatique** [sjatik]
coçar	**gratter** [gʀate]
cólera	**choléra** *(m)* [kɔleʀa]
cólica	**colique** [kɔlik]
comoção cerebral	**commotion cérébrale** [kɔmɔsjɔ̃ seʀebʀal]

congestão nasal, constipação	**rhume** *(m)* [ʀym]
contagioso	**contagieux** [kɔ̃taʒjø]
contusão	**contusion** [kɔ̃tyzjɔ̃]
corte	**coupure** *(f)* [kupyʀ]
deslocado, luxado	**foulé** [fule]
desmaio, síncope	**évanouissement** *(m)* [evanwismɑ̃], **syncope** *(f)* [sɛ̃kɔp]
diabetes	**diabète** *(m)* [djabɛt]
diarreia	**diarrhée** [djaʀe]
difteria	**diphtérie** [difteʀi]
distensão muscular	**claquage** *(m)* **(musculaire)** [klakaʒ (myskylɛʀ)]
doença	**maladie** [maladi]
doença venérea	**maladie vénérienne** [maladi veneʀjɛn]
doer	**faire mal** [fɛʀ mal]
dor	**douleur** [dulœʀ]
dor de cabeça	**mal** *(m)* **de tête** [mal də tɛt]
dor de estômago	**mal** *(m)* **d'estomac** [mal dɛstɔma]
dor de garganta	**mal** *(m)* **de gorge** [mal də gɔʀʒ]
dor nas costas	**douleur au dos** [dulœʀ o do]
embolia cerebral	**embolie cérébrale** [ɑ̃bɔli seʀebʀal]
enjoo	**nausée** *(f)* [noze]
envenenamento	**empoisonnement** [ɑ̃pwazɔnmɑ̃]
enxaqueca	**migraine** [migʀɛn]
eritemas	**rougeurs** *(f)* [ʀuʒœʀ]
espirrar	**éternuer** [etɛʀnye]
falta de apetite	**manque** *(m)* **d'appétit** [mɑ̃k dapeti]

febre	**fièvre** [fjɛvʀ], **température** [tɑ̃peʀatyʀ]
febre amarela	**fièvre jaune** [fjɛvʀə ʒon]
febre do feno	**rhume** *(m)* **des foins** [ʀym de fwɛ̃]
febre tifoide	**typhoïde** [tifɔid]
ferida	**plaie** [plɛ]
ferir, machucar	**blesser** [blese]
ferimento	**blessure** *(f)* [blesyʀ]
fratura	**fracture** [fʀaktyʀ]
gases	**vents** [vɑ̃]
gripe	**grippe** [gʀip]
hemorragia	**saignement** *(m)* [sɛɲəmɑ̃]
hemorragia nasal	**saignement** *(m)* **de nez** [sɛɲmɑ̃d ne]
hemorroidas	**hémorroïdes** [emɔʀɔid]
hérnia	**hernie** [ɛʀni]
icterícia	**jaunisse** [ʒonis]
inchaço	**enflure** *(f)* [ɑ̃flyʀ]
inchado	**enflé** [ɑ̃fle]
infarto	**infarctus** [ɛ̃faʀktys]
infecção	**infection** lɛ̃fɛksjɔ̃]
inflamação	**inflammation** [ɛ̃flamasjɔ̃]
insolação	**insolation** [ɛ̃sɔlasjɔ̃]
insônia	**insomnie** [ɛ̃sɔmni]
insuficiência cardíaca	**déficience cardiaque** [defisjɑ̃s kaʀdjak]
intoxicação alimentar	**intoxication alimentaire** [ɛ̃tɔksikasjɔ̃ alimɑ̃tɛʀ]
lumbago	**tour des reins** [tuʀ də ʀɛ̃], **lumbago** [lɛ̃bago]
malária	**malaria** [malaʀja]
náusea	**nausée** [noze]

nefrite	**néphrite** [nefʀit]
otite	**otite** [ɔtit]
paralisia	**paralysie** [paʀalizi]
pneumonia	**pneumonie** [pnømɔni]
poliomielite	**polio(myélite)** [pɔljɔ(mjelit)
pontada	**point** *(m)* **de côté** [pwɛ̃d kote]
prisão de ventre	**constipation** [kɔ̃stipasjɔ̃]
problemas cardíacos	**troubles cardiaques** [tʀublə kaʀdjak]
problemas circulatórios	**troubles de la circulation** [tʀublə də la siʀkylasjɔ̃]
problemas digestivos	**troubles digestifs** [tʀublə diʒɛstif]
problemas respiratórios	**troubles** *(pl)* **respiratoires** [tʀublə ʀɛspiʀatwaʀ]
quebrado	**cassé** [kase]
queimadura	**brûlure** [bʀylyʀ]
queimadura de sol	**coup** *(m)* **de soleil** [ku dsɔlɛj]
resfriado	**rhume** [ʀym]
reumatismo	**rhumatisme** [ʀymatism]
rouco	**enroué** [ɑ̃ʀue]
ruptura de tendão	**rupture de tendon** [ʀyptyʀ də tɑ̃dɔ̃]
sentir coceira	**démanger** [demɑ̃ʒe]
septicemia	**septicémie** [sɛptisemi]
ser alérgico a …	**être allergique à …**[ɛtʀ‿alɛʀʒik a]
sinusite	**sinusite** [sinysit]
tétano	**tétanos** [tetanos]
tontura, vertigem	**vertige** *(m)* [vɛʀtiʒ]
tumor	**grosseur** *(f)* [gʀɔsœʀ], **tumeur** *(f)* [tymœʀ]
úlcera	**ulcère** *(m)* [ylsɛʀ]

Corpo – médico – hospital

amígdala	**amygdale** [amidal]
anestesia	**anesthésie** [anɛstezi]
apêndice	**appendice** [apɛ̃dis]
articulação	**articulation** [aʀtikylasjɔ̃]
atestado	**attestation** *(f)* [atɛstasjɔ̃], **certificat** [sɛʀtifika]
atestado/relatório médico	**feuille** *(f)* **de maladie/de soins** [fœj də maladi/də swɛ̃]
baixo-ventre	**bas-ventre** [bavɑ̃tʀ]
barriga	**ventre** *(m)* [vɑ̃tʀ]
bexiga	**vessie** [vesi]
boca	**bouche** [buʃ]
braço	**bras** [bʀa]
brônquios	**bronches** *(f)* [bʀɔ̃ʃ]
by-pass	**by-pass** [baipas]
cabeça	**tête** [tɛt]
cardiologista	**cardiologue** [kaʀdjɔlɔg]
carteira de vacinação	**carnet** *(m)* **de vaccinations** [kaʀnɛd vaksinasjɔ̃]
cérebro	**cerveau** [sɛʀvo]
certificado	**certificat** [sɛʀtifika], **attestation** *(f)* [atɛstasjɔ̃]
cicatriz	**cicatrice** [sikatʀis]
cirurgião/cirurgiã	**chirurgien** [ʃiʀyʀʒjɛ̃]
clavícula	**clavicule** [klavikyl]
coluna vertebral	**colonne vertébrale** [kɔlɔn vɛʀtebʀal]
consulta	**consultation** [kɔ̃syltasjɔ̃]
coração	**coeur** [kœʀ]
costas	**dos** *(m/sing)* [do]

costela	**côte** [kot]
curativo	**pansement** [pɑ̃smɑ̃]
dedo	**doigt** [dwa]
dedo do pé	**orteil** [ɔʀtɛj]
desacordado, desmaiado	**sans connaissance** [sɑ̃ kɔnɛsɑ̃s], **évanoui** [evanui]
desinfetar	**desinfécter** [dezɛ̃fɛkte]
diagnóstico	**diagnostic** [djagnɔstik]
dieta, regime	**régime** [ʀeʒim]
digestão	**digestion** [diʒɛstjɔ̃]
doente	**malade** [malad]
enfermeira	**infirmière** [ɛ̃fiʀmjɛʀ]
enfermeiro	**infirmier** [ɛ̃fiʀmje]
especialista	**spécialiste** [spesjalist]
espinha dorsal	**colonne vertébrale** [kɔlɔn vɛʀtebʀal]
estômago	**estomac** [ɛstɔma]
exame, análise	**examen** [ɛgzamɛ̃], **analyse** [analiz]
fazer/tirar uma radiografia	**faire une radio(graphie)** [fɛʀ yn ʀadjo(gʀafi)]
fazer um curativo	**faire un pansement** [fɛʀ ɛ̃ pɑ̃smɑ̃]
fezes	**selles** [sɛl]
fígado	**foie** [fwa]
gravidez	**grossesse** [gʀɔsɛs]
grupo sanguíneo	**groupe sanguin** [gʀup sɑ̃gɛ̃]
hipertensão, pressão alta	**hypertension** [ipɛʀtɑ̃sjɔ̃]
hipotensão, pressão baixa	**hypotension** [ipotɑ̃sjɔ̃]
horário de visita	**heures** *(f/pl)* **de visite** [œʀ də vizit]
hospital	**hôpital** [ɔpital]
injeção	**piqûre** [pikyʀ]

intestino	**intestin** [ɛ̃tɛstɛ̃]
joelho	**genou** [ʒnu]
lábio	**lèvre** *(f)* [lɛvʀ]
língua	**langue** [lɑ̃g]
mão	**main** [mɛ̃]
marca-passo	**stimulateur cardiaque** [stimylatœʀ kaʀdjak]
menstruação	**règles** *(pl)* [ʀɛgl]
músculo	**muscle** [myskl]
nariz	**nez** [ne]
nervo	**nerf** [nɛʀ]
nervoso	**nerveux** [nɛʀvø]
olho/olhos	**oeil** [œj]/**yeux** [jø]
ombro	**épaule** *(f)* [epol]
operação	**opération** [ɔpeʀasjɔ̃]
orelha	**oreille** [ɔʀɛj]
órgãos genitais	**organes génitaux** [ɔʀgan ʒenito]
osso	**os** [ɔs]
ouvido	**ouïe** *(f)* [wi]
pé	**pied** [pje]
peito	**poitrine** *(f)* [pwatʀin]
pele	**peau** [po]
perfusão	**perfusion** [pɛʀfyzjɔ̃]
perna	**jambe** [ʒɑ̃b]
pescoço	**cou** [ku]
prótese	**prothèse** [pʀɔtɛz]
pulmão	**poumon** [pumɔ̃]
pulso *(fisiológico)*	**pouls** [pu]
punção	**piqûre** [pikyʀ]
pus	**pus** [py]
quadril	**hanche** *(f)* [ɑ̃ʃ]
radiografia	**radio(graphie)** [ʀadjo(gʀafi)]

receitar, prescrever	**prescrire** [pʀɛskʀiʀ]
respirar	**respirer** [ʀɛspiʀe]
rim	**rein** [ʀɛ̃]
rosto	**visage** [vizaʒ]
sala de espera	**salle d'attente** [sal datɑ̃t]
sangrar	**saigner** [seɲe]
sangue	**sang** [sɑ̃]
seguro-saúde	**caisse** *(f)* **d'assurance-maladie** [kɛs dasyʀɑ̃smaladi]
setor	**service** [sɛʀvis]
suturar	**recoudre** [ʀəkudʀ]
tala	**attelle** [atɛl]
tíbia	**tibia** *(m)* [tibja]
tímpano	**tympan** [tɛ̃pɑ̃]
tornozelo	**cheville** *(f)* [ʃvij]
tosse	**toux** [tu]
transpirar, suar	**transpirer** [tʀɑ̃spiʀe]
tubo digestivo/tubo digestório	**tube digestif** [tyb diʒɛstif]
ultrassonografia	**échographie** [ekogʀafi]
urina	**urine** [yʀin]
vacinação	**vaccination** [vaksinasjɔ̃]
vesícula biliar	**vésicule biliaire** [vɛzikyl biljɛʀ]
vírus	**virus** [viʀys]
vomitar	**vomir** [vɔmiʀ]

No dentista

Estou com (muita) dor de dente.
J'ai (très) mal aux dents. [ʒə (tʀɛ) mal‿o dɑ̃]

É este dente (de cima/de baixo/da frente/de trás) que está doendo.
C'est cette dent-là (en haut/en bas/devant/derrière) qui me fait mal. [sɛ sɛt dɑ̃la (ɑ̃ o/ɑ̃ ba/dəvɑ̃/dɛʀjɛʀ) kim fɛ mal]

Caiu uma obturação.
J'ai perdu un plombage. [ʒə pɛʀdy ɛ̃ plɔ̃baʒ]

Quebrei um dente.
Je me suis cassé une dent. [ʒəm sɥi kase yn dɑ̃]

Farei apenas um tratamento provisório.
Je ne vous fais qu'un traitement provisoire.
[ʒən vu fɛ kɛ̃ tʀɛtmɑ̃ pʀɔvizwaʀ]

Por favor, me dê/não me dê anestesia.
Faites-moi une piqûre/Ne me faites pas de piqûre, s.v.p.
[fɛtmwa yn pikyʀ/nəm fɛt pad pikyʀ sil vu plɛ]

arrancar, extrair	**arracher** [aʀaʃe]
cárie	**carie** [kaʀi]
coroa	**couronne** [kuʀɔn]
dente	**dent** *(f)* [dɑ̃]
dente do siso	**dent** *(f)* **de sagesse** [dɑ̃ də saʒɛs]
dor de dente	**mal** *(m)* **de dents** [mal də dɑ̃]
gengiva	**gencive** [ʒɑ̃siv]
maxilar	**mâchoire** *(f)* [maʃwaʀ]
obturação	**plombage** *(m)* [plɔ̃mbaʒ]
prótese	**prothèse** [pʀɔtɛz]

Coisas importantes em geral

Banco	226
Filmando e fotografando	228
Achados e perdidos	229
Polícia	229
Correio	232
Telefonando	235
Banheiros e sanitários	237

Banco

Por favor, senhora/senhorita/senhor, estou procurando um banco/uma casa de câmbio.
Pardon, Mme/Mlle/M., je cherche une banque/un bureau de change. [paʀdɔ̃ madam/madmwazɛl/məsjø ʒə ʃɛʀʃ yn bɑ̃k/ɛ̃ byʀod ʃɑ̃ʒ]

Eu queria trocar ... dólares por euros.
Je voudrais changer ... des dollars en euros.
[ʒvudʀɛ ʃɑ̃ʒe ... de dɔlaʀ ɑ̃ øʀos]

Eu queria descontar ...
Je voudrais encaisser ... [ʒvudʀɛ ɑ̃kɛse]

... este cheque de viagem/*traveler's check*.
... ce chèque de voyage. [sə ʃɛk də vwajaz]

Qual é o valor máximo que posso retirar?
Quelle est la somme maximale que je peux retirer?
[kɛl‿ɛ la sɔm maksimal kəʒ pø ʀtiʀe]

Está com ..., por favor?
Vous avez ..., s.v.p.? [vuz‿ave ... sil vu plɛ]

seu documento de identidade
votre pièce d'identité [vɔtʀə pjɛs didɑ̃tite]

seu passaporte
votre passeport [vɔtʀə paspɔʀ]

Queira assinar aqui, por favor.
Vous pouvez signer ici, s.v.p.? [vu puve siɲe isi sil vu plɛ]

assinatura	**signature** [siɲatyʀ]
banco	**banque** *(f)* [bɑ̃k]
caixa eletrônico	**distributeur de billets** [distʀibytœʀ də bijɛt]

câmbio	**change** [ʃɑ̃ʒ]
cartão (do cheque)	**carte** *(f)* **(de chèque)** [kaʀt (də ʃɛk)]
cartão de banco	**carte** *(f)* **bancaire** [kaʀt bɑ̃kɛʀ]
cartão de crédito	**carte** *(f)* **de crédit** [kaʀtə də kʀedi]
cartão com *chip*	**carte** *(f)* **à puce** [kaʀta pys]
casa de câmbio	**bureau** *(m)* **de change** [byʀod ʃɑ̃ʒ]
cheque	**chèque** [ʃɛk]
emitir, passar um cheque	**faire un chèque** [fɛʀ ɛ̃ ʃɛk]
cheque de viagem, *traveler's check*	**chèque de voyage** [ʃɛk də vwajaʒ]
conta	**compte** [kɔ̃t]
dinheiro	**argent** [aʀʒɑ̃]
dinheiro trocado	**monnaie** *(f)* [mɔnɛ]
divisas	**devises** [dəviz]
em espécie	**en espèces** [ɑ̃n‿ɛspɛs]
espécies, dinheiro vivo	**espèces** *(f/pl)* [ɛspɛs]
euro	**euro** [øʀo]
franco suíço	**franc suisse** [fʀɑ̃ sɥis]
formulário	**formulaire** [fɔʀmylɛʀ]
moeda	**pièce de monnaie** [pjɛs də mɔnɛ]
moeda corrente	**monnaie** [mɔnɛ]
montante	**montant** [mɔ̃tɑ̃], **somme** *(f)* [sɔm]
nota *(de dinheiro)*, cédula	**billet** *(m)* [bijɛ]
pagamento	**paiement** [pɛmɑ̃]
pagar	**payer** [peje]
recibo	**reçu** [ʀəsy]
senha	**numéro** *(m)* **de code** [nymeʀod kɔd]
taxa de câmbio	**cours** *(m)* **de change** [kuʀ də ʃɑ̃ʒ]
taxa de comissão	**commission** [kɔmisjɔ̃], **frais** *(m/pl)* **bancaires** [fʀɛ bɑ̃kɛʀ]

terminal para pagamento eletrônico	**machine** *(f)* **de paiement** [maʃin də pɛmɑ̃]
transferência	**virement** *(m)* [viʀmɑ̃]
transferência telegráfica	**mandat** *(m)* **télégraphique** [mɑ̃da telegʀafik]
trocar	**changer** [ʃɑ̃ʒe]
vale postal	**mandat** [mɑ̃da]

Filmando e fotografando

➢ **ver também Artigos de fotografia (capítulo Compras)**

O(A) senhor(a) poderia tirar uma foto nossa, por favor?
Vous pourriez faire une photo de nous, s.v.p.?
[vu puʀje fɛʀ yn fɔtod nu sil vu plɛ]

É só apertar este botão.
Vous appuyez sur ce bouton.
[vuz‿apɥie syʀ sə butɔ̃]

Para ajustar a distância/o diafragma é assim.
C'est comme ça qu'on règle la distance/l'ouverture
[sɛ cɔm sa kɔ̃ ʀɛglə la distɑ̃s/luvɛʀtyʀ]

Posso tirar uma foto do(a) senhor(a)/de vocês?
Je pourrais vous prendre en photo? [ʒpuʀɛ vu pʀɑ̃dʀ‿ɑ̃ fɔto]

É muito gentil.
C'est très gentil. [sɛ tʀɛ ʒɑ̃ti]

Assim, teremos uma bela recordação de nossas férias.
Ainsi nous aurons un beau souvenir de nos vacances.
[ɛ̃si nuz‿ɔʀɔ̃ ɛ̃ bo suvniʀ də no vakɑ̃s]

formato horizontal	**format horizontal** [fɔrma ɔrizɔ̃tal]
formato vertical	**format en hauteur** [fɔrma ɑ̃ otœr]

foto(grafia)	**photo** [fɔto]
fotografar	**photographier** [fɔtogʀafje]
instantâneo	**instantané** [ɛ̃stɑ̃tane]
máquina fotográfica	**appareil** *(m)* **photo** [apaʀɛjfɔto]

Achados e perdidos

➢ **ver também Polícia**

Por favor, onde é o balcão de achados e perdidos?
Où est le bureau des objets trouvés, s.v.p.?
[u‿ɛl byʀo dez‿ɔbʒɛ tʀuve sil vu plɛ]

Perdi ...
J'ai perdu ... [ʒɛ pɛʀdy]

Esqueci minha bolsa no trem.
J'ai oublié mon sac à main dans le train.
[ʒɛ ublie mɔ̃ sak‿a mɛ̃ dɑ̃l tʀɛ̃]

Por favor, avise-me se a devolverem/encontrarem.
Avertissez-moi si on le rapporte/retrouve, s.v.p.
[avɛʀtise mwa si ɔ̃l ʀapɔʀt/ʀətʀuv sil vu plɛ]

Aqui está o endereço do meu hotel/da minha casa.
Voici l'adresse de mon hôtel/mon adresse personnelle
[vwasi ladʀɛs də mɔ̃n‿otel/mɔ̃n‿adʀɛs pɛʀsɔnɛl]

Polícia

Por favor, onde fica a delegacia de polícia mais próxima?
Où est le commissariat de police le plus proche, s.v.p.?
[u ɛl kɔmisaʀiad pɔlis lə ply pʀɔʃ sil vu plɛ]

Quero registrar uma ocorrência ...
Je voudrais faire une déclaration ... [ʒvudʀɛ fɛʀ yn deklaʀasjɔ̃]

... de roubo.
... de vol. [dvɔl]

... de agressão/assalto.
... d'agression. [dagʀɛsjɔ̃]

Roubaram ...
On m'a volé ... [ɔ̃ ma vɔle]

minha bolsa.
mon sac à main. [mɔ̃ sak a mɛ̃]

minha carteira.
mon portefeuille. [mɔ̃ pɔʀtəfœj]

minha máquina fotográfica.
mon appareil photo. [mɔ̃n‿apaʀɛj fɔto]

meu carro/minha bicicleta.
ma voiture/mon vélo. [ma vwatyʀ/mɔ̃ velo]

Arrombaram a porta do meu carro.
On a fracturé la porte de ma voiture.
[ɔ̃n‿a fʀaktyʀe la pɔʀtə də ma vwatyʀ]

Roubaram ... de dentro do meu carro.
On a volé ... dans ma voiture. [ɔ̃n‿a vɔle ... dɑ̃ ma vwatyʀ]

Meu filho/Minha filha desapareceu.
Mon fils/Ma fille a disparu. [mɔ̃ fis/ma fij a dispaʀy]

Este homem está me importunando.
Cet homme m'importune. [sɛt ɔm mɛ̃pɔʀtyne]

O(A) senhor(a) poderia me ajudar, por favor?
Vous pouvez m'aider, s.v.p.? [vu puve mede sil vu plɛ]

Seu nome e endereço, por favor.
Votre nom et votre adresse, s.v.p.
[vɔtʀə nɔ̃ e vɔtʀ‿adʀɛs sil vu plɛ]

Por favor, dirija-se ao consulado do Brasil.
Adressez-vous au consulat du Brésil, s.v.p.
[adʀɛse vu o kɔ̃syla dy bʀezil sil vu plɛ]

advogado	**avocat** [avɔka]
agressão, assalto	**agression** *(f)* [agʀɛsjɔ̃]
arrombar	**fracturer** [fʀaktyʀe]
assalto à mão armada	**hold-up** [ɔldœp]
assédio sexual	**harcèlement sexuel** [aʀsɛlmɑ̃ sɛksyɛl]
batedor de carteira	**voleur à la tire** [vɔlœʀ a la tiʀ], **pickpocket** [pikpɔkɛt]
cartão (do cheque)	**carte** *(f)* **(de chèque)** [kaʀt (də ʃɛk)]
cartão de crédito	**carte** *(f)* **de crédit** [kaʀt də kʀedi]
carteira	**portefeuille** *(m)* [pɔʀtəfœj]
carteira de identidade	**carte d'identité** [kaʀt didɑ̃tite]
chave	**clé** [kle]
cheque	**chèque** [ʃɛk]
confiscar	**confisquer** [kɔ̃fiske]
crime	**crime** [kʀim]
culpa	**culpabilité** [kylpabilite]
documento do carro	**carte** *(f)* **grise** [kaʀtə gʀiz]
documentos	**papiers** [papje]
droga	**drogue** [dʀɔg]
espancar	**rouer de coups** [ʀued ku]
estupro	**viol** [vjɔl]
fraude	**fraude** [fʀod]
importunar	**importuner** [ɛ̃pɔʀtyne]
juiz	**juge** [ʒyʒ]

ladrão	**voleur** [vɔlœʀ]
passaporte	**passeport** [paspɔʀ]
perder	**perdre** [pɛʀdʀ]
polícia	**police** [pɔlis]
policial	**agent de police** [aʒɑ̃d pɔlis]
porta-moedas, porta-níqueis	**porte-monnaie** [pɔʀtmɔnɛ]
prender	**arrêter** [aʀɛte]
prisão	**prison** [pʀizɔ̃]
prisão preventiva	**détention préventive** [detɑ̃sjɔ̃ pʀevɑ̃tiv]
rádio do carro, autorrádio	**autoradio** [ɔtoʀadjo]
registrar uma ocorrência	**faire une déclaration** [fɛʀ‿yn deklaʀasjɔ̃]
roubo	**vol** [vɔl]
testemunha	**témoin** *(m)* [temwɛ̃]
tribunal	**tribunal** [tʀibynal]
viatura policial	**voiture de police** [vwatyʀ də pɔlis]

Correio

Onde é ...
Où se trouve ... [u stʀuv]

a agência de correio mais próxima?
le bureau de poste le plus proche? [lə byʀod pɔst lə ply pʀɔʃ]

a caixa de correio mais próxima?
la boîte aux lettres la plus proche?
[la bwat o lətʀə la ply pʀɔʃ]

Quanto custa uma carta/um cartão-postal ...
C'est combien une lettre/une carte postale ...
[sɛ kɔ̃bjɛ̃ yn lɛtʀ/yn kaʀt pɔstal]

para o Brasil?
pour le Brésil? [puʀ lə bʀezil]

Três selos de ..., por favor.
Trois timbres à ..., s.v.p. [tʀa tɑ̃bʀ a ... sil vu plɛ]

Eu queria enviar esta carta ...
Je voudrais envoyer cette lettre ... [ʒvudʀɛ ɑ̃vwaje sɛt lɛtʀ]

por via aérea.
par avion. [paʀ avjɔ̃]

por serviço expresso.
en exprès. [ɑ̃n‿ɛkspʀɛs]

como carta registrada./por postagem registrada.
en recommandé. [ɑ̃ ʀkɔmɑ̃de]

Eu gostaria de retirar ... euros da minha caderneta de poupança.
Je voudrais retirer ... euros de mon livret de caisse d'épargne. [ʒvudʀɛ ʀtiʀe ... øʀo də mɔ̃ livʀɛd kɛs depaʀɲ]

➢ **ver também lista de compras do item Banco**

agência central de correio	**poste centrale** [pɔstə sɑ̃tʀal]
agência de correio	**bureau** *(m)* **de poste** [byʀod pɔst]
aparelho de fax	**télécopieur** [telekɔpjœʀ]
caderneta de poupança	**livret** *(m)* **d'épargne** [livʀɛd depaʀɲ]
caixa de correio	**boîte aux lettres** [bwat‿o lɛtʀ]
carta	**lettre** [lɛtʀ]
carta expressa	**lettre exprès** [lɛtʀ‿ɛkspʀɛs]
carta registrada	**lettre recommandée** [lɛtʀə ʀəkɔmɑ̃de]
cartão-postal	**carte** *(f)* **postale** [kaʀt pɔstal]
código de endereçamento postal	**code postal** [kɔd pɔstal]
coleta	**levée** [ləve]

comprovante de expedição	**bulletin d'expédition** [byltɛ̃ dɛkspedisjɔ̃]
declaração alfandegária	**déclaration en douane** [deklaʀasjɔ̃ ɑ̃ duan]
declaração de valor	**déclaration de valeur** [deklaʀasjɔ̃d valœʀ]
destinatário	**destinataire** [dɛstinatɛʀ]
endereço	**adresse** *(f)* [adʀɛs]
fax	**fax** [faks]
formulário	**formulaire** [fɔʀmylɛʀ]
franquear	**affranchir** [afʀɑ̃ʃiʀ]
máquina automática de venda de selos	**distributeur** *(m)* **de timbres** [distʀibytœʀ də tɛ̃bʀ]
pacote	**paquet** [pakɛ]
pacote-postal	**colis** [kɔli]
peso	**poids** [pwa]
por via aérea	**par avion** [paʀ‿avjɔ̃]
porte	**port** [pɔʀ]
posta-restante	**poste restante** [pɔstə ʀɛstɑ̃t]
preencher	**remplir** [ʀɑ̃pliʀ]
reenviar	**faire suivre** [fɛʀ sɥivʀ]
remetente	**expéditeur** [ɛkspeditœʀ]
selo	**timbre** [tɑ̃bʀ]
selo especial *(para colecionadores)*	**timbre de collection** [tɛ̃bʀə də kɔlɛksjø]
tarifa	**taxe** *(f)* [taks], **tarif** *(m)* [taʀif]
telegrama	**télégramme** [telegʀam]
telex	**télex** [telɛks]

Telefonando

Por favor, senhora/senhorita/senhor, onde é a cabine telefônica mais próxima?
Pardon, Mme, Mlle/M., où est la cabine téléphonique la plus proche? [paʀdɔ̃ madam/madmwazɛl/məsjø u ɛ la kabin telefɔnik la ply pʀɔʃ]

Eu queria um cartão telefônico.
Je voudrais une télécarte. [ʒvudʀɛ yn telekaʀt]

Qual é o código de área de …?
Quel est l'indicatif de …? [kɛl ɛ lɛdikatif də]

Eu queria telefonar para …, por favor.
Je voudrais téléphoner à …, s.v.p. [ʒvudʀɛ telefɔne a … sil vu plɛ]

Eu queria fazer uma ligação/chamada a cobrar.
Je voudrais un numéro en P.C.V. [ʒvudʀɛ ɛ̃ nymeʀo ɑ̃ peseve]

Cabine número …
Cabine numéro … [kabin nymeʀo]

Um telefonema

Alô. Aqui é a senhora/a senhorita/o senhor …
Mme/Mlle/M. … à l'appareil.
[madam/madmwazɛl/məsjø … a lapaʀɛj]

Alô? Quem fala?
Allô? Qui est à l'appareil? [alo ki ɛt‿a lapaʀɛj]

Por favor, eu poderia falar com o senhor/a senhora/ a senhorita …?
Est-ce que je pourrais parler à M./Mme/Mlle …, s.v.p.?
[ɛs‿kəʒ puʀɛ paʀle a məsjø/madam/madmwazɛl … sil vu plɛ]

Sinto muito, ele/ela não está.
Je suis desolé, il/elle n'est pas là. [ʒə sɥi dezɔle il/ɛl nɛ pa la]

O(A) senhor(a) quer deixar recado?
Vous voulez laisser un message? [vu vule lɛse ɛ̃ mɛsaʒ]

Diga-lhe que eu telefonei.
Dites-lui que j'ai téléphoné. [dit lɥi kə ʒɛ telefɔne]

atender ao telefone	**décrocher** [dekʀɔʃe]
cabine telefônica	**cabine téléphonique** [kabin telefɔnik]
cartão telefônico	**télécarte** *(f)* [telekaʀt]
chamada, ligação	**communication** [kɔmynikasjɔ̃], **coup** *(m)* **de téléphone** [ku də telefɔn]
chamada internacional	**appel** *(m)* **pour l'étranger** [apɛl puʀ letʀɑ̃ʒe]
chamada interurbana	**communication interurbaine** [kɔmynikasjɔ̃ ɛ̃tɛʀyʀbɛn]
chamada local	**communication (téléphonique) locale** [kɔmynikasjɔ̃ (telefɔnik) lɔkal]
código de área	**indicatif** [ɛ̃dikatif]
discar (o número)	**composer le numéro** [kɔ̃pɔse lə nymeʀo]
fone	**combiné** [kɔ̃bine]
informações	**renseignements** *(m)* [ʀɑ̃sɛɲəmɑ̃]
ligação/chamada a cobrar	**appel** *(m)* **en P.C.V.** [apɛl ɑ̃ peseve]
ligar, telefonar	**appeler** [aple], **téléphoner** [telefɔne]
lista telefônica	**annuaire** *(m)* [anyɛʀ]
número de telefone	**numéro de téléphone** [nymeʀod telefɔn]

ocupado	**occupé** [ɔkype]
páginas amarelas	**pages jaunes** [paʒ ʒon]
secretária eletrônica	**répondeur** *(m)* **automatique** [ʀepɔ̃dœʀ ɔtɔmatik]
tarifa	**taxe** *(f)* [taks], **tarif** *(m)* [taʀif]
telefone	**téléphone** [telefɔn]
telefone celular	**portable** [pɔʀtabl]
telefone sem fio	**portable** [pɔʀtabl]
telefonema	**communication** *(f)* [kɔmynikasjɔ̃], **entretien** *(m)* **téléphonique** [ɑ̃tʀətjɛ̃ telefɔnik]

Banheiros e sanitários

Por favor, onde ficam os toaletes/os banheiros?
Où sont les toilettes, s.v.p.? [u sɔ̃ le twalɛt sil vu plɛ]

Será que eu poderia usar o banheiro/o toalete?
Je pourrais me permettre d'utiliser vos toilettes?
[ʒpuʀɛm pɛʀmɛtʀ dytilize vo twalɛt]

O(A) senhor(a) pode me dar a chave do banheiro, por favor?
Vous pouvez me donner la clé pour les toilettes, s.v.p.?
[vu puvem dɔne la kle puʀ le twalɛt sil vu plɛ]

absorventes higiênicos	**serviettes** *(f)* **hygiéniques** [sɛʀvjɛt iʒjenik]
cavalheiros/banheiro masculino	**hommes** [ɔm]
descarga	**chasse d'eau** [ʃas do]
limpo	**propre** [pʀɔpʀ]
mictório	**urinoir** [yʀinwaʀ]
papel higiênico	**papier hygiénique** [papje iʒjenik]

pia *(de banheiro)*	**lavabo** *(m)* [lavabo]
toalha de mãos	**serviette de toilette** [sɛʀvjɛt də twalɛt]
sabonete	**savon** [savɔ̃]
senhoras/damas/banheiro feminino	**dames** [dam]
sujo	**sale** [sal]

Dicionário português-francês

A

a caminho en cours de route [ɑ̃ kuʀ də ʀut]
a contragosto à contre-coeur [a kɔ̃tʀəkœʀ]
a curto prazo à court terme [a kuʀ tɛʀm]
à direita à droite [a dʀwat]
à esquerda à gauche [a goʃ]
a esta hora à cette heure-ci [a sɛt‿œʀ si]
a leste de à l'est de [a lɛst də]
à noite la nuit [nɥi], soir [swaʀ]
a oeste de à l'ouest de [a lwɛst də]
à parte à part [a paʀ]
a partir de à partir de [a paʀtiʀ də]
à tarde après-midi [apʀɛmidi]
a tempo à temps [a tɑ̃], à l'heure [a lœʀ]
abacate avocat [avɔka]
abacaxi ananas [anana]
abadia abbaye [abei]
abafado lourd [luʀ]
abaixo en bas [ɑ̃ ba]
abaixo de, por baixo de au-dessous de [odsu (də)]
abelha abeille [abɛj]
aberto(a) ouvert(e) [uvɛʀ(t)]
abertura automática das portas ouverture (*f*) automatique des portes [uvɛʀtyʀ ɔtɔmatik de pɔʀt]
abóbada voûte [vut]
abóbora-menina potiron (*m*) [pɔtiʀɔ̃]
abono bon [bɔ̃]
aborto fausse-couche (*f*) [foskuʃ]
abreviatura abréviation [abʀevjasjɔ̃]
abridor de garrafas ouvre-bouteilles [uvʀəbutɛj]
abridor de latas ouvre-boîtes [uvʀəbwat]
abrigo, refúgio refuge [ʀəfyʒ]
abril avril [avʀil]
abrir ouvrir [uvʀiʀ]
abscesso abcès [absɛ]
absolutamente (*adv de modo*) absolument [apsɔlymɑ̃]

absorventes higiênicos serviettes (*f*) hygiéniques [sɛʀvjɛt iʒjenik]
academia de ginástica centre (*m*) de gymnastique [sɑ̃tʀə də ʒimnastik]
açafrão safran [safʀɑ̃]
acalmar-se se calmer [sə kalme]
acampar camper [kɑ̃pe]
aceitar accepter [aksɛpte]
acelerador accélérateur [akseleʀatœʀ]
acendedor de fogo/de churrasqueira allume-barbecue [alymbaʀbəky]
acender allumer [alyme]
acessibilidade accessibilité [aksɛsibilite]
acesso sem degrau accès sans marche [aksɛ sɑ̃ maʀʃ]
achados e perdidos bureau des objets perdus [byro dez‿ɔbjɛ pɛʀdy]
achar, pensar penser [pɑ̃se]
acidente accident [aksidɑ̃]
acima (de) au-dessus (de) [odsy (də)]
aclimatar-se s'acclimater [saklimate]
acompanhante accompagnateur (*m*), accompagnatrice (*f*) [akɔ̃paɲatœʀ/akɔ̃paɲatʀis]
acompanhar accompagner [akɔ̃paɲe]
acontecer avoir lieu [avwaʀ ljø]
acontecer/sofrer um acidente avoir un accident [avwaʀ ɛ̃n‿aksidɑ̃]
acordado(a), desperto(a) réveillé(e) [ʀevɛje]
acordar se réveiller [sə ʀeveje]
acordar, despertar réveiller [ʀeveje]
açougue boucherie (*f*) [buʃʀi]
acrescentar ajouter [ajute]
açúcar sucre [sykʀə]
adaptado para deficientes aménagé/équipé pour handicapés [amenaʒe/ekipe puʀ ɑ̃dikape]
adaptador adaptateur [adaptatœʀ]
adiante, avante, para a frente en avant [ɑ̃n‿avɑ̃]
adiar, postergar remettre à plus tard [ʀəmɛtʀ‿a ply taʀ], repousser [ʀəpuse]
adicional supplémentaire [syplemɑ̃tɛʀ], en plus [ɑ̃ plys]

administração administration [administʀasjɔ̃], office (*m*) [lɔfis], service (*m*) administratif [sɛʀvis administʀatif]
administração pública administration [administʀasjɔ̃]
admirar-se, espantar-se s'étonner [setɔne]
adoçante em comprimido sucrettes (*f/pl*) [sykʀɛt]
adulto(a) adulte [adylt]
advogado(a) avocat(e) [avɔka(t)]
aerodeslizador hovercraft [ɔvœʀkʀaft], aéroglisseur [aeʀoglisœʀ]
aeromoça, comissária de bordo hôtesse de l'air [otɛs də lɛʀ]
aeroporto aéroport [aeʀɔpɔʀ]
afirmar affirmer [afiʀme]
agência agence [aʒɑ̃s]
agência central de correio poste centrale [pɔst sɑ̃tʀal]
agência de correio bureau (*m*) de poste [byʀod pɔst]
agência de viagens agence de voyages [aʒɑ̃s də vwajaʒ]
agora maintenant [mɛ̃tnɑ̃], à présent [a pʀezɑ̃]
agosto août [u(t)]
agradar plaire [plɛʀ]
agradável agréable [agʀeabl]
agradável, aprazível sympa [sɛ̃pa]
agradecer remercier [ʀəmɛʀsje]
agressão agression [agʀɛsjɔ̃]
água eau [o]
água do radiador eau de refroidissement [od ʀəfʀwadismɑ̃]
água fria eau froide [o fʀwad]
água mineral eau minérale [o mineʀal]
água potável eau potable [o pɔtabl]
água quente eau chaude [o ʃod]
aguaceiro averse (*f*) [avɛʀs]
água-forte (gravure à l') eau-forte [(gʀavyʀ a l‿) ofɔʀt]
agulha aiguille [egɥij]
ainda encore [ɑ̃kɔʀ]
ainda não pas encore [paz‿ɑ̃kɔʀ]
aipo céleri [sɛlʀi]
ajuda aide [ɛd]
ajudar aider [ɛde]
alarme de incêndio avertisseur d'incendie [avɛʀtisœʀ dɛ̃sɑ̃di]
alça de acesso bretelle [bʀətɛl]
alcachofra artichaut (*m*) [aʀtiʃo]

álcool alcool à brûler [akɔl a bʀyle]
aldeia village (*m*) [vilaʒ]
alecrim romarin [ʀɔmaʀɛ̃]
alegrar-se de, com, em se réjouir de [sə ʀeʒwiʀ də]
alegre gai(e) [gɛ]
além disso d'autre part [dotʀə paʀ], en outre [ɑ̃n‿utʀ]
alergia allergie [alɛʀʒi]
alface laitue [lɛty]
alfaiate tailleur [tajœʀ]
alfândega douane [dwan]
alfinete de segurança épingle (*f*) de sûreté [epɛ̃gl də syʀte]
algo quelque chose (*f*) [kɛlkə ʃoz]
algodão coton [kɔtɔ̃]
algodão (hidrófilo) coton hydrophile [kɔtɔ̃ idʀɔfil]
alguém quelqu'un [kɛlkɛ̃]
alguns, algumas quelques [kɛlk(ə)]
alho ail [aj]
alho-poró poireau [pwaʀo]
alimento para bebês nourriture (*f*) pour bébés [nuʀityʀ puʀ bebe]
alimento, comida nourriture (*f*) [nuʀityʀ]
almoço déjeuner [deʒœne]
alpinismo alpinisme [alpinism]
Alsácia Alsace [alzas]
alta temporada pleine saison [plɛn sɛzɔ̃]
altar autel [otɛl]
alta-tensão haute tension [ot tɛ̃sjɔ̃]
altitude hauteur [otœʀ], altitude [altityd]
alto(a) haut(e) [o(t)]
alto-falante haut-parleur [opaʀlœʀ], baffle [bafl]
altura hauteur [otœʀ]
alugar louer [lue]
aluguel loyer [lwaje]
amanhã de manhã/à noite demain matin/soir [dəmɛ̃ matɛ̃/swar]
amar aimer [ɛme]
amarelo jaune [ʒon]
amargo aigre [ɛgʀ]
amargo(a) amer (*m*), amère (*f*) [amɛʀ]
amável aimable [ɛmabl]
ambos, ambas tous les deux [tu le dø], toutes les deux [tut le dø]
ambulância ambulance [ɑ̃bylɑ̃s]
amêijoa palourde [paluʀd]
ameixa prune [pʀyn]
amêndoa amande [amɑ̃d]
amígdala amygdale [amidal]

amigdalite inflammation des amygdales [ɛ̃flamasjɔ̃ dez‿amidal]
amigo(a) ami(e) [ami]/copain (*m*) [kɔpɛ̃], copine (*f*) [kɔpin]
amor amour [amuʀ]
amora mûre [myʀ]
amplo large [laʀʒ]
andador déambulateur [deɑ̃bylatœʀ]
andar (*pavimento de edificação*) étage [etaʒ], (*verbo*) marcher [maʀʃe]
andar a cavalo, cavalgar faire du cheval [fɛʀ dy ʃval]
andar de bicicleta faire du vélo [fɛʀ dy velo]
andar de caiaque faire du kayak [fɛʀ dy kajak]
anel bague (*f*) [bag]
anel magnético la boucle magnétique [buklə maɲetik]
anel viário rocade (*f*) [ʀɔkad]
anestesia anesthésie [anɛstezi]
anfiteatro amphithéâtre [ɑ̃fiteatʀ]
anfitrião, anfitriã hôte [ot], hôtesse [otɛs]
angina angine [ɑ̃ʒin]
animal animal [animal]
animal doméstico animal domestique [animal dɔmɛstik]
aniversário anniversaire [anivɛʀsɛʀ]
ano année (*f*) [ane], an [ɑ̃]
Ano Novo Nouvel An [nuvɛl‿ɑ̃]
anoraque anorak [anɔʀak]
anotar noter [nɔte]
antecipadamente, de antemão par avance [paʀ‿avɑ̃s]
anteontem avant-hier [avɑ̃t‿jɛʀ]
antes (de) avant [avɑ̃]
antes das refeições avant les repas [avɑ̃ le ʀpa]
antibiótico antibiotique [ɑ̃tibjɔtik]
anticoncepcional, contraceptivo contraceptif [kɔ̃tʀasɛptif]
anticongelante antigel [ɑ̃tiʒɛl]
antigo (*estilo*) antique [ɑ̃tik]
antigo(a) ancien (*m*) [ɑ̃sjɛ̃], ancienne (*f*) [ɑ̃sjɛn]
antiquário, loja de antiguidades magasin (*m*) d'antiquités [magazɛ̃ dɑ̃tikite]
antisséptico antiseptique [ɑ̃tisɛptik]
anual annuel(le) [anyɛl]
anunciar annoncer [anɔ̃se]
anúncio annonce [anɔ̃s]
anzol hameçon [amsɔ̃]

ao meio-dia à midi [a midi]
ao mesmo tempo en même temps [ɑ̃ mɛm tɑ̃]
ao norte de au nord de [o nɔʀ də]
ao ponto à point [a pwɛ̃]
ao sul de au sud de [o syd də]
apanhar, pegar attraper [atʀape]
aparelho de fax télécopieur [telekɔpjœʀ]
aparelho de vídeo vídeo [video]
apartamento appartement [apaʀtəmɑ̃]
apenas, somente seulement [sœlmɑ̃]
apendicite appendicite [apɛ̃disit]
apertado(a) étroit(e) [etʀwa(t)]
apesar de malgré [malgʀe]
apesar de, embora bien que [bjɛ̃ kə]
apetite appétit [apeti]
aplauso applaudissement [aplodismɑ̃]
apogeu apogée [apɔʒe]
aprender aprendre [apʀɑ̃dʀ]
apresentação présentation [pʀezɑ̃tasjɔ̃]; (*de teatro*) représentation [ʀəpʀezɑ̃tasjɔ̃]
apresentar faire connaître [fɛʀ kɔnɛtʀ], présenter [pʀezɑ̃te]
apressado(a) pressé(e) [pʀɛse]
apressar-se se depêcher [sə depeʃe]
aproximadamente à peu près [a pø pʀɛ]
aquarela aquarelle [akwaʀɛl]
aquecedor de mamadeira chauffe-biberon [ʃofbibʀɔ̃]
aquecimento chauffage [ʃofaʒ]
aquecimento central chauffage central [ʃofaʒ sɑ̃tʀal]
aquele(s), aquela(s) celui-là (*m/sing*) [səlɥila], ceux-là [søla] (*m/pl*), celle(s)-là [sɛlla]
aqui ici [isi]
ar air [lɛʀ]
arame fil de fer [fil də fɛʀ]
arbusto buisson [bɥisɔ̃]
arco arc [aʀk]
ar-condicionado air conditionné [ɛʀ kɔ̃disjɔne]
(área de) *camping* (terrain (*m*) de) camping [(tɛʀɛ̃ də) kɑ̃piŋ]
área de descanso aire de repos [ɛʀ də ʀəpo]
área de entrega de bagagens arrivée des bagagges [aʀive de bagaʒ]
área de pedestres zone piétonne [zɔn pjetɔn]

arena arène [aʀɛn]
arenque hareng [aʀɑ̃]
armário armoire (*f*) [aʀmwaʀ]
arqueologia archéologie [aʀkeɔlɔʒi]
arquiteto(a) architecte [aʀʃitɛkt]
arquitetura architecture [aʀʃitɛktyʀ]
arredores environs [ɑ̃viʀɔ]
arrombar fracturer [fʀaktyʀe]
arroz riz [ʀi]
arrumadeira, camareira femme de chambre [fam də ʃɑ̃bʀ]
art nouveau Art (*m*) nouveau [ar nuvo]
arte art (*m*) [aʀ]
artes decorativas arts (*m*) décoratifs [aʀ dekɔʀatif]
artes gráficas art (*m/sing*) graphique [aʀ gʀafik]
articulação articulation [aʀtikylasjɔ̃]
artigos de couro (articles de) maroquinerie [(aʀtikl də) maʀokinʀi]
artigos de higiene articles d'hygiène [artikl diʒjɛn]
artigos de papelaria articles de papeterie [aʀtikl də papɛtʀi]
árvore arbre [aʀbʀ]
às margens do Sena sur les bords de la Seine [syʀ le bɔʀ də la sɛn]
às vezes quelquefois [kɛlkəfwa]
asa aile [ɛl]
asa-delta deltaplane (*m*) [dɛltaplan]
asma asthme (*m*) [asm]
aspargo asperge (*f*) [aspɛʀʒ]
aspirina® aspirine [aspiʀin]
assado rôti [ʀoti]
assalto agression (*f*) [agʀɛsjɔ̃]
assalto à mão armada hold-up [ɔldœp]
assédio sexual harcèlement sexuel [aʀsɛlmɑ̃ sɛksyɛl]
assento siège [sjɛʒ]
assento *booster* réhausseur [ʀeosœʀ]
assento da janela coin-fenêtre [kwɛ̃ fənɛtʀ]
assento-leito couchette (*f*) [kuʃɛt]
assim que possível dès que possible [dɛ kə pɔsibl]
assinar signer [siɲe]
assinatura signature [siɲatyʀ]
associação association [asɔsjasjɔ̃]
associação de deficientes association d'handicapés [asɔsjasjɔ̃ də ɑ̃dikape]

assustar effrayer [efʀeje]
atalho raccourci [ʀakuʀsi]
ataque attaque (*f*) [atak]
ataque cardíaco crise (*f*) cardiaque [kʀiz kaʀdjak]
até jusqu'à [ʒyska]; **até agora** jusqu'à maintenant [ʒyska mɛ̃tnɑ̃]
atenção attention [atɑ̃sjɔ̃]
atender ao telefone décrocher [dekʀɔʃe]
aterrissagem atterrissage (*m*) [ateʀisaʒ]
atestado attestation (*f*) [atɛstasjɔ̃], certificat [sɛʀtifika]
atestar attester [atɛste]
Atlântico Atlantique [atlɑ̃tik]
atletismo athlétisme [atletism]
ato acte [akt]
ator, atriz acteur (*m*) [aktœʀ], actrice (*f*) [aktʀis]/comédien (*m*) [kɔmedjɛ̃], comédienne (*f*) [kɔmedjɛn]
ator, atriz de cinema acteur, actrice de cinéma [aktœʀ/aktʀis də sinema]
atrações turísticas curiosités [kyʀjosite]
atrás à l'arrière [a laʀiɛʀ]
atrás de derrière [dɛʀjɛʀ]
atraso retard [ʀətaʀ]
através de à travers [a tʀavɛʀ]
atum thon [tɔ̃]
aula cours [kuʀ]
aulas de esqui cours (*m/sing*)/leçons de ski [kuʀ/ləsɔ̃ də ski]
ausente parti(e) [paʀti]
autêntico(a) authentique [otɑ̃tik]
automático(a) automatique [otomatik]
automóvel voiture (*f*) [vwatyʀ]
avaria panne [pan]
avariado(a) cassé(e) [kase], en panne [ɑ̃ pan]
avó grand-mère [gʀɑ̃mɛʀ]
avô grand-père [gʀɑ̃pɛʀ]
azar, infelicidade, infortúnio malheur (*m*) [malœʀ]
azedo aigre [ɛgʀ]
azeite huile (*f*) d'olive [ɥil dɔliv]
azeitona olive [ɔliv]
azia aigreurs (*pl*) d'estomac [ɛgʀœʀ dɛstɔma]
azul bleu [blø]

B

babá eletrônica interphone (*m*) [ɛ̃tɛʀfɔn]

baby-sitter baby-sitter [bebisitɛʀ]
badminton badminton [badmintɔn]
bagagem bagages (*m/pl*) [bagaʒ]
baía baie [bɛ]
bailarino(a)/dançarino(a) danseur (*m*) [dɑ̃sœʀ], danseuse (*f*) [dɑ̃søz]
baile bal [bal]
bairro quartier [kaʀtje]
baixa temporada arrière-saison [aʀjɛʀsɛzɔ̃]
baixo(a) bas(se) [ba(s)]
baixo-ventre bas-ventre [bavɑ̃tʀ]
bala bonbon (*m*) [bɔ̃bɔ̃]
balança para pesar bebês pèse-bébés (*m*) [pɛz bebe]
balão, aeróstato montgolfière (*f*) [mɔ̃gɔlfjɛʀ]
balé ballet [balɛ]
balneário station (*f*) balneaire [stasjɔ̃ balneɛʀ]
balsa bac (*m*) [bak]
banana banane [banan]
banco (*assento*) banc [bɑ̃], (*instituição financeira*) banque (*f*) [bɑ̃k]
bangalô bungalow [bɛ̃galo]
banheira baignoire [bɛɲwaʀ]
banheiro salle (*f*) de bains [sal də bɛ̃]
banheiros toilettes (*f*) [twalɛt]
barato(a) bon marché [bɔ̃ maʀʃe]
barba barbe [baʀb]
barbante ficelle (*f*) [fisɛl]
barbeador rasoir [ʀazwaʀ]
barco a remo barque (*f*), canot à rames [baʀk lə kano (a ʀam)]
barco a vela, veleiro bateau à voiles [bato a vwal]
barra de apoio poignée [pwaɲe]
barra de chocolate barre de chocolat [baʀ də ʃɔkɔla]
barra de gelo pain (*m*) de glace [pɛ̃d glas]
barraca tente [tɑ̃t]
barriga ventre (*m*) [vɑ̃tʀ]
barroco baroque [baʀɔk]
barulhento(a), ruidoso(a) bruyant(e) [bʀɥijɑ̃(t)]
barulho bruit [bʀɥi]
basquetebol basket-ball [baskɛtbol]
bastante assez [ase]
bastão bâton [batɔ̃]
bastões de esqui bâtons [batɔ̃]
batata pomme de terre [pɔm də tɛʀ]

batedor convoyage (*m*) [kɔ̃vwajaʒ]
batedor de carteira voleur à la tire [vɔlœʀ a la tiʀ], pickpocket [pikpɔkɛt]
batida (*de carro*) choc (*m*) [ʃɔk], collision [kɔlizjɔ̃]
batom rouge à lèvres [ʀuʒ a lɛvʀ]
bêbado(a)/embriagado(a) soûl(e) [su(l)], ivre [ivʀə]
bebê bébé [bebe]
beber boire [bwaʀ]
bebida boisson [bwasɔ̃], consommation [kɔ̃sɔmasjɔ̃]
bege beige [bɛʒ]
beijar embrasser [ɑ̃bʀase]
beijo baiser [bɛze]
belga Belge [bɛlʒ]
Bélgica Belgique [bɛlʒik]
beliche lit à étage [li a etaʒ]
belo(a), bonito(a) beau (*m*) [bo], bel (*m, diante de vogal*) [bɛl], belle (*f*) [bɛl]
bem bien [bjɛ̃]
bem passado bien cuit [bjɛ̃ kɥi]
bem-vindo(a) bienvenu(e) [bjɛ̃vəny]
bengala branca (*bengala de cegos*) canne d'aveugle [kan davœglə]
berçário garderie (*f*) [gaʀdəʀi]
berço lit d'enfant [li dɑ̃fɑ̃]
berinjela aubergine [obɛʀʒin]
bexiga (*órgão*) vessie [vesi]
bicicleta vélo (*m*) [velo], byciclette [bisiklɛt]
bicicleta de corrida vélo (*m*) de course [velod kuʀs]
bico de mamadeira tétine [tetin]
bigode moustache (*f*) [mustaʃ]
bijuteria bijou (*m*) fantaisie [biʒu fɑ̃tɛzi]
bilhete, passagem billet (*m*) [bijɛ]
bilheteria caisse [kɛs]
biquíni bikini [bikini], guichet (*m*) [giʃɛ]
biscoito biscuit [biskɥi]
bistrô, barzinho bistrot [bistʀo]
bizantino byzantin [bizɑ̃tɛ]
blazer blazer [blazɛʀ]
bloco bloc [blok]
blues blues [bluz]
boate, casa noturna boîte de nuit [bwat də nɥi]
bobe, bigudi bigoudi [bigudi]
boca bouche [buʃ]
bocha, petanca jeu (*m*) de boules [ʒød bul], pétanque [petɑ̃k]

body body [bɔdi]
boia bouée [bue]
boia salva-vidas bouée de sauvetage [bued sovtaʒ]
boias de braço bracelets (*m*) [bʀaslɛ]
bola (*grande*) ballon (*m*) [balɔ̃], (*pequena*) balle [bal]
boletim meteorológico bulletin météo(rologique), météo (*f*) [byltɛ̃ meteɔ(ʀɔlɔʒik), la meteo]
boliche bowling [buliŋ]
bolo gâteau [gato]
bolsa com alça sacoche [sakɔʃ]
bolsa de mão sac (*m*) à main [sak‿a mɛ̃]
bolsa de viagem sac (*m*) de voyage [sak də vwajaʒ]
bolso poche (*f*) [pɔʃ]
bom, boa bon [bɔ̃], bonne [bɔn]
bomba de ar pompe [pɔ̃p]
bomba de gasolina pompe à essence [pɔ̃p‿a ɛsɑ̃s]
bombeiros pompiers [pɔ̃pje]
bonde tram [tʀam]
boné casquette (*f*) [kaskɛt]
bonito(a) joli(e) [ʒɔli]
bordado broderie (*f*) [bʀɔdʀi]
botas bottes [bɔt]
botas de borracha bottes en caoutchouc [bɔt ɑ̃ kautʃu]
botas de esqui chaussures de ski [ʃosyʀ də ski]
bote inflável canot pneumatique [kano pnømatik]
bote salva-vidas canot de sauvetage [kanod sovtaʒ]
braile braille [bʀaj]
branco blanc [blɑ̃]
Brasil Brésil [bʀezil]
brasileiro(a) brésilien (*m*) [bʀeziljɛ̃], brésilienne (*f*) [bʀeziljɛn]
bravo(a), irritado(a), zangado(a) en colère [ɑ̃ kɔlɛʀ]
brechó, bricabraque brocanteur [bʀɔkɑ̃tœʀ]
brejo lande (*f*) [lɑ̃d]
brincadeira, graça, troça plaisanterie [plɛzɑ̃tʀi]
brinco boucle (*f*) d'oreille [bukl̥ə dɔʀɛj]
brinquedo jouet [ʒuɛ]
broche broche (*f*) [bʀɔʃ]
brônquios bronches (*f*) [bʀɔ̃ʃ]
bronquite bronchite [bʀɔ̃ʃit]
bronze bronze [bʀɔ̃z]
bronzeado(a) bronzé(e) [bʀɔ̃ze]
bufê traiteur [tʀɛtœʀ]

bufê (de café da manhã) buffet (de petit déjeuner) [byfɛ (də pti deʒœne)]
bufê de saladas buffet de salades [byfɛd salad]
bujão de gás bouteille (*f*) de gaz [butɛj də gaz]
bungee-jump saut à l'élastique [so a lelastik]
buquê bouquet [bukɛ]
buraco trou [tʀu]
buscar chercher [ʃɛʀʃe]
bússola boussole [busol]
buzina klaxon (*m*) [klaksɔn]
by-pass by-pass [baipas]

C

cabaré cabaret [kabaʀɛ]
cabeça tête [tɛt]
cabeleireiro(a) coiffeur (*m*) [kwaføʀ], coiffeuse (*f*) [kwafœz]
cabelo cheveux (*pl*) [ʃvø]
cabelos secos cheveux secs [ʃøvø sɛk]
cabide cintre [sɛ̃tʀ]
cabine cabine [kabin]
cabine adaptada para deficientes (*navio*) cabiné équipée pour handicapés [kabin ekipe puʀ ɑ̃dikape]
cabine telefônica cabine téléphonique [kabin telefɔnik]
cabo de reboque câble de remorquage [kablə də ʀəmɔʀkaʒ]
cabo do motor de arranque câble de démarrage [kablə də demaʀaʒ]
cachorro chien [ʃjɛ̃]
cachos boucles (*f*) [bukl]
cada chaque [ʃak]
cada um(a) chacun (*m*) [ʃakɛ̃], chacune (*f*) [ʃakyn]
cadarço lacet [lasɛ]
cadeira chaise [ʃɛz]
cadeira de banho douche assise [duʃ asiz]
cadeira de rodas fauteuil (*m*) roulant [fotœj ʀulɑ̃]
cadeira de rodas dobrável fauteuil (*m*) roulant pliant [fotœj ʀulɑ̃ pliɑ̃]
cadeira de rodas motorizada fauteuil (*m*) roulant électrique [fotœj ʀulɑ̃ elɛktʀik]
cadeira de segurança infantil para automóveis siège-enfants (*m*) [sjɛʒɑ̃fɑ̃]
cadeira de transporte chaise de transport [ʃɛz də tʀɑ̃spɔʀ]

caderneta de poupança livret (*m*) d'épargne [livʀɛd depaʀɲ]
café café [kafe]
café da manhã petit déjeuner [pti deʒœne]
café-teatro café-théâtre [kafeteatʀ]
cafeteira machine à café [maʃin a kafe]
caiaque kayak [kajak]
cãibra crampe [kʀɑ̃p]
cair tomber [tɔ̃be]
cais quai [kɛ]
caixa caisse [kɛs]
caixa de câmbio boîte de vitesses [bwat də vitɛs]
caixa de correio, caixa de correspondência boîte aux lettres [bwat‿o lɛtʀ]
caixa de música boîte à musique [bwata mysik]
caixa eletrônico distributeur de billets [distʀibytœʀ də bijɛt]
calafrio frisson [fʀisɔ̃]
calça pantalon (*m*) [pɑ̃talɔ̃]
calça de esqui pantalon (*m*) de ski [pɑ̃talɔ̃ də ski]
calça de *jogging* pantalon (*m*) de jogging [pɑ̃talɔ̃ də ʒɔgiŋ]
(calça) *jeans* jean [dʒin]
calça *legging* caleçon (*m*) [kalsɔ̃]
calçados de plástico (para praia e piscina) chaussures (*f*) en plastique (pour la baignade) [ʃosyʀ ɑ̃ plastik (puʀ la bɛɲad)]
calçados de praia chaussures (*f*) de plage [ʃosyʀ də plaʒ]
calção de banho maillot de bain [majod bɛ̃]
calcinha slip (*m*) [slip]
calculadora calculatrice [kalkylatʀis]
calcular calculer [kalkyle]
cálculo renal calcul rénal [kalkyl ʀenal]
calma calme (*m*) [kalm]
calmaria accalmie [akalmi]
calmo(a) calme [kalm]
calor chaleur (*f*) [ʃalœʀ]
cama lit (*m*) [li]; **ir para a cama** aller se coucher [ales kuʃe]
camada de gelo verglas (*m*) [vɛʀgla]
câmara de ar chambre à air [ʃɑ̃bʀ‿a ɛʀ]
camarão crevette (*f*) [kʀəvɛt]
camarote loge (*f*) [lɔʒ]
câmbio change [ʃɑ̃ʒ]
câmbio automático boîte (*f*) automatique [bwat ɔtɔmatik]

camcorder caméscope [kameskɔp]
câmera submersível caméra sous-marine [kamera sumaʀin]
caminhada (de um dia) randonnée (pour la journée) [ʀɑ̃dɔne (puʀ la ʒuʀne)]
caminhão camion [kamjɔ̃]
caminho chemin [ʃmɛ̃]
camisa chemise [ʃmiz]
camisa feminina chemisiser (*m*) [ʃmizje]
camiseta t(ee)-shirt (*m*) [tiʃœʀt]
camiseta sem manga (*para usar por baixo da roupa*) maillot (*m*) de corps [majod kɔʀ]
campainha sonnette [sɔnɛt]
campanário clocher [klɔʃe]
camping camping [kɑ̃piŋ]
campo champ [ʃɑ̃]
campo de esportes terrain de sport [tɛʀɛ̃ də spɔʀ]
campo de futebol terrain de football [tɛʀɛ̃d futbol]
canal canal [kanal], (*de televisão*) chaîne (*f*) [ʃɛn]
canal da Mancha Manche (*f*) [mɑ̃ʃ]
canção chanson [ʃɑ̃sɔ̃]
cancelar (*reserva de quarto*) décommander [dekɔmɑ̃de]; (*passagem*) annuler [anyle]
câncer cancer [kɑ̃sɛʀ]
caneta esferográfica stylo (*m*) à bille [stilo a bij]
canivete couteau de poche [kutod pɔʃ]
canoa canoë [kanɔe]
cansado(a) fatigué(e) [fatige]
cansativo(a) fatigant(e) [fatigɑ̃(t)]
cantar chanter [ʃɑ̃te]
cantil bidon d'eau [bidɔ̃ do], gourde (*f*) [guʀd]
canto de cozinha coin-cuisine [kwɛ̃kɥizin]
cantor(a) chanteur (*m*) [ʃɑ̃tœʀ], chanteuse (*f*) [ʃɑ̃tøz]
canudo, canudinho paille (*f*) [paj]
cão-guia chien d'aveugle [ʃjɛ̃ davœglə]
capa de chuva imperméable [ɛ̃pɛʀmeabl]
capacete (de motocicleta) casque de moto [kaskə də mɔto]
capacete de proteção, capacete para ciclismo casque de protection [kask də pʀɔteksjɔ̃]

capela chapelle [ʃapɛl]
capital capitale [kapital]
capitão capitaine [kapitɛn]
capô capot [kapo]
caranguejo crabe [kʀab]
cardápio carte (*f*) [kaʀt], menu [məny]
carnaval carnaval [kaʀnaval]
carne viande [vjɑ̃d]
carnê de passagens/de bilhetes carnet de tickets [kaʀnɛd tikɛ]
carne de porco porc (*m*) [pɔʀ]
carne de vaca boeuf (*m*) [bœf]
carneiro mouton [mutɔ̃]
caro(a) cher (*m*) [ʃɛʀ], chère (*f*) [ʃɛʀ]
carregador rechargeur [ʀəʃaʀʒœʀ]
carrinho de bagagens chariot [ʃaʀjo]
carro voiture (*f*) [vwatyʀ]
carta lettre [lɛtʀ]
carta expressa lettre exprès [lɛtʀ‿ɛkspʀɛs]
carta registrada lettre recommandée [lɛtʀə ʀəkɔmɑ̃de]
cartão com *chip* carte (*f*) à puce [kaʀta pys]
cartão de banco carte (*f*) bancaire [kaʀt bɑ̃kɛʀ]
cartão de crédito carte (*f*) de crédit [kaʀt də kʀedi]
cartão de deficiente carte (*f*) d'invalidité [kaʀt dɛ̃validite]
cartão de embarque carte (*f*) d'embarquement [kaʀtə dɑ̃baʀkəmɑ̃]
cartão de seguro do carro carte (*f*) verte [kaʀtə vɛʀt]
cartão telefônico télécarte (*f*) [telekaʀt]
cartão-postal carte (*f*) postale [kaʀt pɔstal]
cartaz affiche (*f*) [afiʃ]
carteira portefeuille (*m*) [pɔʀtəfœj]
carteira de habilitação náutica permis-bateau (*m*) [pɛʀmi bato]
carteira de identidade carte d'identité [kaʀt didɑ̃tite]
carteira de motorista permis (*m*) de conduire [pɛʀmid kɔ̃dɥiʀ]
carteira de vacinação carnet (*m*) de vaccination [kaʀnɛd vaksinasjɔ̃]
cartucho de gás cartouche (*f*) de gaz [kaʀtuʃ də gaz]
carvão vegetal charbon de bois [ʃaʀbɔ̃d bwa]
casa maison [mɛzɔ̃]

casa de câmbio bureau (*m*) de change [byrod ʃɑ̃ʒ]
casa de campo maison de campagne [mɛzɔ̃d kɑ̃paɲ]
casa de campo villa [vila]
casa de férias maison de vacances [mɛzɔ̃d vakɑ̃s]
casa-barco péniche [peniʃ]
casaco veste (*f*) [vɛst]
casaco de lã veste (*f*) de laine [vɛstə də lɛn]
casado(a) marié(e) [maʀje]
casal couple [kupl]
casamento mariage [maʀjaʒ]
casar-se se marier [sə maʀje]
cascalho gravillon [gʀavijɔ̃]
cascata cascade [kaskad]
caseiro (fait) maison [(fɛ) mɛzɔ̃]
caspa pellicules (*pl*) [pelikyl]
cassino casino [kazino]
castelo château [ʃato]
castelo de areia château de sable [ʃato də sablə]
catapora varicelle [vaʀisɛl]
catchup ketchup [kɛtʃəp]
catedral cathédrale [katedʀal]
caução caution [kosjɔ̃]
causar causer [koze]
cavala maquereau (*m*) [makʀo]
cavalo cheval [ʃval]
caverna caverne [kavɛʀn]
caxumba oreillons (*m/pl*) [ɔʀɛjɔ̃]
CD, *compact disc* CD [cede]
cebola oignon (*m*) [ɔɲɔ̃]
cedo tôt [to]
cego(a) aveugle [avœglə], non-voyant(e) [nɔ̃vwajɑ̃(t)]
cemitério cimetière [simtjɛʀ]
cenoura carotte [kaʀɔt]
centímetro centimètre [sɑ̃timɛtʀ]
central central(e) [sɑ̃tʀal]
centro centre [sɑ̃tʀ]
centro da cidade centre-ville [sɑ̃tʀə vil]
centro de tratamento centre de soins [sɑ̃tʀə də swɛ̃]
centro histórico vieille ville [vjɛj vil]
centro social de assistência centre social de soins [sɑ̃tʀə sɔsjal də swɛ̃]
cerâmica poterie [pɔtʀi]
cerca de environ [ɑ̃viʀɔ̃]
cérebro cerveau [sɛʀvo]
cereja cerise [sʀiz]
certamente, com certeza sûrement [syʀmɑ̃]
certificado attestation (*f*) [atɛstasjɔ̃], certificat [sɛʀtifika]
certo(a) (*pron indef*) certain (*m*) [sɛʀtɛ̃], certaine (*f*) [sɛʀtɛn]

cerveja bière [bjɛʀ]
cerveja sem álcool bière sans alcool [bjɛʀ sɑ̃z‿alkɔl]
cesto panier [paɲe]
céu ciel [sjɛl]
chá thé [te]
chá de camomila infusion (*f*) de camomille [ɛ̃fyzjɔ̃ də kamɔmij]
chalé chalet [ʃalɛ]
chamada internacional appel (*m*) pour l'étranger [apɛl puʀ letʀɑ̃ʒe]
chamada interurbana communication interurbaine [kɔmynikasjɔ̃ ɛ̃tɛʀyʀbɛn]
chamada local communication (téléphonique) locale [kɔmynikasjɔ̃ (telefɔnik) lɔkal]
chamada, ligação, telefonema communication (*f*) [kɔmynikasjɔ̃], coup (*m*) de téléphone [ku də telefɔn]
chamada/ligação a cobrar appel (*m*) en P.C.V. [apɛl ɑ̃ peseve]
chamar aller chercher [ale ʃɛʀʃe]
chamar-se s'appeler [sapəle]
champanhe champagne [ʃɑ̃paɲ]
chansonnier chansonnier [ʃɑ̃sɔnje]
chão sol [sɔl], plancher [plɑ̃ʃe]
chapéu chapeau [ʃapo]
chapéu de sol chapeu de soleil [ʃapod sɔlɛj]
charcutaria charcuterie [ʃaʀkytʀi]
charuto cigare [sigaʀ]
chave clé [kle]
chave de ignição clé de contact [kled kɔ̃takt]
chegada arrivée [aʀive]
chegar arriver [aʀive]
cheio(a) plein (*m*) [plɛ̃], pleine (*f*) [plɛn]
cheirar (a) sentir [sɑ̃tiʀ]
cheirar mal sentir mauvais [sɑ̃tiʀ movɛ]
cheiro odeur (*f*) [odœʀ]
cheque de viagem, *traveler's check* chèque de voyage [ʃɛk də vwajaʒ]
chiclete chewing-gum [ʃwiŋgɔm]
chocolate chocolat [ʃɔkɔla]
chope (bière) pression (*f*) [(bjɛʀ) pʀɛsjɔ̃]
chorar pleurer [plœʀe]
chupeta sucette [sysɛt], tétine [tetin]
chuva pluie [plɥi]

chuveiro douche (*f*) [duʃ]
chuvoso pluvieux [plyvjø]
ciática sciatique [sjatik]
cicatriz cicatrice [sikatʀis]
ciclismo cyclisme [siklism]
ciclovia piste cyclable [pistə siklabl]
cidadão da União Europeia citoyen européen [sitwajɛ̃ øʀopeɛ̃]
cidade ville [vil]
cigarilha cigarillo (*m*) [sigaʀijo]
cigarro cigarette (*f*) [sigaʀɛt]
cilindro de oxigênio bouteille (*f*) d'oxygène [butɛj dɔksiʒɛn]
cinema cinéma [sinema]
cinema ao ar livre, a céu aberto cinéma en plein air [sinema ɑ̃ plɛn‿ɛʀ]
cinto ceinture (*f*) [sɛ̃tyʀ]
cinto abdominal para motociclista ceinture (*f*) de moto [sɛ̃tyʀ də mɔtɔ]
cinto de segurança ceinture (*f*) de sécurité [sɛ̃tyʀ də sekyʀite]
cinza gris [gʀi]
cinzeiro cendrier [sɑ̃dʀije]
circo cirque [siʀk]
circuito, *tour* circuit [siʀkɥi]
cirurgião, cirurgiã chirurgien [ʃiʀyʀʒjɛ̃]
claro(a) clair(e) [klɛʀ]
classe classe [klas]
classicismo classicisme [klasisism]
clássico (*filme*) classique [klasik]
claustro cloître [klwatʀ]
clavícula clavicule [klavikyl]
cliente client(e) [klijɑ̃(t)]
clima climat [klima]
***club house*, sede** chalet (*m*) [ʃalɛ], club-house (*m*) [klœbaus]
clube de golfe club de golf [clœb də gɔlf]
cobertor couverture (*f*) [kuvɛʀtyʀ]
cobertor de lã couverture (*f*) de laine [kuvɛʀtyʀ də lɛn]
cobra serpent (*m*) [sɛʀpɑ̃]
coçar gratter [gʀate]
coco noix (*f*) de coco [nwad koko]
código code [kɔd]
código de área (*de telefone*) indicatif [ɛ̃dikatif]
código de endereçamento postal code postal [kɔd pɔstal]
coelho lapin [lapɛ̃]
cofre coffre-fort [kɔfʀəfɔʀ]
coisa chose [ʃoz]
colar collier [kɔlje]
colchão matelas [matla]

colchão de ar matelas pneumatique [matla pnømatik]
colecionar collectionner [kɔlɛksjɔne]
colega collègue [kɔlɛg], confrère (*m*) [kɔ̃fʀɛʀ]
cólera choléra (*m*) [kɔleʀa]
coleta levée [ləve]
colete gilet [ʒilɛ]
colete salva-vidas gilet de sauvetage [ʒilɛd sovtaʒ]
colher cuillère [kɥijɛʀ]
colher de café cuillère à café [kɥijɛʀ a kafe]
cólica colique [kɔlik]
colina colline [kɔlin]
colírio collyre [kɔliʀ]
colmeia ruche [ʀyʃ]
colocar mettre [mɛtʀ]
colorido(a) multicolore [myltikɔlɔʀ]
coluna colonne [kɔlɔn]
coluna vertebral colonne vertébrale [kɔlɔn vɛʀtebʀal]
com avec [avɛk]
com frequência fréquemment [fʀekamɑ̃], souvent [suvɑ̃]
com prazer volontiers [vɔlɔ̃tje]
comandos manuais commandes (*f*) manulles [kɔmɑ̃d manyɛl]
combinar convenir de [kɔ̃vəniʀ də]
começar commencer [kɔmɑ̃se]
começo début, commencement [deby/kɔmɑ̃smɑ̃]
comédia comédie [kɔmedi]
comestível comestible [kɔmɛstiblə]
comida repas (*m*) [ʀəpa]
comida dietética cuisine diététique [kɥizin djetetik]
cominho cumin [kymɛ̃]
comissário de bordo steward [stiwaʀt]
como (*interrogativo*) comment [kɔmɑ̃]; (*comparativo*) comme [kɔm], (*conj*) comme [kɔm]
comoção cerebral commotion cérébrale [kɔmɔsjɔ̃ seʀebʀal]
cômodo (*divisão da casa*) pièce (*f*) [pjɛs]
companhia aérea compagnie aérienne [kɔ̃paɲi aeʀjɛn]
compartimento compartiment [kɔ̃paʀtimɑ̃]
compartimento de fumantes compartiment (*m*) fumeurs [kɔ̃paʀtimɑ̃ fymœʀ]
compartimento de não fumantes compartiment (*m*) non-fumeurs [kɔ̃paʀtimɑ̃ nɔ̃ fymœʀ]

compatriota compatriote [kɔ̃patʀijɔt]
compensação, indenização compensation [kɔ̃pɑ̃sasjɔ̃]
competente compétent(e) [kɔ̃petɑ̃(t)]
competição compétition [kɔ̃petisjɔ̃]
completamente complètement [kɔ̃plɛtmɑ̃]
completo(a) entier (*m*) [ɑ̃tje], entière (*f*) [ɑ̃tjɛʀ]/complet (*m*) [kɔ̃plɛ], complète (*f*) [kɔ̃plɛt]
compor-se de se composer de [sə kɔ̃poze də]
compositor(a) compositeur (*m e f*) [kɔ̃pozitœʀ], compositrice (*f*) [kɔ̃pɔsitʀis]
comprar acheter [aʃte]
comprido(a) long(ue) [lɔ̃(g)]
comprimido comprimé [kɔ̃pʀime], cachet [kaʃɛ]
comprimido analgésico cachet contre la douleur [kaʃɛ kɔ̃tʀə la dulœʀ]
comprimido contra dor de cabeça cachet contre les maux de tête [kaʃɛ kɔ̃tʀə le mod tɛt]
comprovante da reserva réservation (*f*) [ʀesɛʀvasjɔ̃]
comum commun (*m*) [kɔmɛ̃], commune (*f*) [kɔmyn]
concerto concert [kɔ̃sɛʀ]
concerto sinfônico concert symphonique [kɔ̃sɛʀ sɛ̃fɔnik]
concha coquillage (*m*) [kɔkijaʒ]
condição do mar état (*m*) de la mer [etad la mɛʀ]
condimento, especiaria épice (*f*) [epis]
conector prise (*f*) de courant [pʀiz də kuʀɑ̃]
conexão correspondance [kɔʀɛspɔ̃dɑ̃s]
confeitaria, doceria confiserie [kɔ̃fizʀi], pâtisserie [patisʀi]
confiança confiance [kɔ̃fjɑ̃s]
confirmar confirmer [kɔ̃fiʀme]
confiscar confisquer [kɔ̃fiske]
confortável confortable [kɔ̃fɔʀtabl]
confundir confondre [kɔ̃fɔ̃dʀ]
congestão nasal, constipação rhume (*m*) [ʀym]
conhecer connaître [kɔnɛtʀ]
conhecido(a) connu(e) [kɔny], (*subst*) connaissance (*f*) [kɔnɛsɑ̃s]
conseguir, alcançar atteindre [atɛ̃dʀ]

conselho, sugestão conseil [kɔ̃sɛj]
consertar réparer [ʀepaʀe]
conservação dos monumentos protection des monuments [pʀɔtɛksjɔ̃ de mɔnymɑ̃]
conservar garder [gaʀde], conserver [kɔ̃sɛʀve]
conservas conserves [kɔ̃sɛʀv]
construção bâtiment (*m*) [batimɑ̃]
consulado consulat [kɔ̃syla]
consulta consultation [kɔ̃syltasjɔ̃]
consumo de água consommation (*f*) d'eau [kɔ̃sɔmasjɔ̃ do]
conta compte [kɔ̃t], (*soma das despesas*) facture [faktyʀ]; (*em restaurantes, cafés*) addition [adisjɔ̃]; (*em hotéis*) note [nɔt]
contagioso contagieux [kɔ̃taʒjø]
contar compter [kɔ̃te]
contar, narrar, relatar raconter [ʀakɔ̃te]
contato contact [kɔ̃takt]
contente content(e) [kɔ̃tɑ̃(t)]
contente com, de, por (estar ~) être content(e) de [ɛtʀə kɔ̃tɑ̃(t) də]
conteúdo contenu [kɔ̃tny]
contra contre [kɔ̃tʀ]
contraindicação contre-indication [kɔ̃tʀɛ̃dikasjɔ̃]
contrário contraire [kɔ̃tʀɛʀ]
contrato contrat [kɔ̃tʀa]
controle de passaportes contrôle des passeports [kɔ̃tʀol de paspɔʀ]
controle de segurança contrôle de sécurité [kɔ̃tʀol də sekyʀite]
contudo pourtant [puʀtɑ̃]
contusão contusion [kɔ̃tyzjɔ̃]
conversa conversation [kɔ̃vɛʀsasjɔ̃]
convés pont [pɔ̃]
convidado(a) hôte [ot]/invité(e) [ɛ̃vite]
convidar inviter [ɛ̃vite]
convir convenir [kɔ̃vəniʀ]
cópia copie [kɔpi]
copo verre [vɛʀ]
copo para água verre à eau [vɛʀ a o]
coqueluche coqueluche [kɔklyʃ]
coração coeur [kœʀ]
corado(a) (*preparo de comida*) rissolé(e) [ʀisɔle]
corda corde [kɔʀd]
cordeiro agneau [aɲo]
cor-de-rosa rose [ʀoz]

cordial cordial(e) [kordjal]
coro choeur [kœr]
coroa couronne [kurɔn]
corpo corps [kɔr]
Corpus Christi Fête-Dieu (*f*) [fɛt djø]
corredor allée (*f*) [ale], couloir [kulwar]
correia de transmissão courroie de transmission [kurwa də trɑ̃smisjɔ̃]
corrente chaîne [ʃɛn]
correnteza, corrente courant (*m*) [kurɑ̃]
correr courir [kurir], faire du jogging [fɛr dy dʒɔgiŋ]
correto(a), certo(a) juste (*m e f*) [ʒyst]/bon (*m*) [bɔ̃], bonne (*f*) [bɔn]
corrimão rampe (*f*) [rɑ̃p]
corte coupure (*f*) [kupyr]
corte (*de cabelo*) coiffure (*f*) [kwafyr], coupe (*f*) de cheveux [kup də ʃvø]
corte em camadas (*de cabelo*) coupe (*f*) en dégradé [kup ɑ̃ degrade]
cortejo cortège [kɔrtɛʒ]
costa côte [kot]
costas dos (*m/sing*) [do]
costeleta (*carne*) côtelette [kotlɛt]
costeletas, suíças (*barba e cabelo*) favoris (*m*) [favɔri], pattes [pat]
costureira couturière [kutyrjɛr]
cotonete coton-tige [kɔtɔ̃tiʒ]
couve-flor chou-fleur (*m*) [ʃuflœr]
cozido bouilli [buji]
cozinha cuisine [kɥizin]
cozinhar faire la cuisine [fɛr la kɥizin]
cozinheiro(a) cuisinier (*m*) [kɥizinje], cuisinière (*f*) [kɥizinjɛr]
cravo (*especiaria*) clou de girofle [klud ʒirɔfl]
cream cheese fromage blanc [frɔmaʒ blɑ̃]
cremalheira chemin (*m*) de fer à crémaillère [ʃmɛ̃d fɛr a kremajɛr]
creme crème (*f*) [krɛm]
creme azedo crème (*f*) aigre [krɛm ɛgr]
(creme) chantili crème (*f*) chantilly [krɛm ʃɑ̃tiji]
creme dental, pasta de dente dentifrice (*m*) [dɑ̃tifris]
creme para as mãos crème (*f*) pour les mains [krɛm pur le mɛ̃]
crer, acreditar croire [krwar]

criado-mudo, mesa de cabeceira table (*f*) de nuit [tablə də nɥi]
criança enfant [ɑ̃fɑ̃]
crianças pequenas (até … anos) petits enfants (jusqu'à … ans) [pətiz‿ɑ̃fɑ (ʒyska … ɑ̃)]
criativo(a) créatif (*m*) [kʀeatif], créative (*f*) [kʀeativ]
crime crime [kʀim]
cristal cristal [kʀistal]
cristianismo christianisme [kʀistjanism]
cru cru [kʀy]
cruz croix [kʀwa]
cruzamento carrefour [kaʀfuʀ]
cruzeiro croisière (*f*) [kʀwazjɛʀ]
cruzeiro em veleiro croisière (*f*) à la voile [kʀwasjɛʀ a la vwal]
cueca slip [slip]
cuidado attention [atɑ̃sjɔ̃]
Cuidado! Attention! [atɑ̃sjɔ̃]
culpa faute [fot]
cultivado com agrotóxicos traité [tʀɛte]
cultura culture [kyltyʀ]
cumprimentar saluer [salye]
cunhada belle-soeur [bɛlsœʀ]
cunhado beau-frère [bofʀɛʀ]
cúpula, domo coupole (*f*) [kupɔl], dôme (*m*) [dom]
curativo pansement [pɑ̃smɑ̃]
curativo adesivo, *band-aid*® sparadrap [spaʀadʀa]
curioso(a) curieux (*m*) [kyʀjø], curieuse (*f*) [kyʀjøz]
curling curling [kœʀliɲ]
curso cours [kuʀ]
curso de língua cours de langue [kuʀ də lɑ̃g]
curso/aulas de natação cours (*m/sing*) de natation [kuʀ də natasjɔ̃]
curta-metragem court-métrage [kuʀmetʀaʒ]
curto(a) court(e) [kuʀ(t)]
curto-circuito court-circuit [kuʀsiʀkɥi]
curva virage (*m*) [viʀaʒ]
custar coûter [kute]

D

damasco abricot [abʀiko]
dançar danser [dɑ̃se]
danificado(a) abîmé(e) [abime]
danificar endommager [ɑ̃dɔmaʒe]
dano, prejuízo dommage [dɔmaʒ]

daqui a uma semana dans une semaine [dɑ̃zyn səmɛn]
dar donner [dɔne]
dar meia-volta, voltar faire demi-tour [fɛʀ dəmi tuʀ]
data date [dat]
data de nascimento date de naissance [dat də nɛsɑ̃s]
de de [də]
de cor de couleur [də kulœʀ]
de hora em hora toutes les heures [tut lez‿œʀ]
de longa conservação de longue conservation [də lɔng kɔnseʀvatiɔ]
de manhã le matin [lə matɛ̃]
de modo algum pas du tout [pa dy tu]
de novo, mais uma vez de nouveau [də nuvo]
de outra forma autrement [otʀəmɑ̃]
de passagem de passage [də pasaʒ]
de repente soudain [sudɛ̃], tout à coup [tut‿a ku]
de vez em quando de temps en temps [də tɑ̃z‿ɑ̃ tɑ̃]
decepcionado(a) déçu(e) [desy]
decidir décider (de) [deside (də)]
declaração alfandegária déclaration en douane [deklaʀasjɔ̃ ɑ̃ duan]
declaração de valor déclaration de valeur [deklaʀasjɔ̃d valœʀ]
declive pente (*f*) [pɑ̃t]
decolagem décollage (*m*) [dekɔlaʒ]
dedo doigt [dwa]
dedo do pé orteil [ɔʀtɛj]
defeito défaut [defo]
defeso période de fermeture de la pêche [peʀjɔd də fɛʀmətyʀ də la pɛʃ]
deficiência física handicap (*m*) physique [ɑ̃dikap fizik]
deficiente auditivo malentendant [malɑ̃tɑ̃dɑ̃]
deficiente mental handicapé mental [ɑ̃dikape mɑ̃tal]
deficiente visual malvoyant(e) [malvwajɑ̃(t)]
definitivamente définitivement [definitivmɑ̃]
definitivo(a) définitif (*m*) [definitif], définitive (*f*) [definitiv]
defumado fumé [fyme]
degrau marche (*f*) [maʀʃ]
deitar-se s'étendre [setɑ̃dʀ]
deixar, sair de quitter [kite]

delicatessen (*produtos finos, especialidades internacionais*) épicerie fine [episʀi fin]; (*produtos caseiros*) traiteur (*m*) [tʀɛtœʀ]
delicioso délicieux [delisjø]
demais trop [tʀo]
demorar durer [dyʀe]
dente dent (*f*) [dɑ̃]
dente do siso dent (*f*) de sagesse [dɑ̃ də saʒɛs]
dentro à l'intérieur [a lɛ̃teʀjœʀ], dedans [dədɑ̃]
depois da refeição après le repas [apʀɛl ʀəpa]
depois de après [apʀɛ]
depois de amanhã après-demain [apʀɛ dmɛ̃]
depositar déposer [depoze]
depósito de bagagens consigne (*f*) [kɔ̃siɲ]
desagradável désagréable [dezagʀeabl]
descansar se reposer [sə ʀəpoze]
descanso repos [ʀəpo]
descarga chasse d'eau [ʃas do]
descer descendre [desɑ̃dʀ]
descobrir découvrir [dekuvʀiʀ]
desconhecido(a) inconnu(e) [ɛ̃kɔny]/étranger (*m*) [etʀɑ̃ʒe], étrangère (*f*) [etʀɑ̃ʒɛʀ]
desconto réduction (*f*) [ʀedyksjɔ̃]
desconto para crianças réduction-enfants (*f*) [ʀedyksjɔ̃ɑ̃fɑ̃]
descrever décrire [dekʀiʀ]
desculpa excuse [ɛkskyz]
desculpar-se s'excuser [sɛkskyze]
desde depuis [dəpɥi]
desejar désirer [deziʀe]
desempregado(a) (estar ~) être au chômage [ɛtʀə o ʃomaʒ]
desenhar dessiner [desine]
desenho dessin [dɛsɛ̃]
desenho animado dessin animé [dɛsɛ̃ anime]
desenho com modelo dessin sur modèle [desɛ̃ syʀ modɛl]
desenvolver développer [devəlɔpe]
desfiladeiro col [kɔl]
desfrutar jouir de [ʒwiʀ də], savourer [savuʀe]
desinfetar désinfecter [dezɛ̃fɛkte]
deslocado, luxado foulé [fule]
desmaiado, desacordado évanoui [evanui], sans connaissance [sɑ̃ kɔnɛsɑ̃s]

desmaio, síncope évanouissement (*m*) [evanwismɑ̃], syncope (*f*) [sɛ̃kɔp]
desodorante déodorant [deɔdɔʀɑ̃]
despacho da bagagem enregistrement des bagages [ɑ̃ʀʒistʀəmɑ̃ de bagaʒ]
despedir-se prendre congé [pʀɑ̃dʀə kɔ̃ʒe]
despertador réveil [ʀevɛj]
despesas frais (*m*) [fʀɛ]
destinação, destino destination (*f*) [dɛstinasjɔ̃]
destinatário destinataire [dɛstinatɛʀ]
desvio déviation (*f*) [devjasjɔ̃], détour [detuʀ]
detergente produit pour la vaisselle [pʀɔdɥi puʀ la vɛsɛl]
deter-se s'arrêter [saʀɛte]
Deus Dieu [djø]
devagar lentement [lɑ̃tmɑ̃]
dever devoir [dəvwaʀ]
devido a, por causa de à cause de [a koz də]
devolver rendre [ʀɑ̃dʀ], remettre [ʀəmɛtʀ]
dezembro décembre [desɑ̃bʀ]
dia jour [ʒuʀ]
dia da chegada jour de l'arrivée [ʒuʀ də laʀive]
Dia de Reis Fête (*f*) des Rois [fɛt de ʀwa], Épiphanie (*f*) [epifani]
dia útil jour ouvrable [ʒuʀ uvʀablə]
diabetes diabète (*m*) [djabɛt]
diabético(a) diabétique [djabetik]
diagnóstico diagnostic [djagnɔstik]
diante (de), em frente a, na frente (de) devant [dəvɑ̃]
diarreia diarrhée [djaʀe]
dica tuyau [tɥijo]
dieta régime (*m*) [ʀeʒim]
difícil lourd(e) [luʀ(d)], difficile [difisil]
difteria diphtérie [difteʀi]
digestão digestion [diʒɛstjɔ̃]
dínamo dynamo (*f*) [dinamo]
dinastia dynastie [dinasti]
dinheiro argent [aʀʒɑ̃]
dinheiro trocado monnaie (*f*) [mɔnɛ]
dinheiro vivo espèces (*f/pl*) [ɛspɛs]
direção direction [diʀɛksjɔ̃], (*de peça, filme*) mise en scène [miz‿ɑ̃ sɛn]

direção do vento direction du vent [diʀɛksjɔ̃ dy vɑ̃]
direito(a) droit(e) [dʀwa(t)]
diretiva directive [diʀektiv]
direto(a) direct(e) [diʀɛkt]
diretor(a) dirécteur (*m*) [diʀɛktœʀ], diréctrice (*f*) [diʀɛktʀis]
dirigir (*carro, etc.*) conduire [kɔ̃dɥiʀ]
dirigir, guiar conduire [kɔ̃dɥiʀ]
discar (um número) (*de telefone*) composer (un numéro) [kɔ̃poze (ɛ̃ nymeʀo)]
discoteca discothèque [diskɔtɛk]
disparador déclencheur [deklɑ̃ʃœʀ]
disparador automático déclencheur automatique [deklɑ̃ʃœʀ ɔtɔmatik]
distância distance [distɑ̃s]
distante éloigné(e) [elwaɲe]
distensão muscular claquage (*m*) (musculaire) [klakaʒ (myskylɛʀ)]
distinto(a) distingué(e) [distɛ̃ge]
distração, diversão, entretenimento distraction (*f*) [distʀaksjɔ̃]
distrair-se, divertir-se, entreter-se se distraire [sə distʀɛʀ]
distúrbio respiratório troubles (*pl*) respiratoires [tʀublə ʀɛspiʀatwaʀ]
diversão amusement (*m*) [amyzmɑ̃]
divertir-se s'amuser [samyze]
dívida dette [dɛt]
divisas devises [dəviz]
dizer dire [diʀ]
do lado de fora à l'extérieur [a lɛksteʀjœʀ]
doce (*adj*) sucré(e) [sykʀe]
doces friandises (*f*) [fʀijɑ̃diz], pâtisseries (*f*) [patisʀi]
documentário documentaire [dɔkymɑ̃tɛr]
documento do carro carte (*f*) grise [kaʀtə gʀiz]
documentos papiers [papje]
doença maladie [maladi]
doença infantil maladie infantile [maladi ɛ̃fɑ̃til]
doente malade [malad]
doer faire mal [fɛʀ mal]
domicílio domicile [dɔmisil]
domingo dimanche [dimɑ̃ʃ]
dor de cabeça mal (*m*) de tête [mal də tɛt]

dor de dente mal (*m*) de dents [mal də dɑ̃]
dor de estômago mal (*m*) d'estomac [mal dɛstɔma]
dor de garganta mal de gorge [mal də gɔʀʒ]
dor nas costas douleur au dos [dulœʀ o do]
dormir dormir [dɔʀmiʀ]
dourado doré [dɔʀe]
drama drame [dʀam]
drogaria droguerie [dʀɔgʀi]
duplo(a) (*adj*) double [dubl]
durante pendant [pɑ̃dɑ̃]
durante a semana pendant la semaine [pɑ̃dɑ̃ la səmɛn]
durante o dia pendant la journée [pɑ̃dɑ̃ la ʒuʀne]
durar durer [dyʀe]
duro coriace [kɔrjas]
duro(a) dur(e) [dyʀ]
duro(a) duro(e) [dyʀ]

E

e et [ɛ]
echarpe écharpe [eʃaʀp]
edifício bâtiment [batimɑ̃], édifice [edifis]
educado(a), cortês poli(e) [pɔli]
efeitos colaterais effets secondaires [efɛ səgɔ̃dɛʀ]
ela(s) elle(s) [ɛl]
elástico élastique [elastik]
ele il [il], lui [lɥi]
ele(s) il(s) [il]
elegante distingué(e) [distɛ̃ge]
elétrico(a) électrique [elɛktʀik]
elevador ascenseur [asɑ̃sœʀ]
(em/para) lugar nenhum nulle part [nyl paʀ]
em à [a]
em dans [dɑ̃], en [ɑ̃]
em casa à la maison [a la mɛzɔ̃]
em cima en haut [ɑ̃ o]
em direção a, para vers [vɛʀ]
em espécie en espèces [ɑ̃n‿ɛspɛs]
em forma en forme [ɑ̃ fɔʀm]
em francês en français [ɑ̃ fʀɑ̃sɛ]
em frente de en face de [ɑ̃ fas də]
em frente, reto tout droit [tu dʀwa]
em geral, de hábito habituellement [abityɛlmɑ̃]
em jejum à jeun [a ʒɛ̃]
em média en moyenne [ɑ̃ mwajɛn]
em outra parte, em outro lugar ailleurs [ajœʀ]

em primeiro lugar, inicialmente d'abord [dabɔʀ]
em seguida ensuite [ɑ̃sɥit]
(em/para) lugar nenhum nulle part [nyl paʀ]
em segundo lugar deuxièmement [døzjɛmmɑ̃]
em toda parte, por toda parte partout [paʀtu]
em último lugar, finalmente en dernier lieu [ɑ̃ dɛʀnje ljø]
em vez de au lieu de [o ljø də]
embaixada ambassade [ɑ̃basad]
embalagem emballage (*m*) [ɑ̃balaʒ]
embalar emballer [ɑ̃bale]
emblema, símbolo emblème [ɑ̃blɛm]
embocadura, bocal embouchure [ɑ̃buʃyʀ]
embolia cerebral embolie cérébrale [ɑ̃bɔli seʀebʀal]
embreagem embrayage (*m*) [ɑ̃bʀɛjaʒ]
empate match nul [matʒə nyl]
emprego emploi [ɑ̃plwa]
empresa entreprise [ɑ̃tʀəpʀiz]
emprestar prêter [pʀɛte]
encantador(a) ravissant(e) [ʀavisɑ̃(t)]
encargos charges (*f*) [ʃaʀʒ]
encenação mise en scène [miz‿ɑ̃ sɛn]
encontrar rencontrer [ʀɑ̃kɔ̃tʀe], trouver [tʀuve]
encontro rendez-vous [ʀɑ̃devu]
endereço adresse [adʀɛs]
endívia endive [ɑ̃div]
enfermeira infirmière [ɛ̃fiʀmjɛʀ]
enfermeiro infirmier [ɛ̃fiʀmje]
enfim enfim [ɑ̃fɛ̃]
enganar-se, equivocar-se se tromper [sə tʀɔ̃pe]
engarrafamento, congestionamento embouteillage [ɑ̃butɛjaʒ]
enguia anguille [ɑ̃gij]
enjoo nausée (*f*) [noze]
enriquecimento enrichissement [ɑ̃ʀiʃismɑ̃]
enseada crique [kʀik]
ensinar enseigner [ɑ̃seɲe]
ensolarado ensoleillé [ɑ̃sɔlɛje]
entender comprendre [kɔ̃pʀɑ̃dʀ]
entorno environnement [ɑ̃viʀɔnmɑ̃]
entrada entrée [ɑ̃tʀe]
entrar entrer [ɑ̃tʀe]
entre entre [ɑ̃tʀ]
entre! entrez! [ɑ̃tʀe]
entrega remise [ʀəmiz]

entrega das chaves remise des clés [Rəmiz de kle]
entrevado(a) grabataire [gRabatɛR]
entusiasmado(a) enthousiasmé(e) [ɑ̃tuzjasme]
envelope enveloppe (*f*) [ɑ̃vlɔp]
envenenamento empoisonnement [ɑ̃pwazɔnmɑ̃]
enviar envoyer [ɑ̃vwaje]
enxaqueca migraine [migRɛn]
epilepsia épilepsie [epilɛpsi]
época époque [epɔk]
equipamento de mergulho équipement de plongée [ekipmɑ̃d plɔ̃ʒe]
eritemas rougeurs (*f*) [Ruʒœr]
errado(a) faux (*m*) [fo], fausse (*f*) [fos]
errar na conta faire une erreur de calcul [fɛR‿yn‿ɛRœR də kalkyl]
erro erreur (*f*) [ɛRœR]
erva-doce, funcho fenouil (*m*) [fənuj]
ervas herbes [ɛRb]
ervilha petit pois (*m*) [pti pwa]
esbelto(a) mince [mɛ̃s]
escada escalier (*m*) [ɛskalje]
escala escale [ɛskal]
escapamento tuyau d'échappement [tɥijo deʃapmɑ̃]
escavações fouilles [fuj]
escola école [ekɔl]
escola de equitação école d'équitation [ekɔl dekitasjɔ̃]
escolha choix (*m*) [ʃwa]
escolher choisir [ʃwaziR]
escova brosse [bRɔs]
escova de dentes brosse à dents [bRɔs a dɑ̃]
escova para lavar louça brosse pour la vaisselle [bRɔs puR la vɛsɛl]
escova para sapatos brosse à chaussures [bRɔs a ʃosyR]
escrever écrire [ekRiR]
escrita écriture [ekRityR]
escritório bureau [byRo]
escultor(a) sculpteur [skyltœR]
escultura sculpture [skyltyR]
escuro (*para cores*) foncé [fɔ̃se]
escuro(a), sombrio(a) sombre [sɔ̃bR]
escutar écouter [ekute]
esforçar-se s'efforcer [sefɔRse də]
esgotado(a) épuisé(e) [epɥize]
esmalte de unha vernis à ongles [vɛRni a ɔ̃gl]
espaço space [ɛspas]

espancar rouer de coups [Rued ku]
Espanha Espagne [ɛspaɲ]
espanhol(a) espagnol(e) [ɛspaɲɔl]
especial spécial(e) [spesjal]
especialidade spécialité [spesjalite]
especialista spécialiste [spesjalist]
espécie, tipo sorte (*f*) [sɔRt]
espectador(a) spectateur [spɛktatœR]
espelho miroir [miRwaR]
esperar attendre [atɑ̃dR], s'attendre à [satɑ̃dR a]
espetáculo spectacle [spɛktakl]
espetáculo folclórico soirée (*f*) folklorique [swaRe fɔlklɔRik]
espinafre épinard [epinaR]
espinha de peixe arête [aRɛt]
espirrar éternuer [etɛRnye]
esporte sport [spɔR]
esportista sportif (*m*) [spɔRtif], sportive (*f*) [spɔRtiv]
espuma de barbear mousse à raser [musa Raze]
esquecer oublier [ublije]
esquerdo(a) gauche [goʃ]
esqui ski [ski]
esqui aquático ski nautique [ski notik]
esqui de fundo ski de fond [skid fɔ̃]
esquiar skier [skje], faire du ski [fɛR dy ski]
esquina coin (*m*) [kwɛ̃]
estaca da barraca piquet (*m*) de tente [pkɛd tɑ̃t]
estação station [stasjɔ̃], (*do ano*) saison [sɛsɔ̃]
estação (ferroviária) principal gare principale [gaR pRɛ̃sipal]
estação ferroviária gare [gaR]
estacionamento parc de stationnement [paRk də stasjɔnmɑ̃]
estacionar se garer [sə gaRe]
estadia séjour (*m*) [seʒuR]
estádio stade [stad]
Estado État [eta]
estar être [ɛtR]
estar acostumado(a) être habitué(e) [ɛtR abitye]
estar com fome avoir faim [avwaR fɛ̃]
estar com frio avoir froid [avwaR fRwa]
estar com pressa être pressé(e) [ɛtRə pRɛsɛ]
estar com sede avoir soif [avwaR swaf]

estar de pé, ficar de pé être débout [ɛtʀ dəbu]
estar de volta être de retour [ɛtʀ də ʀətuʀ]
estar sentado(a) être assis(e) [ɛtʀ asi(z)]
estátua statue [staty]
este, esta ce (*m*) [sə], cet (*m, diante de vogal*) [sɛt]/cette (*f*) [sɛt]
estepe roue (*f*) de secours [ʀud səkuʀ]
estes, estas ces [se]
estilo style [stil]
estômago estomac [ɛstɔma]
estrada route [ʀut]
estrada secundária route secondaire [ʀut səgɔ̃dɛʀ], route départementale [ʀut depaʀtəmɑ̃tal]
estrangeiro(a) étranger (*m*) [etʀɑ̃ʒe], étrangère (*f*) [etʀɑ̃ʒɛʀ]
estreia première [pʀəmjɛʀ]
estreito(a) étroit(e) [etʀwa(t)]
estrela étoile [etwal]
estribo marchepied [maʀʃəpje]
estudante écolier (*m*) [ekɔlje], écolière (*f*) [ekɔljɛʀ]
estudar faire des études [fɛʀ dez‿etyd]
estufado (*preparo de comida*) en daube [ɑ̃ dob]
estúpido(a), tolo(a) stupide [stypid]
estupro viol [vjɔl]
eu je [ʒə], moi [mwa]
euro euro [øʀo]
Europa Europe [øʀɔp]
europeu, europeia européen [øʀɔpeɛ̃], européenne [øʀɔpeɛn]
evento manifestation (*f*) [manifɛstasjɔ̃]
exame examen [ɛgzamɛ̃], analyse (*f*) [analiz]
exato(a) exact(e) [egzakt]
excelente excellent (*m*) [ɛksɛlɑ̃], excellente (*f*) [ɛksɛlɑ̃t]
exceto hors [ɔʀ]
excursão excursion [ɛkskyʀsjɔ̃]
excursão em terra excursion à terre [ɛkskyʀsjɔ̃ a tɛʀ]
exemplo exemple [ɛgzɑ̃pl]
exercitar-se s'exercer [sɛgzɛʀse], s'entraîner [sɑ̃tʀɛne]
experimentar essayer [eseje]; (*comida*) goûter [gute]
exposição exposition [ɛkspozisjɔ̃]
expressamente expressément [ɛkspʀɛssemɑ̃]

expressão expression [ɛkspʀɛsjɔ̃]
expressionismo expressionisme [ɛkspʀɛsjɔnism]
extensão (*elétrica*) rallonge [ʀalɔ̃ʒ]
extensão, tamanho, amplitude étendue (*f*) [etɑ̃dy]
exterior étranger [etʀɑ̃ʒe]
extintor extincteur [ɛkstɛ̃ktœʀ]
extraordinário extraordinaire [ɛkstʀaɔʀdinɛʀ]
extraviar-se s'égarer [segaʀe]

F

fábrica usine [yzin]
faca couteau (*m*) [kuto]
fachada façade [fasad]
fácil facile [fasil]
faiança céramique [seʀamik]
fair play fair-play [fɛʀplɛ]
faixa elástica bande elastique [bɑ̃d elastik]
falar parler [paʀle]
falésia falaise [falɛz]
falhar manquer [mɑ̃ke], rater [ʀate]
falta faute [fot]
faltar manquer [mɑ̃ke]
família famille [famij]
famoso célèbre [selɛbʀ]
fanfarra fanfare [fɑ̃faʀ]
farinha farine [faʀin]
farmácia pharmacie [faʀmasi]
faróis traseiros feux arrière [fø aʀjɛʀ]
farol phare [faʀ]
farol alto feux (*pl*) de route [fød ʀut]
farol baixo codes (*pl*) [kɔd]
fatia tranche [tʀɑ̃ʃ]
fator de proteção indice de protection [ɛ̃dis də pʀɔtɛksjɔ̃]
fax fax [faks]
fazenda ferme [fɛʀm]
fazer faire [fɛʀ]
fazer caminhadas/trilhas faire de la randonnée [fɛʀ də la ʀɑ̃dɔne]
fazer *check*-in faire les formalités (*f/pl*) d'embarquement [fɛʀ le fɔʀmalite dɑ̃baʀkəmɑ̃]
fazer compras faire ses courses [fɛʀ se kuʀs]
fazer escala em faire escale à [feʀ ɛskal a]
fazer escova faire un brushing [fɛʀ ɛ̃ bʀœʃiŋ]
fazer fila faire la queue [fɛʀ la kø]
fazer reflexo (*no cabelo*) faire un rinçage [fɛʀ ɛ̃ ʀɛ̃zaʒ]

fazer um curativo faire un pansement [fɛʀ ɛ̃ pɑ̃smɑ̃]
fazer um penteado coiffer [kwafe]
fazer uma reclamação faire une réclamation [fɛʀ yn ʀeklamasjɔ̃]
fazer/tirar uma radiografia faire une radio(graphie) [fɛʀ yn ʀadjo(gʀafi)]
febre fièvre [fjɛvʀ], température [tɑ̃peʀatyʀ]
febre do feno rhume (*m*) des foins [ʀym de fwɛ̃]
febre tifoide typhoïde [tifɔid]
fechado(a) fermé(e) [fɛʀme]
fechadura serrure [sɛʀyʀ]
fechar fermer [fɛʀme]
feijão haricot [aʀiko]
feio(a) laid(e) [lɛ(d)]
feira popular fête foraine [fɛt fɔʀɛn]
feito à mão fait main [fɛ mɛ̃]
felicitar, parabenizar féliciter [felisite]
feliz (com, de, por) heureux (*m*) (de) [œʀø (də)], heureuse (*f*) (de) [œʀøz (də)]
férias vacances [vakɑ̃s]
ferida plaie [plɛ]
ferido(a) (*adj*) blessé(e) [blɛse]
ferimento blessure [blesyʀ]
ferir, machucar blesser [blese]
feroz sauvage [sovaʒ], féroce [feʀɔs]
ferramentas outils (*m*) [uti]
ferryboat ferry [fɛʀi]
festa soirée [swaʀe], fête [fɛt]
festival festival [fɛstival]
fevereiro février [fevʀije]
fezes selles [sɛl]
ficar rester [ʀɛste], (*localização*) se trouver [sə tʀuve]
ficar com raiva por causa de se mettre en colère à cause de [sə mɛtʀ ɛ̃ kɔlɛʀ a koz də]
ficar mareado/com enjoo avoir le mal de mer [avwaʀ lə mal də mɛʀ]
fígado foie [fwa]
figo figue (*f*) [fig]
filha fille [fij]
filho fils [fis]
filmadora caméra vidéo [kameʀa video]
filme film [film]
filme de ação film d'action [film daksjɔ̃]
filme de faroeste western [wɛstɛʀn]
filme em preto e branco film en noir et blanc [film ɑ̃ nwaʀ e blɑ̃]

filme em vídeo film vidéo [film video]
filme policial film policier [film pɔlisje]
filtro de linha prise (*f*) [pʀiz]
fim fin (*f*) [fɛ̃]
finalmente, enfim finalement [finalmɑ̃]
fino(a) fin (*m*) [fɛ̃], fine (*f*) [fin]
firme ferme [fɛʀm]
fiscal contrôleur (*m*) [kɔ̃tʀolœʀ], contrôleuse (*f, raro*) [kɔ̃tʀoløz]
fiscalização por radar contrôle (*m*) radar [kɔ̃tʀol ʀadaʀ]
fiscalizar, verificar contrôler [kɔ̃tʀole]
fita cassette cassette [kasɛt]
fixação (*dos esquis*) fixation [fiksasjɔ̃]
fixador fixateur [fiksatœʀ]
flash flash [flaʃ]
flocos de aveia flocons d'avoine [flɔkɔ̃ davwan]
flor fleur [flœʀ]
floresta forêt [fɔʀɛ]
floricultura magasin (*m*) de fleuriste [magazɛ̃ də flœʀist]
fluido de freio liquide de frein [likid də fʀɛ̃]
fogão cuisinière (*f*) [kɥizinjɛʀ]
fogão a gás cuisinière (*f*) à gaz [kɥizinjɛʀ‿a gaz]
fogão elétrico cuisinière (*f*) électrique [kɥizinjɛʀ elɛktʀik]
fogareiro réchaud [ʀeʃo]
fogareiro a gás réchaud à gaz [ʀeʃo a gaz]
fogo feu [fø]
fogo de artifício feu d'artifice [fø daʀtifis]
folclore folklore [fɔlklɔʀ]
folha feuille [fœj]
fone combiné [kɔ̃bine]
fones de ouvido écouteurs [ekutœʀ]
fonte fontaine [fɔ̃tɛn]
fora dehors [dəɔʀ]
fora de à l'extérieur de [a lɛksteʀjœʀ (də)]
força do vento force du vent [fɔʀs dy vɑ̃]
forma forme [fɔʀm]
formação formation [fɔʀmasjɔ̃]
formato horizontal format horizontal [fɔrma ɔrizɔ̃tal]
formato vertical format en hauteur [fɔrma ɑ̃ otœr]
formulário formulaire [fɔʀmylɛ̃ʀ]
formulário para solicitação de reembolso de despesas médicas feuille (*f*) de

maladie/de soins [fœj də maladi/də swɛ̃]
fortaleza forteresse [fɔʀtəʀɛs]
forte fort(e) [fɔʀ(t)]
fósforo allumette (*f*) [alymɛt]
foto(grafia) photo(graphie) [fɔto(gʀafi)]
fotografar photographier [fɔtogʀafje]
fotômetro photomètre [fɔtomɛtʀ], posemètre [pozmɛtʀ]
foulard foulard [fulaʀ]
fraco(a) faible [fɛbl]
fralda couche [kuʃ]
França France [fʀɑ̃s]
francês, francesa français(e) [fʀɑ̃sɛ(z)]
franco suíço franc suisse [fʀɑ̃ sɥis]
frango poulet [pulɛ]
franja frange [fʀɑ̃ʒ]
franquear affranchir [afʀɑ̃ʃiʀ]
frase phrase [fʀaz]
fratura fracture [fʀaktyʀ]
fraude fraude [fʀod]
free-shop boutique (*f*) hors-taxes [butik ɔʀtaks]
freio frein [fʀɛ̃]
freio de mão frein à main [fʀɛ̃ a mɛ̃]
fresco(a) frais (*m*) [fʀɛ], fraîche (*f*) [fʀɛʃ]
frio(a) froid(e) [fʀwa(d)]
frios fatiados tranches (*f*) de charcuterie/de viande froide [tʀɑ̃ʃ də ʃaʀkytʀi / də vjɑ̃d fʀwad]
frito frit [fʀi]
fritura plat (*m*) fait à la poêle [pla fɛ a la pwal]
frontão fronton [fʀɔ̃tɔ̃]
fronteira frontière [fʀɔ̃tjɛʀ]
fruta fruit (*m*) [fʀɥi]
fumante fumeur [fymœʀ], fumeuse [fymøz]
fumar fumer [fyme]
fumo tabac [taba]
funcionar fonctionner [fɔ̃ksjɔne]
furioso(a) furieux (*m*) [fyʀjø], furieuse (*f*) [fyʀjøz]
fusível plomb [plɔ̃], fusible [fyzibl]
futebol football [futbol]
futuro (*subst*) avenir [avniʀ]
futuro(a) (*adj*) futur(e) [fytyʀ]

G

gaivota mouette [mwɛt]
galão de gasolina bidon d'essence [bidɔ̃ dɛsɑ̃s]

galeria galerie [galәʀi]
gancho crochet [kʀɔʃɛ]
ganhar gagner [gaɲe]
garagem garage (*m*) [gaʀaʒ]
garantia gage (*m*) [gaʒ], garantie [gaʀɑ̃ti]
Garçom! (*para chamar*) Monsieur! [məsjø]
garçom, garçonete garçon [gaʀsɔ̃], serveuse [sɛʀvøz]
garfo fourchette (*f*) [fuʀʃɛt]
garganta gorge [gɔʀʒ]
garrafa bouteille [butɛj]
garrafa térmica (bouteille) thermos [(butɛj) tɛʀmos]
gases (*flatulência*) vents [vɑ̃]
gastar dépenser [depɑ̃se]
gato chat [ʃa]
gaze gaze [gaz]
geada gel (*m*) [ʒɛl]
gel de banho, *shower gel* gel douche [ʒɛl duʃ]
gel para os cabelos gel pour les cheveux [ʒɛl puʀ le ʃvø]
geladeira réfrigérateur (*m*) [ʀefʀiʒeʀatœʀ], frigo (*m*) [fʀigo]
geladeira portátil glacière [glasjɛʀ]
geleia confiture [kɔ̃fityʀ]
gelo glace (*f*) [glas]
gengiva gencive [ʒɑ̃siv]
gente gens (*m/pl*) [ʒɑ̃]
gentil aimable [ɛmablə], gentil(le) [ʒɑ̃nti(j)]
gerente patron [patʀɔ̃]
ginástica gymnastique [ʒimnastik]
(ginástica) aeróbica aérobic (*m*) [aeʀɔbik]
glicose dextrose [dɛkstroz]
gol but [byt]
goleiro gardien de but [gaʀdjɛ̃d byt]
golfe golf [gɔlf]
gordo(a) gros(se) [gʀo(s)]
gorduroso(a) gras(se) [gʀa(s)]
gorjeta pourboire (*m*) [puʀbwaʀ]
gostar aimer [ɛme]
gosto, sabor goût [gu]
gotas para dor de ouvido gouttes pour les oreilles [gut puʀ lez‿ɔʀɛj]
gótico gothique [gɔtik]
governo gouvernement [guvɛʀnəmɑ̃]
graças a grâce à [gʀas‿a]
grama (*unidade de peso*) gramme [gʀam]
gramado (*subst*) pelouse (*f*) [pluz]
grampos de cabelo épingles (*f*) à cheveux [epɛ̃gl a ʃvø]

grande grand(e) [gʀɑ̃(d)]
grande área (*futebol*) surface de réparation [syʀfas də ʀepaʀasjɔ̃]
grão-de-bico pois chiche [pwa ʃiʃ]
gratinado gratiné [gʀatine]
gratuitamente gratuitement [gʀatɥitmɑ̃]
gratuito(a) gratuit(e) [gʀatɥi(t)]
gravata cravate [kʀavat]
grave sérieux (*m*) [seʀjø], sérieuse (*f*) [seʀjøz]
gravidez grossesse [gʀɔsɛs]
graxa cirage (*m*) [siʀaʒ]
grego grec [gʀɛk]
grelha gril (*m*) [gʀil]
gripe grippe [gʀip]
gritar crier [kʀije]
grupo groupe [gʀup]
grupo de teatro groupe théâtral [gʀup teatʀal]
grupo sanguíneo groupe sanguin [gʀup sɑ̃gɛ̃]
gruta grotte [gʀɔt]
guarda-chuva parapluie [paʀaplɥi]
guardanapo serviette (*f*) [sɛʀvjɛt]
guardanapo de papel serviette (*f*) en papier [sɛʀvjɛt ɑ̃ papje]
guardar garder [gaʀde]
guardar na memória retenir [ʀətəniʀ]
guarda-volumes automático consigne (*f*) automatique [kɔ̃siɲ‿ɔtɔmatik]
guia guide [gid]
guia de *campings* guide de camping-caravaning [gid də kɑ̃piŋ kaʀavaniŋ]
guichê de bagagens guichet des bagages [giʃɛ de bagaʒ]
guincho dépanneuse (*f*) [depanøz]

H

há il y a [il‿ja]
há dez minutos il y a dix minutes [il‿ja di minyt]
habitual habituel(le) [abitɥɛl]
hanbebol hand-ball [ɑ̃dbal]
hemorragia saignement (*m*) [sɛɲəmɑ̃]
hemorragia nasal saignement (*m*) de nez [sɛɲmɑ̃d ne]
hérnia hernie [ɛʀni]
hidroplano hydroglisseur [idʀoglisœʀ]
história histoire [istwaʀ]
hoje aujourd'hui [ɔʒuʀdɥi]
hoje à noite ce soir [sə swaʀ]

hoje de manhã ce matin [sə matɛ̃]
homem homme [ɔm]
hóquei no gelo hockey sur glace [ɔkɛ syʀ glas]
hora heure [œʀ]
horário da chegada heure (*f*) d'arrivée [œʀ daʀive]
horário da partida heure (*f*) de départ [lœʀ də depaʀ]
horário de funcionamento heures (*f/pl*) d'ouverture [œʀ duvɛʀtyʀ]
horário de visita heures (*f/pl*) de visite [œʀ də vizit]
horrível affreux (*m*) [afʀø], affreuse (*f*) [afʀøz]
hortifrúti, quitanda magasin (*m*) de fruits et légumes [magazɛd fʀɥi e legym]
hospedagem hébergement (*m*) [ebɛʀʒəmɑ̃]
hóspede hôte [ot]
hospital hôpital [ɔpital]
hospitalidade hospitalité [ɔspitalite]

I

idade âge (*m*) [aʒ]
Idade Média Moyen Âge (*m*) [mwajɛn‿aʒ]
ideia idée [ide]
ignição allumage (*m*) [alymaʒ]
igreja église [egliz]
ilha île [il]
imediatamente tout de suite [tud sɥit]
impedimento (*futebol*) hors-jeu [ɔʀ ʒø]
impedir empêcher [ɑ̃pɛʃe]
imperador/imperatriz empereur/impératrice [ɑ̃pʀœʀ/ɛ̃peʀatʀis]
importante important(e) [ɛ̃pɔʀtɑ̃(t)]
importunar importuner [ɛ̃pɔʀtyne]
impossível impossible [ɛ̃pɔsibl]
impressionante impressionant [ɛ̃pʀɛsjɔnɑ̃]
impressionismo impressionnisme [ɛ̃pʀɛsjɔnism]
impróprio impropre [ɛ̃pʀɔpʀ]
inchaço enflure (*f*) [ɑ̃flyʀ]
inchado enflé [ɑ̃fle]
incidente incident [ɛ̃sidɑ̃]
incluído(a) compris(e) [kɔ̃pʀi(z)]
incomodar déranger [deʀɑ̃ʒe]
incrível incroyable [ɛ̃kʀwajabl]
indicação indication [ɛ̃dikasjɔ̃]
indicar recommander [ʀəkɔmɑ̃de]

índice máximo de alcoolemia taux (*m*) d'alcoolémie maximal [to dalkɔlemi maksimal]
infarto infarctus [ɛ̃faʀktys]
infecção infection [ɛ̃fɛksjɔ̃]
infelizmente malheureusement [malœʀøzmɑ̃]
inflamação inflammation [ɛ̃flamasjɔ̃]
inflamável inflammable [ɛ̃flamabl]
informação information [ɛ̃fɔʀmasjɔ̃], renseignement (*m*) [ʀɑ̃sɛɲmɑ̃]
informar informer [ɛ̃fɔʀme]
inglês, inglesa anglais(e) [ɑ̃glɛ(z)]
íngreme raide [ʀɛd]
ingresso, entrada entrée (*f*) [ɑ̃tʀe], billet (*m*) d'entrée [bijɛ dɑ̃tʀe]
injeção piqûre [pikyʀ]
inscrever-se s'inscrire [sɛ̃skʀiʀ]
inscrição inscription [ɛ̃skʀipsjɔ̃]
inseticida insecticide [ɛ̃sɛktisid]
inseto insecte [ɛ̃sɛkt]
insignificante insignifiant(e) [ɛ̃siɲifjɑ̃(t)], sans importance [sɑ̃z‿ɛ̃pɔʀtɑ̃s]
insolação insolation [ɛ̃sɔlasjɔ̃]
insólito(a) inhabituel(le) [inabitɥɛl]
insônia insomnie [ɛ̃sɔmni]
instalações sanitárias installations sanitaires [ɛ̃stalasjɔ̃ sanitɛʀ]
instantâneo instantané [ɛ̃stɑ̃tane]
instável variable [vaʀjabl]
instrução instruction [ɛ̃stʀyksjɔ̃]
insulina insuline [ɛ̃sylin]
insuportável insupportable [ɛ̃sypɔʀtabl]
inteirar-se de, saber apprendre [apʀɑ̃dʀ]
inteiro(a) entier (*m*) [ɑ̃tje], entière (*f*) [ɑ̃tjɛʀ]
inteligente intelligent(e) [ɛ̃teliʒɑ̃(t)]
interação interaction [ɛ̃tɛʀaksjɔ̃]
interessante intéressant(e) [ɛ̃teʀɛsɑ̃(t)]
interessar-se (por) s'intéresser (à) [sɛ̃teʀɛse (a)]
interior (*do país, da região*) arrière-pays [aʀjɛʀpei]
international international(e) [ɛ̃tɛʀnasjɔnal]
interromper interrompre [ɛ̃tɛʀɔ̃pʀ]

interruptor interrupteur [ɛ̃teʀyptœʀ]
intervalo entracte [ɑ̃tʀakt]
intestino intestin [ɛ̃tɛstɛ̃]
intoxicação alimentar intoxication alimentaire [ɛ̃tɔksikasjɔ̃ alimɑ̃tɛʀ]
inverno hiver [ivɛʀ]
inverossímil invraisemblable [ɛ̃vʀɛsɑ̃blabl]
inversamente inversement [ɛ̃vɛʀsəmɑ̃]
investimento placement [plasmɑ̃]
ioga yoga (*m*) [jɔga]
iogurte yaourt [jauʀt]
ir aller [ale]
ir embora, partir partir [paʀtiʀ]
irmã soeur [sœʀ]
irmão frère [fʀɛʀ]
isento de taxas alfandegárias exempt de droits de douane [ɛgzɑ̃ də dʀwad duan]
itinerário circuit [siʀkɥi]
itinerário, percurso itinéraire [itineʀɛʀ]

J

já déjà [deʒa]
janeiro janvier [ʒɑ̃vje]
janela fenêtre [fnɛtʀə]
jantar dîner [dine]
jaqueta de couro veste de cuir [vɛstə də kɥiʀ]
jardim jardin [ʒaʀdɛ̃]
jardim botânico jardin botanique [ʒaʀdɛ̃ bɔtanik]
jardim zoológico zoo [zo]
jarra carafe [kaʀaf]
jazz jazz [dʒaz]
***jazz* moderno** modern jazz [mɔdɛʀn djaz]
jejum jeûne [ʒøn]
joalheria bijouterie [biʒutʀi]
joelho genou [ʒnu]
jogar jouer [ʒue]
jogo, partida match (*m*) [matʃ]
jogo da bola jeu de quilles [ʒød kij]
jogo de duplas double [dubl]
jogo de simples simple [sɛ̃pl]
jogo/partida de futebol match (*m*) de football [matʃ də futbol]
joia bijou (*m*) [biʒu]
jornal journal [ʒuʀnal]
jornaleiro marchand de journaux [maʀʃɑ̃d ʒuʀno]
jovem jeune [ʒœn]
juiz(a) juge [ʒyʒ]
julho juillet [ʒɥijɛ]

junho juin [ʒɥɛ̃]
juntos(as) ensemble [ɑ̃sɑ̃bl]

K

***kit* para conserto/remendo de pneus** kit de réparation des pneus [kit də ʀepaʀasjɔ̃ de pnø]
kitsch kitsch [kitʃ]

L

lá là [la], là-bas [laba]
lã laine [lɛn]
lábio lèvre (*f*) [lɛvʀ]
lactente nourrisson [nuʀisɔ̃]
lado côté [kote]
ladrão voleur [vɔlœʀ]
lago lac [lak]
lamentar regretter [ʀəgʀɛte]
lâmina de barbear lame de rasoir [lam də ʀazwaʀ]
lâmpada ampoule [ɑ̃pul], lampe [lɑ̃p]
lâmpada de cabeceira lampe de chevet [lɑ̃p də ʃvɛ]
lancha canot (*m*) automobile [kano ɔtomɔbil]
lanche casse-croûte [kaskʀut]
lápis de cor crayon de couleur [kʀɛjɔ̃d kulœʀ]
laranja orange [ɔʀɑ̃ʒ]
largo large [laʀʒ]
largura largeur [laʀʒœʀ]
largura da porta largeur de la porte [laʀʒœʀ de la pɔʀt]
largura do corredor largeur du couloir [laʀʒœʀ dy kulwaʀ]
lata boîte [bwat]
lavabo lavabo [lavabo]
lavanderia pressing (*m*) [pʀesiŋ], blanchisserie [blɑ̃ʃisʀi]
lavanderia automática laverie (automatique) [lavʀi (ɔtɔmatik)]
lavar laver [lave]
lavar a seco nettoyer (à sec) [nɛtwaje (a sɛk)]
laxante laxatif [laksatif]
legendas sous-titres (*m*) [sutitʀ]
legume légume [legym]
leite lait [lɛ]
leite desnatado lait écrémé [lɛ ekʀeme]
leiteria laiterie [lɛtʀi]
lembrança souvenir (*m*) [suvniʀ]
lembrar(-se) (se) rappeler [(sə) ʀaple]
lembrar-se de penser à [pɑ̃se a]
lenço de papel mouchoir en papier [muʃwaʀ ɑ̃ papje]

lençol drap [dRa]
lente lentille [lãtij]
lentilha lentille [lãtij]
lento(a), vagaroso(a) lent(e) [lã(t)]
ler lire [liR]
leste Est [ɛst]
levantar-se se lever [sə ləve]
levar (*coisas*) emporter [ãpɔRte]; (*pessoas*) emmener [ãmne]
levar, trazer, carregar consigo porter [pɔRte]
leve léger (*m*) [leʒe], légère (*f*) [leʒɛR]
libra (*unidade de peso*) livre [livR]
licença (de pesca) permis (*m*) (de pêche) [pɛRmi (d pɛʃ)]
ligar brancher [bRãʃe]
lilás lilas [lila], mauve [mov]
limão citron [sitRɔ̃]
limonada limonade [limɔnad]
limpador de para-brisas essuie-glace [esɥi glas]
limpar nettoyer [nɛtwaje]
limpar nettoyer [nɛtwaje]; **fazer limpeza** faire le ménage [fɛR lə menaʒ]
limpeza (antes de deixar o imóvel) nettoyage (*m*) de fin de séjour [nɛtwajaʒ də fɛ̃d seʒuR]
limpo(a) propre [pRɔpR]
língua langue [lãg]
linguagem de sinais langue des signes [lãg de siɲ]
linguado sole (*f*) [sɔl]
linha ligne [liɲ]
linho lin [lɛ̃], toile (*f*) [twal]
liquidação soldes (*m/pl*) [sɔld]
líquido liquide [likid]
lista telefônica annuaire (*m*) [anyɛR]
litro litre [litR]
livraria librairie [libRɛRi]
livre, vago libre [libR]
livro livre [livR]
livro de bolso livre de poche [livRə də pɔʃ]
livro de culinária livre de cuisine [livR də kɥizin]
lixeira poubelle [pubɛl]
lixo ordures (*f/pl*) [ɔRdyR]
local lieu [ljø], local(e) [lɔkal]
local de nascimento lieu de naissance [ljød nɛsãs]
local de peregrinação lieu de pèlerinage [ljɔ̃ də pɛlRinaʒ]
localidade localité [lɔkalite]
loção pós-barba lotion après-rasage [lɔsjɔ̃ apRɛRazaʒ]
logo bientôt [bjɛ̃to]
loiro, louro blond [blɔ̃]
loja boutique [butik]

loja de artigos de couro maroquinerie [maʀɔkinʀi]
loja de artigos fotográficos magasin (*m*) de photos [magazɛ̃d fɔto]
loja de artigos musicais magasin (*m*) de musique [magazɛ̃ də myzik]
loja de bebidas magasin (*m*) de (vins et) spiritueux [magazɛ̃d (vɛ̃ e) spiʀitɥø]
loja de brinquedos magasin (*m*) de jouets [magazɛ̃d ʒuɛ]
loja de calçados magasin (*m*) de chaussures [magazɛ̃d ʃosyʀ]
loja de eletrodomésticos magasin (*m*) d'électroménager [magazɛ̃ delɛktʀomenaʒe]
loja de esportes, de artigos esportivos magasin (*m*) de sport, d'articles de sport [magazɛ̃ də spɔʀ, aʀtikl də spɔʀ]
loja de ferragens quincaillerie [kɛ̃kajʀi]
loja de produtos dietéticos magasin (*m*) de produits diététiques [magazɛ̃d pʀɔdɥi djetetik]
loja de produtos naturais magasin (*m*) de produits naturels [magazɛ̃ də pʀɔdɥi natyʀɛl]
loja de *souvenirs* magasin (*m*) de souvenirs [magazɛ̃d suvniʀ]
loja de vinhos magasin (*m*) de vins [magazɛ̃d vɛ̃]
lojas de departamentos grand magasin (*m*) [gʀɑ̃ magazɛ̃]
longe loin [lwɛ̃]
Lorena Lorraine [lɔʀɛn]
lotado(a) plein (*m*) [plɛ̃], pleine (*f*) [plɛn]/complet (*m*) [kɔ̃plɛ], complète (*f*) [kɔ̃plɛt]
louça vaisselle [vɛsɛl]
louco(a) fou (*m*) [fu], folle (*f*) [fɔl]
louro (*especiaria, condimento*) laurier [lɔʀje]
lua lune [lyn]
lucro bénéfice [benefis]
lugar place (*f*) [plas]
lumbago tour des reins [tuʀ də ʀɛ̃], lumbago [lɛ̃bago]
luva de banho gant (*m*) de toilette [gɑ̃d twalɛt]
luvas gants (*m*) [gɑ̃]
luxuoso(a) luxueux (*m*) [lyksyø], luxueuse (*f*) [lyksyøz]
luz lumière [lymjɛʀ]

luzes de advertência, pisca alerta feux (*m/pl*) de détresse [fød detʀɛs]
luzes de freio stops (*m*) [stɔp]
luzes de posição, faroletes feux (*m*) de position [fød pozisjɔ̃]

M

maçã pomme [pɔm]
macaco (*de carro*) cric [kʀik]
maçante ennuyeux (*m*) [ɑ̃nɥijø], ennuyeuse (*f*) [ɑ̃nɥijøz]
macio tendre [tɑ̃dʀ]
madeira bois (*m*) [bwa]
maduro(a) mûr(e) [myʀ]
mãe mère [mɛʀ]
magnífico(a) magnifique [maɲifik]
magro(a) maigre [mɛgʀ]
maio mai [mɛ]
maiô (inteiro) maillot une pièce [majo yn pjɛs]
maionese mayonnaise [majɔnɛz]
mais plus [plys]; **mais que, mais de** plus que [plys kə], plus de [ply də]
mais cedo plus tôt [ply to]
mais tarde plus tard [ply taʀ]
mal mal [mal]
mal, com dificuldade, dificilmente à peine [a pɛn]
mala valise [valiz]
mal-entendido malentendu [malɑ̃tɑ̃dy]
mamadeira bibéron (*m*) [bibʀɔ̃]
mancha tache [taʃ]
manga (*de roupa*) manche [mɑ̃ʃ]
manhã matin (*m*) [matɛ̃]
manjericão basilic [bazilik]
manta couverture [kuvɛʀtyʀ]
manteiga beurre (*m*) [bœʀ]
mão main [mɛ̃]
mapa carte (*f*) (géographique) [kaʀt (ʒeɔgʀafik)]
mapa da cidade plan de la ville [plɑ̃ də la vil]
mapa de trilhas carte de randonnées [kaʀt də ʀɑ̃dɔne]
mapa rodoviário carte (*f*) routière [kaʀt ʀutjɛʀ]
máquina machine [maʃin]
máquina automática distributeur (*m*) automatique [distʀibytœʀ otomatik]
máquina automática de venda de selos distributeur (*m*) de timbres [distʀibytœʀ də tɛ̃bʀ]

máquina de lavar louça lave-vaisselle (*m*) [lav vɛsɛl]
máquina de lavar roupa machine à laver [maʃin‿a lave]
máquina de validação de passagens composteur (*m*) [kɔ̃pɔstœʀ]
máquina de venda de passagens distributeur (*m*) de billets [distʀibytœʀ də bijɛ]
máquina fotográfica appareil (*m*) photo [apaʀɛj fɔto]
máquina fotográfica digital appareil (*m*) photo digital [apaʀɛj fɔto diʒital]
mar mer (*f*) [mɛʀ]
mar do Norte mer (*f*) du Nord [mɛʀ dy nɔʀ]
mar Mediterrâneo Méditerranée (*f*) [mediteʀane]
maravilhoso(a) merveilleux (*m*) [mɛʀvɛjø], merveilleuse (*f*) [mɛʀvɛjøz]
marca-passo stimulateur cardiaque [stimylatœʀ kaʀdjak]
marcha (*de automóvel*) vitesse [vitɛs]
marcha a ré marche arrière [maʀʃ aʀjɛʀ]
marchand marchand d'objets d'art [maʀʃɑ̃ dɔbʒɛ daʀ]
março mars [maʀs]
maré alta marée haute [maʀe ot]
maré baixa marée basse [maʀe bas]
margarina margarine [maʀgaʀin]
margem, beira rive [ʀiv], bord (*m*) [bɔʀ], rivage (*m*) [ʀivaʒ]
marido mari [maʀi]
marisco moule (*f*) [mul]
marrom marron [maʀɔ̃]
martelo marteau [maʀto]
mas mais [mɛ]
máscara de mergulho lunettes (*pl*) de plongée [lynɛt də plɔ̃ʒe]
massa nouilles (*pl*) [nuj]
massagem massage (*m*) [masaʒ]
material matériel [mateʀjɛl]
mau, malvado(a) méchant(e) [meʃɑ̃(t)]
maxilar mâchoire (*f*) [maʃwaʀ]
mecha mèche [mɛʃ]
medicamento médicament [medikamɑ̃]
médio(a) moyen (*m*) [mwajɛ̃], moyenne (*f*) [mwajɛn]
meia hora une demi-heure [yn dəmijœʀ]
meia pensão demi-pension [dmipɑ̃sjɔ̃]

meias bas *(m)* [ba], chaussettes [ʃosɛt]
meias soquete socquettes [sɔkɛt]
meias-calças collants *(m)* [kɔlɑ̃]
meio milieu [miljø]
meio(a) *(adj)* demi(e) [dəmi]
meio, modo moyen [mwajɛ̃]
meio-dia midi [midi]
mel miel [mjɛl]
melancia pastèque [pastɛk]
melão melon [məlɔ̃]
melhor *(adj)* meilleur(e) [mɛjœʀ]; *(adv)* mieux [mjø]
memorial mémorial [memɔʀjal]
menino garçon [gaʀsɔ̃]
mensal mensuel(le) [mɑ̃syɛl]
menstruação règles *(pl)* [ʀɛgl]
mercado marché [maʀʃe]
mercado das pulgas foire *(f)* à la brocante [fwaʀa la bʀɔkɑ̃t], marché aux puces [maʀʃe o pys]
mercearia épicerie [episʀi]
mergulhar faire de la plongée [fɛʀ də la plɔ̃ʒe]
mês mois [mwa]
mesa table [tabl]
mesmo même [mɛm]
metade moitié [mwatje]
metro mètre [mɛtʀ]
metrô métro [metʀo]
metro quadrado mètre carré [mɛtʀə kaʀe]
meu, minha mon [mɔ̃], ma [ma]
micose mycose [mikoz]
micro-ondas micro-ondes [mikʀoɔ̃d]
mictório urinoir [yʀinwaʀ]
milho maïs [mais]
milímetro milimètre [milimɛtʀ]
minigolfe minigolf [minigɔlf]
minuto minute *(f)* [minyt]
missa messe [mɛs]
misturado(a) mixte [mikst]/mélangé(e) [melɑ̃ʒe]
moça (jeune) fille [(ʒœn) fij]
mochila sac *(m)* à dos [sak a do]
moda mode [mɔd]
modelo modèle [mɔdɛl]
moderno(a) moderne [mɔdɛʀn]
modo manière *(f)* [manjɛʀ], façon *(f)* [fasɔ̃]
moeda pièce de monnaie [pjɛs də mɔnɛ]
moeda corrente monnaie [mɔnɛ]
moedor de pimenta moulin à poivre [mulɛ̃ a pwavʀ]
mole mou *(m)* [mu], molle *(f)* [mɔl]
molhado(a) mouillé(e) [muje]

molhe môle [mol]
molho sauce (*f*) [sos]
momento instant [ɛ̃stɑ̃]
montanha montagne [mɔ̃taɲ]
montante somme (*f*) [sɔm], montant [mɔ̃tɑ̃]
monte montagne (*f*) [mɔ̃taɲ]
monumento monument [mɔnymɑ̃]
morador(a) habitant(e) [abitɑ̃(t)]
morango fraise (*f*) [fʀɛz]
morar habiter [abite]
morder mordre [mɔʀdʀ]
mosaico mosaïque [mɔzaik]
mosca mouche [muʃ]
mosquito moustique [mustik]
mostarda moutarde [mutaʀd]
mosteiro, convento monastère [mɔnastɛʀ], couvent [kuvɑ̃]
mostrar montrer [mɔ̃tʀe]
motel motel [mɔtɛl]
motor moteur [mɔtœʀ]
motor de arranque démarreur [demaʀœʀ]
motor-home camping-car [kɑ̃piŋkaʀ]
motorista (*us. para homens e mulheres*) chauffeur [ʃofœʀ], (*só para mulheres*) chauffeuse [ʃoføz]
mountain-bike V. T. T. (*m*) (vélo (*m*) tout terrain) [vetete (velo tu tɛʀɛ̃)]
móvel meuble [mœbl]
mudo(a) muet(te) [mɥɛ(t)]
muito (*adv*) très [tʀɛ]
muito(s) (*pron indef*) beaucoup de [boku də]
muleta béquille [bekij]
mulher femme [fam]
multa amende [amɑ̃d]
mundo monde [mɔ̃d]
muralha murs (*m/pl*) de la ville [myʀ də la vil]
muro mur [myʀ]
musculação musculation [myskylasjɔ̃]
músculo muscle [myskl]
museu musée [myze]
museu etnológico musée ethnologique [myze ɛtnɔlɔʒik]
música musique [myzik]
música ao vivo musique en direct [myzik ɑ̃ diʀɛkt]
música clássica musique classique [mysik klasik]
música folclórica musique folklorique [mysik fɔlklɔʀik]
musical comédie (*f*) musicale [kɔmedi myzikal]
müsli musli [mysli]

N

na época à l'époque [a lepɔk]
na grelha sur le gril [syʀ lə gʀil]
na moda à la mode [a la mɔd]
na verdade en fait [ɑ̃ fɛt], à vrai dire [a vʀɛ diʀ]
nacional national(e) [nasjɔnal]
nacionalidade nationalité [nasjɔnalite]
nada rien [ʀjɛ̃]
nadadeiras, pés de pato palmes (*f*) [palm]
nadador(a) nageur (*m*) [naʒœʀ], nageuse (*f*) [naʒøz]
nadar nager [naʒe]
não fumante non-fumeur [nɔ fymøʀ]
nariz nez [ne]
nascente source [suʀs]
nascido(a) né(e) [ne]
Natal Noël [nɔɛl]
natural naturel(le) [natyʀɛl]
naturalmente naturellement [natyʀɛlmɑ̃]
natureza nature [natyʀ]
natureza-morta nature morte [natyʀ mɔʀt]
náusea nausée [noze]
necessário(a) nécessaire [nesɛsɛʀ]
nefrite néphrite [nefʀit]
negativo(a) négatif (*m*) [negatif], négative (*f*) [negativ]
nenhum(a) aucun (*m*) [okɛ̃], aucune (*f*) [okyn]
nervo nerf [nɛʀ]
nervoso(a) nerveux (*m*) [nɛʀvø], nerveuse (*f*) [nɛʀvøz]
neto(a) petit-fils (*m*) [ptifis], petite-fille (*f*) [ptitfij]
neve neige [nɛʒ]
neve fofa (neige) poudreuse [(nɛʒ) pudʀøz]
nevoeiro brouillard [bʀujaʀ]
ninguém personne [pɛʀsɔn]
no ano que vem l'année prochaine [l'ane pʀɔʃɛn]
no caso de au cas où [o ka u]
no fim de semana le week-end [lə wikɛnd]
no máximo au plus [o plys], au maximum [o maksimɔm]
no nível do chão au niveau du sol [o nivo dy sɔl]
no vapor à l'étouffée [a letufe], à l'étuvée [a letyve]
noite nuit [nɥi], soir (*m*) [swaʀ], soirée [swaʀe]
noivo(a) fiancé(e) [fjɑ̃se]
nome nom [nɔ̃], prénom [pʀenɔ̃]
normal normal(e) [nɔʀmal]

normalmente normalement [nɔʀmalmɑ̃]
norte Nord [nɔʀ]
nós nous [nu]
nosso(s) notre (*sing*) [nɔtʀ], nos (*pl*) [no]
nota (*de dinheiro*), cédula billet (*m*) [bijɛ]
notar remarquer [ʀəmaʀke]
notebook portable [pɔʀtabl]
notícia nouvelle [nuvɛl]
novembro novembre [nɔvɑ̃bʀ]
novo(a) (*diferente do(a) anterior*) nouveau (*m*) [nuvo], nouvel (*m, diante de vogal*) [nuvɛl], nouvelle (*f*) [nuvɛl], (*nunca usado(a)*) neuf (*m*) [nœf], neuve (*f*) [nœv]
noz noix [nwa]
noz-moscada (noix) muscade [(nwa) myskad]
nu(a) nu(e) [ny]
nublado nuageux [nyaʒø]
número numéro [nymeʀo], (*tamanho do calçado*) pointure (*f*) [pwɛ̃tyʀ]
número da casa/do prédio numéro de la maison/de l'immeuble [nymeʀod la mɛzɔ̃/də limœbl]
número de telefone numéro de téléphone [nymeʀod telefɔn]
número do vagão numéro de la voiture [nymeʀo də la vwatyʀ]
nunca jamais [ʒamɛ]
nuvem nuage (*m*) [nyaʒ]

O

o lado de à côte de [a kote də]
o que ...? que… ? [kə], qu'est-ce que …? [kɛs‿kə]
objetiva objectif (*m*) [ɔbʒɛktif]
objetivo, meta but (*m*) [byt]
objeto objet [ɔbʒɛ]
objeto de valor objet de valeur [ɔbjɛd valœʀ]
obras chantier (*m/sing*) [ʃɑ̃tje]
observar remarquer [ʀəmaʀke]
observatório observatoire [ɔbsɛʀvatwaʀ]
obturação plombage (*m*) [plɔ̃mbaʒ]
óculos de esqui lunettes (*f*) de ski [lynɛt də ski]
ocupado(a) occupé(e) [ɔkype]
ofensa offense [ɔfɑ̃s], vexation [vɛksasjɔ̃]
oferecer offrir [ɔfʀiʀ]
oficial officiel(le) [ɔfisjɛl]

oficina mecânica atelier (*m*) [atəlje], garage (*m*) [gaʀaʒ]
óleo huile (*f*) [ɥil]
óleo bronzeador huile (*f*) solaire [ɥil sɔlɛʀ]
olhar regarder [ʀəgaʀde], (*subst*) regard [ʀəgaʀ]
olho(s) oeil (*sing*) [œ], yeux (*pl*) [jø]
ombro épaule (*f*) [epol]
onda de calor canicule [kanikyl], vague de chaleur [vag də ʃalœʀ]
ônibus bus [bys]
ônibus interurbano car [kaʀ]
ônibus para o aeroporto bus pour l'aéroport [bys puʀ laeʀɔpɔʀ]
ontem hier [jɛʀ]
ópera opéra [ɔpeʀa]
operação opération [ɔpeʀasjɔ̃]
opereta opérette [ɔpeʀɛt]
opinião opinion [ɔpiɲɔ̃]
oposto(a) opposé(e) [ɔpoze]
orelha oreille [ɔʀɛj]
original original [ɔʀiʒinal]
orquestra orchestre [ɔʀkɛstʀə]
orquestra de baile, conjunto de baile orchestre (*m*) de danse [ɔʀkɛstʀə də dɑ̃s]
osso os [ɔs]
ostra huître [ɥitʀ]
ótica opticien (*m*) [ɔptisjɛ̃]
otite otite [ɔtit]
ou ou [u]
ou ... ou ou ... ou [u ... u], ou bien ... ou bien [u bjɛ̃ ... u bjɛ̃]
ourivesaria orfèvrerie [ɔʀfɛvʀəʀi]
ouro or [ɔʀ]
outono automne [otɔn]
outro(a) autre [otʀ]
outrora autrefois [otʀəfwa]
outubro octobre [ɔktɔbʀ]
ouvido ouïe (*f*) [wi]
ouvir entendre [ɑ̃tɑ̃dʀ]
ouvir música écouter de la musique [ekute də la myzik]
ovo(s) oeuf (*sing*) [œf], oeufs (*pl*) [ø]

P

paciência patience [pasjɑ̃s]
pacote paquet [pakɛ]
pacote postal colis [kɔli]
pacote turístico voyage organisé [vwajaʒ ɔʀganize]
padaria boulangerie [bulɑ̃ʒʀi]
padre prêtre [pʀɛtʀ]
pagamento paiement [pɛmɑ̃]
pagar payer [pɛje]

pagar à vista payer comptant [pɛje kɔ̃tɑ̃]
pagar em dinheiro payer en liquide [pɛje ɑ̃ likid]
página página [paʒ]
páginas amarelas pages jaunes [paʒ ʒon]
pai père [pɛʀ]
pais parents [paʀɑ̃]
país pays [pei]
paisagem paysage *(m)* [peizaʒ]
palácio palais [palɛ]
palavra mot *(m)* [mo]
palito de dente cure-dents [kyʀdɑ̃]
pano de prato torchon [tɔʀʃɔ̃]
pântano marais [maʀɛ]
pão pain [pɛ̃]
pão branco pain blanc [pɛ̃ blɑ̃]
pão preto pain noir [pɛ̃ nwaʀ]
pãozinho petit pain [pti pɛ̃]
papel papier [papje]
papel de carta papier à lettres [papje a lɛtʀ]
papel filme film alimentaire [film alimɑ̃tɛʀ]
papel higiênico papier hygiénique [papje iʒjenik]
papel principal rôle principal [ʀol pʀɛ̃sipal]
papel-alumínio papier (d')alu [papje (d)aly]
papelaria papeterie [papɛtʀi]
páprica paprika *(m)* [papʀika], piment *(m)* [pimɑ̃]
par paire *(f)* [pɛʀ]
para pour [puʀ]
para cima vers le haut [vɛʀ lə o]
para trás en arrière [ɑ̃n aʀjɛʀ]
parabéns félicitations *(f/pl)* [felisitasjɔ̃]
para-brisa pare-brise [paʀbʀiz]
para-choque pare-chocs [paʀʃɔk]
parafuso vis *(f)* [vis]
paralisia paralysie [paʀalizi]
parapente parapente [paʀapɑ̃t]
paraplégico(a) paraplégique [paʀapleʒik]
paraquedismo parachutisme [paʀaʃytism]
parar arrêter [aʀete], s'arrêter [saʀete]
parceiro(a) (de brincadeiras) copain *(m)* [kɔpɛ̃], copine *(f)* (de jeux) [kɔpin də ʒø]
pare! stop! [stɔp]
parecido semblable [sɑ̃blabl]
parede mur *(m)* [myʀ]
parente parent(e) [paʀɑ̃(t)]
parque parc [paʀk]

parque de animais parc animalier [paʀk animalje]
parque de diversões parc de loisirs [paʀk də lwasiʀ]
parque infantil, parquinho aire (*f*) de jeux [ɛʀ də ʒø]
parque nacional parc national [paʀk nasjɔnal]
parque ornitológico parc ornithologique [paʀk ɔʀnitɔlɔʒik]
parte partie [paʀti]
participar de/em prendre part à [pʀɑ̃dʀ paʀ (a)]
particular, privado(a) privé(e) [pʀive]
partida départ (*m*) [depaʀ]
partir (de), sair (de) partir (de) [paʀtiʀ (də)]
partir (para) partir (pour) [paʀtiʀ (puʀ)]
partir de viagem, sair de viagem partir en voyage [paʀtiʀ‿ɑ̃ vwajaʒ]
Páscoa Pâques [pak]
passado (*subst*) passé [pase]
passado(a) passé(e) [pase]
passageiro passager [pasaʒe]
passageiro(a) passager (*m*) [pasaʒe], passagère (*f*) [pasaʒɛʀ]
passagem billet (*m*) [bijɛ], (*caminho de ligação*) passage (*m*) [pasaʒ]
passagem de ida e volta billet (*m*) aller-retour [bijɛ aleʀtuʀ]
passagem infantil billet (*m*) enfants [bijɛ ɑ̃fɑ̃]
passagem subterrânea passage (*m*) souterrain [pasaʒ sutɛʀɛ̃]
passaporte passeport [paspɔʀ]
passar (a ferro) repasser [ʀəpase]
passarela passerelle [pasʀɛl]
pássaro oiseau [wazo]
passe (*jogada esportiva*) passe (*f*) [pas]
passe de um dia billet pour une journée [bijɛ puʀ yn ʒuʀne]
passe de uma semana carte (*f*) hebdomadaire [kaʀt ɛbdɔmadɛʀ], forfait-semaine [fɔʀfɛsmɛn]
passe, ingresso de um dia forfait-journée [fɔʀfɛʒuʀne]
passear se promener [sə pʀɔmne]
passeio promenade (*f*) [pʀɔmnad]

passeio a cavalo promenade à cheval [pʀɔmnad a ʃval]
passeio ciclístico randonnée (*f*) cycliste [ʀɑ̃dɔne siklist]
passeio de um dia excursion (*f*) pour une journée [ɛkskyʀsjø puʀ yn ʒuʀne]
passeio pela ilha tour de l'île [tuʀ də lil]
passeio, excursão, *tour* tour (*m*) [tuʀ]
pastilha contra dor de garganta pastille contre le mal de gorge [pastij kɔ̃tʀə lə mal də gɔʀʒ]
patê de fígado pâté de foie [pated fwa]
patim de rodas patin à roulettes [patɛ̃ a ʀulɛt]
patinação no gelo patinage (*m*) [patinaʒ]
patins de gelo patins à glace [patɛ̃ a glas]
patins *in line* rollers [ʀɔlɛʀ]
pátio cour (*f*) [kuʀ]
pátio interno cour (*f*) intérieure [kuʀ‿ɛ̃teʀjœʀ]
pé pied [pje]
peça de exposição pièce d'exposition [pjɛs dɛkspozisjɔ̃]
peça de teatro pièce de théâtre [pjɛs də teatʀ]
peça popular pièce populaire [pjɛs pɔpylɛʀ]
pedaço pièce [pjɛs]; **um pedaço de pão** un morceau de pain [ɛ̃ mɔʀso də pɛ̃]
pedágio péage [peaʒ]
pedalinho pédalo [pedalo]
pediatra pédiatre [pedjatʀ]
pedido commande (*f*) [kɔmɑ̃d]
pedido, pergunta demande (*f*) [dəmɑ̃d]
pedir carona faire de l'auto-stop [fɛʀ də lotɔstɔp]
pedir emprestado emprunter [ɑ̃pʀɛ̃te]
pedir, perguntar demander [dəmɑ̃de]
pedra pierre [pjɛʀ]
pedregoso(a) pierreux (*m*) [pjɛʀø], pierreuse (*f*) [pjɛʀøz]
pedrestre piéton [pjetɔ̃]
pegar prendre [pʀɑ̃dʀ]
peito poitrine (*f*) [pwatʀin]
peixaria poissonnerie [pwasɔnʀi]
peixe poisson [pwasɔ̃]
peixe-espada espadon [ɛspadɔ̃]
peixeiro poissonnier [pwasɔɲe]
pela manhã dans la matinée [dɑ̃ la matine]
pela metade à demi [a dəmi], à moitié [a mwatje]

pele peau [po]
pelo menos au moins [o mwɛ̃]
pena, punição peine [pɛn]
penoso, difícil pénible [penibl]
pensão pension (de famille) [pɑ̃sjɔ̃(d famij)]
pensão completa pension complète [pɑ̃sjɔ̃ kɔ̃plɛt]
pente peigne [pɛɲ]
pentear peigner [peɲe]
Pentecostes Pentecôte (*f*) [pɑ̃tkot]
penúltimo(a) avant-dernier (*m*) [avɑ̃dɛʀnje], avant-dernière (*f*) [avɑ̃dɛʀnjɛʀ]
pepininho cornichon [kɔʀniʃɔ̃]
pepino concombre [kɔ̃kɔ̃bʀ]
pequeno(a) petit(e) [pəti(t)]
pera poire [pwaʀ]
perca perche [pɛʀʃ]
perder perdre [pɛʀdʀ]
perfumaria parfumerie [paʀfymʀi]
perfume parfum [paʀfɛ̃]
perfusão perfusion [pɛʀfyzjɔ̃]
pergunta question [kɛstjɔ̃]
perguntar interroger [ɛ̃tɛʀoʒe]
perigo danger [dɑ̃ʒe]
perigoso(a) dangereux (*m*) [dɑ̃ʒʀø], dangereuse (*f*) [dɑ̃ʒʀøz]
permanente (*de cabelo*) permanente (*f*) [pɛʀmanɑ̃t]
permissão para acampar licence camping [lisɑ̃s kɑ̃piŋ]
permitido(a) permis(e) [pɛʀmi(z)]
perna jambe [ʒɑ̃b]
pernoitar coucher [kuʃe], passer la nuit [pase la nɥi]
pernoite nuit [nɥit]
pérola perle [pɛʀl]
pertencer appartenir [apaʀtəniʀ]
perto près [pʀɛ]
perto de proche [pʀɔʃ], près de [pʀɛ də]
peruca perruque [peʀyk]
pesado(a) lourd(e) [luʀ(d)]
pescar pêcher [pɛʃe]
pescoço cou [ku]
peso poids [pwa]
pêssego pêche (*f*) [pɛʃ]
pessoa personne [pɛʀsɔn]
pessoa com mobilidade reduzida personne à mobilité réduite [pɛʀsɔn a mɔbilite ʀedɥit]
pessoal personnel(le) [pɛʀsɔnɛl]
pessoas gens (*m*) [ʒɑ̃]
peteca volant (*m*) [vɔlɑ̃]
pia (*de cozinha*) évier (*m*) [evje], lavabo (*m*) [lavabo]

picadinho viande (*f*) hachée [vjɑ̃d aʃe]
picante épicé [epise]
picar, espetar piquer [pike]
pico sommet [sɔmɛ]
pilha pile [pil]
piloto pilote (*m* e *f*) [pilɔt]
pílula (anticoncepcional) pilule (anticonceptionnelle) [pilyl (ɑ̃tikɔ̃sɛpsjɔnɛl)]
pimenta poivre (*m*) [pwavʀ]
pimentão poivron [pwavʀɔ̃]
pinça de sobrancelha pince à épiler [pɛ̃s a epile]
pincel de barba blaireau [blɛʀo]
pingente pendentif [pɑ̃dɑ̃tif]
pingue-pongue ping-pong [piŋpɔ̃ŋ]
pintar peindre [pɛ̃dʀ]
pintor(a) peintre [pɛ̃tʀ]
pintura peinture [pɛ̃tyʀ], tableau (*m*) [tablo]
pintura a óleo peinture à huile [pɛ̃tyʀ a lɥil]
pintura em seda peinture sur soie [pɛ̃tyʀ syʀ swa]
pires soucoupe (*f*) [sukup]
pisca-pisca, seta clignotant (*m*) [kliŋotɑ̃]
piscina piscine [pisin]
piscina infantil bassin (*m*) pour enfants [basɛ̃ puʀ ɑ̃fɑ̃], pataugeoire [patoʒwaʀ]
pista de esqui de fundo piste de ski de fond [pistə də skid fɔ̃]
pista/rinque de patinação no gelo patinoire (*f*) [patinwaʀ]
pitu crevette (*f*) rose [kʀəvɛt ʀoz]
placa (indicativa) panneau (*m*) [pano]
placa de nacionalidade plaque de nationalité [plak də nasjɔnalite]
placa de trânsito poteau (*m*) indicateur [pɔto ɛ̃dikatœʀ]
placa do carro plaque d'immatriculation [plak dimatʀikylasjɔ̃]
planície plaine [plɛn]
plano(a) plat(e) [pla(t)]
planta plante [plɑ̃t]
plataforma quai (*m*) [kɛ]
plataforma elevatória plate-forme [platfɔʀm], élévateur (*m*) [elevatœʀ]
plateia parterre [paʀtɛʀ]
plugue fiche (*f*) [fiʃ]
pneu pneu [pnø]
pneu furado pneu crevé [pnø kʀəve]

pneu para a neve pneu neige [pnø nɛʒ]
pneunomia pneumonie [pnømɔni]
pó, poeira poussière [pusjɛʀ]
pó de arroz poudre (*f*) [pudʀ]
pobre pauvre [povʀ]
poder pouvoir [puvwaʀ]
podre pourri(e) [puʀi]
pois car [kaʀ]
polaroide polaroïd (*m*) [pɔlaʀɔid]
polícia police [pɔlis]
policial agent (*m*) de police [aʒɑ̃d pɔlis]
poliomielite polio(myélite) [pɔljɔ(mjelit)]
poltrona fauteuil (*m*) [fotœj]
pomada pommade [pɔmad]
pomada contra queimaduras pommade contre les brûlures [pɔmad kɔ̃tʀə le bʀylyʀ]
ponte pont (*m*) [pɔ̃]
ponto (de ônibus) arrêt [aʀɛ]
ponto de chegada do telesqui point d'arrivée du téléski [pwɛ̃ daʀive dy teleski]
ponto de partida do telesqui point de départ du téléski [pwɛ̃d depaʀ dy teleski]
ponto de táxi station (*f*) de taxis [stasjɔ̃ də taksi]
ponto morto point mort [pwɛ̃ mɔʀ]
pontual à l'heure [a lœʀ]
pôr mettre [mɛtʀ]
por par [paʀ]
por acaso par hasard [paʀ azaʀ]
por cento pour cent [puʀsɑ̃]
por escrito par écrit [paʀ ekʀi]
por exemplo par exemple [paʀ‿ɛgzɑ̃pl]
pôr gasolina, abastecer prendre de l'essence [pʀɑ̃dʀ də lɛsɑ̃s]
por isso c'est pourquoi [sɛ puʀkwa]
por via aérea par avion [paʀ‿avjɔ̃]
por volta de autour de [otuʀ də], vers [vɛʀ]
por volta do meio-dia vers midi [vɛʀ midi]
porção portion [pɔʀsjɔ̃]
porcelana porcelaine [pɔʀsəlɛn]
porque parce que [paʀs kə]
porta porte [pɔʀt]
porta automática porte automatique [pɔʀt ɔtɔmatik]
portador de deficiência severa grand(e) handicapé(e) [gʀɑ̃(d) ɑ̃dikape]
portal portail [pɔʀtaj]

porta-malas coffre [kɔfʀ]
porta-moedas, porta-níqueis porte-monnaie [pɔʀtmɔnɛ]
portanto donc [dɔ̃k]
portão porte (*f*) [pɔʀt]
portão de embarque porte (*f*) d'embarquement [pɔʀt dɑ̃baʀkəmɑ̃]
porte port [pɔʀ]
porteiro(a) portier (*m*) [pɔʀtje], portière (*f*) [pɔʀtjɛʀ]/concierge (*m* e *f*) [kɔ̃sjɛʀʒ]
porto port [pɔʀ]
Portugal Portugal [pɔʀtygal]
português, portuguesa portugais [pɔʀtygɛ], portugaise [pɔʀtygɛz]
posologia posologie [pozɔlɔʒi]
possível possible [pɔsibl]
posta-restante poste restante [pɔstə ʀɛstɑ̃t]
posto de controle de fronteira poste frontière [pɔstə fʀɔ̃tjɛʀ]
posto de informações turísticas office de tourisme [ɔfis də tuʀism], syndicat d'initiative [sɛ̃dika dinisjativ]
posto de serviço aire (*f*) de service [ɛʀ də sɛʀvis]
pouco peu [pø]; **um pouco** un peu [ɛ̃ pø]
povo peuple [pœpl]
praça place [plas]
prado pré [pʀe]
praia plage [plaʒ]
praia de nudismo plage de nudistes [plaʒ də nydist]
prata argent (*m*) [aʀʒɑ̃]
prateado argenté [aʀʒɑ̃te]
praticar canoagem faire du canoë [fɛʀ dy kanɔe]
praticar nado submarino/subaquático faire de la nage sous-marine [fɛʀ də la naʒ sumaʀin]
praticar windsurfe faire de la planche à voile [fɛʀ də la plɑ̃ʃ‿a vwal]
prático(a) pratique [pʀatik]
prato (*iguaria*) plat [pla], (*louça*) assiette (*f*) [asjɛt]
prato do dia plat du jour [pla dy ʒuʀ]
prato fundo assiette (*f*) creuse [asjɛt kʀøz]
prato para crianças menu enfants [məny ɑ̃fɑ̃]
prato principal plat principal [pla pʀɛ̃sipal]
prazer plaisir [plɛziʀ]
precisar avoir besoin de [avwaʀ bəzwɛ̃ də]
preço prix [pʀi]

preço da passagem/do bilhete prix du billet [pʀi dy bijɛ]
preço do ingresso, da entrada prix d'entrée [pʀi dɑ̃tʀe]
preço fechado prix forfaitaire [pʀi fɔʀfɛtɛʀ]
preço por quilômetro rodado prix au kilomètre [pʀi o kilɔmɛtʀ]
preencher remplir [ʀɑ̃pliʀ]
prefeitura (*administração municipal*) mairie [mɛʀi]; (*edifício histórico*) hôtel (*m*) de ville [otɛl də vil]
pregador, prendedor de roupa pince (*f*) à linge [pɛ̃s a lɛ̃ʒ]
preguiçar paresser [paʀɛse]
preguiçoso(a) paresseux (*m*) [paʀɛsø], paresseuse (*f*) [paʀɛsøz]
prender arrêter [aʀete]
preocupar-se s'inquiéter [sɛ̃kjete]
preocupar-se com se faire du souci pour [sə fɛʀ dy susi puʀ], s'occuper de [sɔkype də]
preparar préparer [pʀepaʀe]
prescrição médica, receita médica ordonnance [ɔʀdɔnɑ̃s]
presente cadeau [kado]
preservativo préservatif [pʀezɛʀvatif]
pressão alta, hipertensão hypertension [ipɛʀtɑ̃sjɔ̃]
pressão baixa, hipotensão hypotension [ipotɑ̃sjɔ̃]
presunto jambon [ʒɑ̃bɔ̃]
presunto cozido jambon cuit/blanc/de Paris [ʒɑ̃bɔ̃ kɥi/blɑ̃/də paʀi]
presunto cru jambon cru [ʒɑ̃bɔ̃ kʀy]
pré-temporada avant-saison [avɑ̃sɛzɔ̃]
preto noir [nwaʀ]
previsão do tempo prévisions (*pl*) météo(rologiques) [pʀevizjɔ̃ meteɔ(ʀɔlɔʒik)]
primavera printemps (*m*) [pʀɛ̃tɑ̃]
primeira marcha première [pʀəmjɛʀ]
primeiro(a) premier (*m*) [pʀəmje], première (*f*) [pʀəmjɛʀ]
primeiros socorros premiers secours [pʀəmje skuʀ]
primo(a) cousin (*m*) [kuzɛ̃], cousine (*f*) [kuzin]
principalmente principalement [pʀɛ̃sipalmɑ̃]

prisão prison [pʀizɔ̃]
prisão de ventre constipation [kɔ̃stipasjɔ̃]
prisão preventiva détention préventive [detɑ̃sjɔ̃ pʀevɑ̃tiv]
problema problème [pʀɔblɛm]
problemas cardíacos troubles cardiaques [tʀublə kaʀdjak]
problemas circulatórios troubles de la circulation [tʀublə də la siʀkylasjɔ̃]
problemas digestivos troubles digestifs [tʀublə diʒɛstif]
proceder (de), provir (de) être originaire (de) [ɛtʀ ɔʀiʒinɛʀ (də)]
procissão procession [pʀɔsɛsjɔ̃]
procurar chercher [ʃɛʀʃe]
produto produit [pʀɔdɥi]
professor(a) de esqui moniteur (*m*) [mɔnitœʀ], monitrice (*f*) de ski [mɔnitʀis də ski]
profissão profession [pʀɔfɛsjɔ̃]
profundo(a) profond(e) [pʀɔfɔ̃(d)]
programa programme [pʀɔgʀam], (*de rádio, de televisão*) émission (*f*) [emisjɔ̃]
programação programme (*m*) [pʀɔgʀam]
proibido(a) interdit(e) [ɛ̃tɛʀdi(t)]
prolongar allonger [alɔ̃ʒe]
pronto(a) prêt(e) [pʀɛ(t)]
pronunciar prononcer [pʀɔnɔ̃se]
proporcionar procurer [pʀɔkyʀe]
proposta proposition [pʀɔpozisjɔ̃]
propriedade rural propriété [pʀɔpʀijete], domaine (*m*) [dɔmɛn]
proprietário(a) propriétaire [pʀɔpʀijetɛʀ]
proprietário(a)/dono(a) da casa propriétaire (de la maison) [pʀɔpʀijetɛʀ (də la mɛzɔ̃)]
próprio propre [pʀɔpʀ]
prospecto prospectus [pʀɔspɛktys]
prótese prothèse [pʀɔtɛz]
protetor diário (*de calcinha*) protège-slip [pʀɔtɛʒslip]
protetor solar crème (*f*) solaire [kʀɛm sɔlɛʀ], protection (*f*) solaire [pʀɔtɛksjɔ̃ sɔlɛʀ]
prova, teste essai (*m*) [esɛ]
provavelmente probablement [pʀɔbabləmɑ̃]
provisões provisions [pʀɔvizjɔ̃]

provisório(a) provisoire [pRɔvizwaR]
prudente prudent(e) [pRydɑ̃(t)]
público(a) public (*m*), publique (*f*) [pyblik]
pulmão poumon [pumɔ̃]
pulôver pull-over [pylɔvɛR]
pulseira bracelet (*m*) [bRaslɛ]
pulso (*fisiológico*) pouls [pu]
puxar tirer [tiRe]

Q

quadril hanche (*f*) [ɑ̃ʃ]
quadro tableau [tablo]
qual ...? quel (*m*), quelle (*f*) ...? [kɛl]
qualidade qualité [kalite]
quando quand [kɑ̃]
quantidade, número nombre [nɔ̃bR]
quarta-feira mercredi (*m*) [mɛRkRədi]
quarta-feira de cinzas mercredi (*m*) des cendres [mɛRkRədi de sɑ̃dR]
quarto chambre (*f*) [ʃɑ̃bR]
quarto de dormir chambre (*f*) à dormir [ʃɑ̃bR a dɔRmiR]
quase presque [pRɛsk]
que que [kə]
que pena! dommage [dɔmaʒ]
quebrado(a) cassé(e) [kase]
quebra-mar digue (*f*) [dig]
queijo fromage [fRɔmaʒ]
queijo de cabra fromage de chèvre [fRɔmaʒ də ʃɛvR]
queijo de ovelha fromage de brebis [fRɔmaʒ də bRəbi]
queijo pastoso fromage à pâte molle [fRɔmaʒ a pat mɔl]
queimadura brûlure [bRylyR]
queimadura de sol coup (*m*) de soleil [ku dsɔlɛj]
queixar-se de se plaindre de [sə plɛ̃dRə də]
quente chaud(e) [ʃo(d)]
querer vouloir [vulwaR]
querido(a) chéri(e) [ʃeRi]
quermesse kermesse [kɛRmɛs]
querosene pétrole [petRɔl]
quilograma, quilo kilogramme [kilɔgRam], kilo [kilo]
quilômetro kilomètre [kilɔmɛtR]
quinta-feira jeudi (*m*) [ʒœdi]
quinze minutos, um quarto de hora un quart d'heure [ɛ̃ kaR dœR]
quitinete studio (*m*) [stydjo]

R

radiador radiateur [RadjatœR]
rádio radio (*f*) [Radjo]

rádio do carro autoradio [ɔtoʀadjo]
radiografia radio(graphie) [ʀadjo(gʀafi)]
raio éclair [eklɛʀ]
rajada de vento rafale [ʀafal]
rampa rampe [ʀɑ̃p]
rampa de acesso rampe d'accès [ʀɑ̃p daksɛ]
rápido(a) rapide [ʀapid], vite [vit]
rápido, rapidamente vite [vit]
raquete raquette [ʀakɛt]
raquete de tênis raquette de tennis [ʀakɛt də tenis]
raramente rarement [ʀaʀmɑ̃]
raro(a) rare [ʀaʀ]
razão raison [ʀɛzɔ̃]
realmente, de fato vraiment [vʀɛmɑ̃]
rebaixado surbaissé [syʀbese]
rebocar remorquer [ʀəmɔʀke]
reboque dépanneuse (*f*) [depanøz], remorque (*f*) [ʀəmɔʀk]
receber recevoir [ʀəsəvwaʀ], acueillir [akœjiʀ]
receitar, prescrever prescrire [pʀɛskʀiʀ]
recentemente l'autre jour [otʀə ʒuʀ]
recepção réception [ʀesɛpsjɔ̃]
recheado farci [faʀsi]
recibo reçu [ʀəsy]
recipiente récipient [ʀesipjɑ̃]
recomendar recommander [ʀəkɔmɑ̃de]
recompensa recompense [ʀekɔ̃pɑ̃s]
recordar-se, lembrar-se se souvenir [sə suvniʀ]
recusar refuser [ʀəfyze]
rede filet (*m*) [filɛ]
redondo(a) rond(e) [ʀɔ̃(d)]
reenviar faire suivre [fɛʀ sɥivʀ]
refeição repas (*m*) [ʀəpa]
refresco rafraîchissement [ʀafʀɛʃismɑ̃]
regente/maestro, maestrina chef d'orchestre [ʃɛf dɔʀkɛstʀ]
região pays [pei], région [ʀeʒiɔ̃]
regime régime [ʀeʒim]
registrar uma ocorrência faire une déclaration [fɛʀ‿yn deklaʀasjɔ̃]
regressar, voltar revenir [ʀəvniʀ]
regulamento règlement [ʀɛgləmɑ̃]
regular (*adj*) régulier (*m*) [ʀegylje], regulière (*f*) [ʀegyljɛʀ]
regularmente régulièrement [ʀegyljɛʀmɑ̃]

rei/rainha roi/reine [Rwa/Rɛn]
relação relation [Rəlasjɔ̃]
religião religion [Rəliʒjɔ̃]
relógio de pulso montre-bracelet (*f*) [mɔ̃tRəbRaslɛ]
relojoeiro horloger [ɔRlɔʒe]
remar ramer [rame]
remédio remède [Rəmɛd]
remédio em gotas gouttes (*f/pl*) [gut]
remédio para a circulação médicament pour la circulation [medikamɑ̃ puR la siRkylasjɔ̃]
remetente expéditeur [ɛkspeditœR]
remo rame (*f*) [Ram]
removedor de esmalte dissolvant [disɔlvɑ̃]
Renascimento Renaissance (*f*) [Rənɛsɑ̃s]
repetir répéter [Repete]
repolho chou [ʃu]
representação représentation [RəpRezɑ̃tasjɔ̃]
reserva réservation [RESɛRvasjɔ̃]
reserva de lugar réservation [REZɛRvasjɔ̃]
reserva de lugares location [lɔkasjɔ̃], réservation [REZɛRvasjɔ̃]
reserva natural réserve naturelle [RESɛRV natyRɛl]
reservar retenir [RətəniR], réserver [REZɛRve]
resfriado rhume [Rym]
resort village de vacances [vilaʒ də vakɑ̃s]
respeitar respecter [Rɛspɛkte]
respirar respirer [RɛspiRe]
responder répondre [Repɔ̃dR]
responsável responsable [Rɛspɔ̃sabl]
restabelecer-se se rétablir [sə RetabliR]
restar rester [Rɛste]
restaurante de estrada restoroute [RɛstɔRut]
reto(a) droit(e) [dRwa(t)]
retrato portrait [pɔRtRɛ]
retrovisor rétroviseur [RetRɔvizœR]
reumatismo rhumatisme [Rymatism]
revelar (*fotos*) développer [devəlɔpe]
revista magazine (*m*) [magazin]
revista para colorir album (*m*) à colorier [albɔm‿a kɔlɔRje]
rezar prier [pRije]
rico(a) riche [Riʃ]
ridículo(a) ridicule [Ridikyl]
rim rein [Rɛ̃]
rímel mascara [maskaRa]

rio fleuve [flœv], rivière (*f*) [RivjɛR]
rir rire [RiR]
risca raie [Rɛ]
***road bike*, estradeira** V. T. C. (*m*) (vélo (*m*) tout chemin) [vetese (velo tu ʃmɛ̃)]
rocha rocher (*m*) [Rɔʃe]
roda roue [Ru]
rodovia autoroute [otɔRut]
rodoviária (*subst*) gare routière [gaR rutjɛr]
romance roman [Rɔmɑ̃]
roncar ronfler [Rɔ̃fle]
rosto visage [vizaʒ]
roubar voler [vɔle]
roubo vol [vɔl]
rouco enroué [ɑ̃Rue]
roupa de baixo, roupa íntima sous-vêtement (*m*) [suvɛtmɑ̃]
roupa de mergulho combinaison de plongée [kɔ̃binɛzɔ̃ də plɔ̃ʒe]
roupa para lavar lessive [lɛsiv]
roupão de banho peignoir de bain [pɛɲwaR də bɛ̃]
roupas vêtements (*m*) [vɛtmɑ̃]
roupas infantis habits (*m*) pour enfants [abi puR ɑ̃fɑ̃]
roxo violet [vjɔlɛ]
rua rue [Ry]
rua principal rue principale [Ry prɛ̃sipal]
rubéola rubéole [Rybeɔl]
ruela ruelle [Ryɛl]
ruído bruit [bRɥi]
ruim mauvais(e) [movɛ(z)]
ruína ruine [Rɥin]
ruptura de tendão rupture de tendon [Ryptyr də tɑ̃dɔ̃]

S

sábado samedi [samdi]
sabão em pó, sabão para lavar roupa lessive (*f*) [lɛsiv]
saber savoir [savwaR]
sabonete savon [savɔ̃]
saca-rolhas tire-bouchon [tiRbuʃɔ̃]
saco sac [sak]
saco de lixo sac-poubelle [sak pubɛl]
saco plástico sac en plastique [sak ɑ̃ plastik]
sadio, com boa saúde en bonne santé [ɑ̃ bɔn sɑ̃te]
saguão hall [ol]
saia jupe [ʒyp]
saída départ (*m*) [depaR], sortie [sɔRti], (*da estrada*) sortie d'autoroute [sɔRti dotoRut]

saída de emergência sortie de secours [sɔRtid səkuR]
sair sortir [sɔRtiR]
sal sel [sɛl]
sala salle [sal]
sala de café da manhã salle de petit déjeuner [sal də pti deʒœne]
sala de espera salle d'attente [sal datɑ̃t]
sala de estar salle de séjour [sal də seʒuR]
sala de refeições salle à manger [sal a mɑ̃ʒe]
sala de TV salle de télévision [sal də televizjɔ̃]
salada salade [salad]
salame salami [salami]
saleiro salière (*f*) [saljɛR]
salsa persil (*m*) [pɛRsi]
salsicha saucisse [sosis]
salto (*de sapato*) talon [talɔ̃]
salva, sálvia sauge [soʒ]
salva-vidas maître-nageur [mɛtRənaʒœR]
sandálias sandales [sɑ̃dal]
sanduíche sandwich [sɑ̃dwitʃ]
sangrar saigner [seɲe]
sangue sang [sɑ̃]
sanitários toilettes (*f*) [twalɛt]
sanitários para deficientes toilettes (*f*) pour handicapés [twalɛt puR ɑ̃dikape]
santo(a) saint(e) [sɛ̃(t)]
sapateiro cordonnier [kɔRdɔnje]
sapato chaussure (*f*) [ʃosyR]
saquinho sachet [saʃɛ]
saquinho de chá sachet de thé [saʃɛd te]
sarampo rougeole (*f*) [Ruʒɔl]
sauna sauna (*m*) [sona]
se si [si]
se necessário à l'occasion [a lɔkazjɔ̃]
secador de cabelos sèche-cheveux [sɛʃ ʃəvø]
secadora de roupas sèche-linge (*m*) secadora [sɛʃlɛ̃ʒ]
secar sécher [seʃe]
seco (*vinho*) sec [sɛk]
secretária eletrônica répondeur (*m*) automatique [Repɔ̃dœR ɔtɔmatik]
século siècle [sjɛkl]
seda soie [swa]
seguinte suivant(e) [sɥivɑ̃(t)]
segunda-feira lundi (*m*) [lɛ̃di]
segunda-feira de Páscoa lundi (*m*) de Pâques [lɛ̃did pak]

segunda-feira de Pentecostes lundi (*m*) de Pentecôte [lɛ̃did pɑ̃tkot]
segunda-feira passada lundi (*m*) dernier [lɛ̃di dɛʀnje]
segundo (*medida de tempo*) seconde (*f*) [səgɔ̃d]
segundo(a) deuxième (*m* e *f*) [døzjɛm]/second(e) [səgɔ̃(d)]
segurar tenir [təniʀ]
seguro asurance (*f*) [asyʀɑ̃s]
seguro contra terceiros assurance (*f*) au tiers [asyʀɑ̃s o tjɛʀ]
seguro total assurance (*f*) tous risques [asyʀɑ̃s tu ʀisk]
seguro(a), certo(a) sûr(e) [syʀ]
seguro-saúde caisse (*f*) d'assurance-maladie [kɛs dasyʀɑ̃smaladi]
selecionar sélectionner [selɛksjɔne]
self-service self-service [sɛlfsɛʀvis]
selo timbre [tɛ̃bʀ]
selo especial (*para colecionadores*) timbre de collection [tɛ̃bʀə də kɔlɛksjø]
sem sans [sɑ̃]
sem álcool sans alcool [sɑ̃z‿alkɔl]
sem compromisso sans engagement [sɑ̃z‿ɑ̃gaʒmɑ̃]
sem obstáculos sans obstacle [sɑ̃z‿ɔpstakl]
sem valor sans valeur [sɑ̃ valœʀ]
semáforo feu (de circulation) [fø (də siʀkylasjɔ̃)]
semana semaine [səmɛn]
semana extra semaine supplémentaire [smɛn syplemɑ̃tɛʀ]
semanal hebdomadaire [ɛbdomadɛʀ]
semelhante pareil(le) [paʀɛj]
seminário seminaire [seminɛʀ]
sempre toujours [tuʒuʀ]
sem-vergonha éhonté(e) [eɔ̃te]
senha numéro (*m*) de code [nymeʀod kɔd]
senhor monsieur [məsjø]
senhora madame [madam]
senhoras/damas dames [dam]
senhorita demoiselle [dəmwazɛl], mademoiselle [madmwazɛl]
sensibilidade sensibilité [sɑ̃sibilite]
sentado(a) assis(e) [asi(z)]
sentimento sentiment [sɑ̃timɑ̃]
sentir sentir [sɑ̃tiʀ]

sentir coceira démanger [demɑ̃ʒe]
sentir tontura, sentir vertigem être pris(e) de vertige [ɛtʀ pʀi(z) də vɛʀtiʒ]
septicemia septicémie [sɛptisemi]
sepultura tombeau [tɔ̃bo]
ser être [ɛtʀ]
ser a favor être pour [ɛtʀə puʀ]
ser amigos être amis [ɛtʀ‿ami]
ser contra être contre [ɛtʀə kɔ̃tʀ]
ser humano être humain [ɛtʀ‿ymɛ̃]
sério(a) sérieux (*m*) [seʀjø], sérieuse (*f*) [seʀjøz]
serviço service [sɛʀvis]
serviço de acompanhante, cuidador service d'assistance [sɛʀvis dasistɑ̃s]
serviço de despacho de automóveis por trem service auto-express [sɛʀvis ɔto ɛkspʀɛs]
serviço de mesa couvert [kuvɛʀ]
serviço de reboque service de dépannage [seʀvis də depanaʒ]
serviço de transporte (para deficientes) service de transports (pour handicapés) [sɛʀvis də tʀɑ̃spɔʀ (puʀ ɑ̃dikape)]
serviço gratuito de transporte navette (*f*) [navɛt]
serviços de assistência social services d'aide sociale [sɛʀvis ded sɔsjal]
servir servir [sɛʀviʀ]
setembro septembre [sɛptɑ̃bʀ]
setor (*de hospital*) service [sɛʀvis]
sexta-feira vendredi (*m*) [vɑ̃dʀədi]
sexta-feira santa vendredi (*m*) saint [vɛ̃dʀədi sɛ̃]
short short [ʃɔʀt]
show show [ʃo]
siba seiche [sɛʃ]
significado signification (*f*) [siɲifikasjɔ̃]
sim (*contradizendo uma negativa*) si! [si]
simpático(a) sympathique [sɛ̃patik]
simples simple [sɛ̃pl]
sinal signe [siɲ]
sinal de alarme signal d'alarme [siɲal dalaʀm]
sinusite sinusite [sinysit]
sistema de alarme système d'alarme [sistɛm dalaʀm]

situação situation [sityasjɔ̃]
skate planche (*f*) à roulettes [plɑ̃ʃ a ʀulɛt]
***snorkel*, respiradouro** tuba [tyba]
sob, embaixo de sous [su]
sobre sur [syʀ]
sobremesa dessert (*m*) [desɛʀ]
sobrenome nom de famille [nɔ̃d famij]
sobrenome de solteira nom de jeune fille [nɔ̃d jœn fij]
sobretudo (*adv*) surtout [syʀtu], (*casaco*) manteau [mɑ̃to], pardessus [paʀdəsy]
socorro mecânico service de dépannage [sɛʀvis də depanaʒ]
sofá-cama banquette-lit (*f*) [bɑ̃kɛtli]
sol soleil [sɔlɛj]
sola semelle [smɛl]
solário solarium [sɔlaʀjɔm]
soleira da porta seuil (*m*) [sœj]
soletrar épeler [eple]
solista soliste [sɔlist]
solteiro(a) célibataire [selibatɛʀ]
sombra ombre [ɔ̃bʀ]
somente seulement [sœlmɑ̃]
sonho rêve [ʀɛv]
sonífero somnifère [sɔmnifɛʀ]
sopa soupe [sup], potage (*m*) [pɔtaʒ]
soro (*do leite*) babeurre [babœʀ]
soro reidratante solution (*f*) de réhydratation [sɔlysjɔ̃ də ʀeidʀatasjɔ̃]
sorte chance [ʃɑ̃s]
sorvete glace (*f*) [glas]
sozinho seul [sœl]
sozinho(a), solitário(a) seul(e) [sœl], solitaire [sɔlitɛʀ]
suave doux (*m*) [du], douce (*f*) [dus], (*vinho*) doux/moelleux [du/mwɛlø]
suavemente doucement [dusmɑ̃]
subir monter [mɔ̃te]
substituir remplacer [ʀɑ̃plase]
subúrbio, periferia banlieue (*f*) [bɑ̃ljø]
suco de laranja jus d'orange [ʒy dɔʀɑ̃ʒ]
suculento juteux [ʒytø]
suficiente (o ~) assez [ase], suffisamment [syfizamɑ̃]
Suíça Suisse [sɥis]
suíço(a) Suisse(sse) [sɥis(ɛs)]
sujeito a taxas alfandegárias soumis aux droits de douane [sumi o dʀwad duan]
sujo(a) sale [sal]

sul Sud [syd]
sunga maillot (*m*) de bain [majod bɛ̃]
supermercado supermarché [sypɛʀmaʀʃe]
suplemento supplément [syplemɑ̃]
supositório suppositoire [sypozitwaʀ]
surdo(a) sourd(e) [suʀ(də)]
surdo-mudo, surda-muda sourd-muet, sourde-muette [suʀmɥɛ/suʀmɥɛt]
surfar faire du surf [fɛʀ dy sœʀf]
surfe surf [sœʀf]
sutiã soutien-gorge [sutjɛ̃gɔʀʒ]
suturar recoudre [ʀəkudʀ]

T

tabacaria bureau (*m*) de tabac [byʀod taba]
tabela de horários (dos ônibus/do metrô/dos trólebus) horaire (*m*) (des bus/du métro/des trolleys) [ɔʀɛʀ (de bys/dy metʀo/de tʀɔlɛ)]
taça para vinho verre (*m*) à vin [vɛʀ a vɛ̃]
taco de golfe crosse (*f*) de golf [kʀɔs də gɔlf]
tailleur tailleur [tajœʀ]
tala attelle [atɛl]
talha sculpture sur bois [skyltyʀ syʀ bwa]
talheres couverts [kuvɛʀ]
talvez peut-être [pøtɛtʀ]
tamanho (*de roupa*) taille (*f*) [taj]
tâmara datte [dat]
também aussi [osi]
também não, tampouco (ne ...) pas non plus [(nə ...) pa nɔ̃ ply]
tampão (*absorvente íntimo*) **(mini/normal/super/super plus)** tampon (mini/normal/super/super plus) [tɑ̃pɔ̃ (mini/nɔʀmal/sypɛʀ/sypɛʀ plys)]
tangerina mandarine [mɑ̃daʀin]
tanque (*de combustível*) réservoir [ʀezɛʀvwaʀ]
tanque de areia bac à sable [bak a sablə]
tão ... como aussi ... que [osi ... kə]
tarde (*adv*) tard [taʀ], (*período do dia*) après-midi (*m*) [apʀɛmidi]
tarifa de fim de semana forfait-weekend (*m*) [fɔʀfɛ wikɛnd]

taxa de câmbio cours (*m*) de change [kuʀ də ʃɑ̃ʒ]
taxa de comissão commission [kɔmisjɔ̃], frais (*m/pl*) bancaires [fʀɛ bɑ̃kɛʀ]
taxa de seguro taxe de sécurité [taks də sekyʀite]
taxas droits (*m*) [dʀwa]
taxas alfandegárias droits (*m*) de douane [dʀwad duan]
taxas de embarque taxes (*m*) d'aéroport [taks daeʀɔpɔʀ]
taxista chauffeur (*m*) [ʃofœʀ], chauffeuse (*f, raro*) de taxi [ʃoføse də taksi]
teatro théâtre [teatʀ]
teatro de dança théâtre de la danse [teatʀ də la dɑ̃s]
teatro de variedades variétés (*f/pl*) [vaʀjete]
tecido étoffe (*f*) [etɔf]
telecabine, teleférico de cabine téléphérique [telefeʀik]
teleférico de cadeira télésiège [telesjɛʒ]
telefonar appeler [aple], téléphoner [telefɔne]
telefone téléphone [telefɔn]
telefone (do quarto) téléphone (de la chambre) [telefɔn (də la ʃɑ̃bʀ)]
telefone celular portable [pɔʀtabl]
telefone de emergência téléphone de secours [telefɔn də skuʀ]
telefone para surdos minitel-dialogue [minitɛldjalɔg]
telefone sem fio portable [pɔʀtabl]
telegrama télégramme [telegʀam]
teleobjetiva téléobjectif (*m*) [teleɔbʒɛktif]
telesqui téléski [teleski], remonte-pente [ʀəmɔ̃tpɑ̃t]
telesqui para crianças remonte-pentes pour enfants [ʀəmɔ̃tpɑ̃t puʀ ɑ̃fɑ̃]
televisor téléviseur [televizœʀ]
telex télex [telɛks]
telhado toit [twa]
temer craindre [kʀɛ̃dʀ]
temer, ter medo (de) craindre [kʀɛ̃dʀ], avoir peur (de) [avwaʀ pœʀ də]
temperar assaisonner [asɛzɔne]
temperatura température [tɑ̃peʀatyʀ]
tempero assaisonnement [asɛzɔnmɑ̃]
tempestade tempête [tɑ̃pɛt]
templo temple [tɑ̃pl]

tempo temps [tɑ̃]
temporada saison [sɛzɔ̃]
temporal orage [ɔʀaʒ]
tênis (*calçado*) tennis [tɛnis]; (*de cano alto*) baskets [baskɛt]
ter avoir [avwaʀ]
terça-feira mardi (*m*) [maʀdi]
terça-feira gorda mardi (*m*) gras [maʀdi gʀa]
terceiro(a) troisième [tʀwazjɛm]
terminal terminal [tɛʀminal]
terminal, ponto final terminus [tɛʀminys]
termômetro thermomètre [tɛʀmɔmɛtʀ]
terno costume [kɔstym]
terno(a) (*adj*) affectueux (*m*) [afɛktyø], affectueuse (*f*) [afɛktyøz]/tendre (*m* e *f*) [tɑ̃dʀ]
terra terre [tɛʀ]
terra firme terre ferme [tɛʀ fɛʀm], continent (*m*) [kɔ̃tinɑ̃]
terra natal pays (*m*) natal [pei natal]
terraço terrasse (*f*) [tɛʀas]
terracota terre cuite [tɛʀ kɥit]
terreno terrain [tɛʀɛ̃]
térreo rez-de-chaussée [ʀedʃose]
tesoura ciseaux (*m/pl*) [sizo]
tesoura de unha ciseaux (*m/pl*) à ongles [sizo a ɔ̃gl]
testemunha témoin [temwɛ̃]
tétano tétanos [tetanos]
teto plafond [plafɔ̃]
teto solar toit ouvrant [twa uvʀɑ̃]
tíbia tibia (*m*) [tibja]
time, equipe équipe (*f*) [ekip]
tímido(a) timide [timid]
tímpano tympan [tɛ̃pɑ̃]
tingir faire une coloration [fɛʀ yn kɔlɔʀasjɔ̃]
tintura de iodo teinture d'iode [tɛ̃tyʀ djɔd]
tinturaria teinturerie [tɛ̃tyʀəʀi]
típico (de) typique (de) [tipik (də)], caractéristique (de) [kaʀakteʀistik (də)]
toaletes toilettes (*f*) [twalɛt]
toalha de mãos serviette de toilette [sɛʀvjɛt də twalɛt]
toalha de mesa nappe [nap]
toca-CD lecteur de CD [lɛktœʀ də sede]
toca-fitas lecteur de cassettes [lɛktøʀ də kasɛt]
tocar toucher [tuʃe]
tocar música faire de la musique [fɛʀ de la myzik]
todo tout [tu]
todo(a) tout(e) [tu(t)]

todos os dias tous les jours [tu le ʒuʀ]
todos, todas tous [tus], toutes [tut]
tolo(a), parvo(a) bête [bɛt]
tom (*de cor*) ton [tɔ̃], teinte (*f*) [tɛ̃t]
tomada prise de courant [pʀiz də kuʀɑ̃]
tomar café da manhã prendre son petit déjeuner [pʀɑ̃dʀə sɔ̃ pəti deʒœne], déjeuner [deʒœne]
tomar conta de surveiller [syʀvɛje]
tomate tomate (*f*) [tɔmat]
tomilho thym [tɛ̃]
tontura, vertigem vertige (*m*) [vɛʀtiʒ]
toranja pamplemousse [pɑ̃pləmus]
tornar-se devenir [dəvniʀ]
torneira robinet (*m*) [ʀɔbinɛ]
tornozelo cheville (*f*) [ʃvij]
torrada toast [tost]
torradeira grille-pain (*m*) [grij pɛ̃]
torre tour [tuʀ]
tosse toux [tu]
touca de natação bonnet (*m*) de bain [bɔnɛd bɛ̃]
tóxico(a) toxique [tɔksik]
trabalhar travailler [tʀavaje]
trabalho travail [tʀavaj]
traduzir traduire [tʀadɥiʀ]
tráfego, trânsito circulation (*f*) [siʀkylasjɔ̃]
tragédia tragédie [tʀaʒedi]
trailer caravane (*f*) [kaʀavan]
traje elegante vêtements (*pl*) habillés [vɛtmɑ̃ abije]
traje regional/folclórico costume régional/folklorique [kɔstym ʀeʒjɔnal/fɔlklɔʀik]
trajeto trajet [tʀaʒɛ]
trancar fermer à clé [fɛʀme a kle]
tranquilizante tranquillisant [tʀɑ̃kilizɑ̃]
tranquilo(a) calme [kalm]
transferência (*bancária*) virement (*m*) [viʀmɑ̃]
transferência telegráfica mandat (*m*) télégraphique [mɑ̃da telegʀafik]
transpirar, suar transpirer [tʀɑ̃spiʀe]
tratar soigner [swaɲe]
travar conhecimento com faire la connaissance de [fɛʀ la kɔnɛsɑ̃s də]
trave (*de gol*) poteau (*m*) des buts [pɔto de byt]

travessa plat (*m*) [pla], (*rua transversal*) rue adjacente [ʀy adʒasɑ̃t]
travesseiro oreiller [ɔʀɛje]
trazer apporter [apɔʀte]
trazer de volta, devolver rapporter [ʀapɔʀte]
trem train [tʀɛ̃]
trem-leito que transporta automóveis train autos-couchettes [tʀɛ̃ ɔtokuʃɛt]
trenó luge (*f*) [lyʒ]
triângulo de segurança triangle de présignalisation [tʀijɑ̃gl də pʀesiɲalizasjɔ̃]
tribunal tribunal [tʀibynal]
trilha para caminhada chemin (*m*) de randonnée [ʃəmɛ̃ də ʀɑ̃done]
tripé pied [pje]
tripulação équipage (*m*) [ekipaʒ]
triste triste [tʀist]
troca change [ʃɑ̃ʒ], échange [eʃɑ̃ʒ]
troca da guarda relève de la garde [ʀəlɛv də la gaʀd]
troca de óleo vidange [vidɑ̃ʒ]
trocador (*lugar para trocar fraldas etc.*) table (*f*) à langer [tabla lɑ̃ʒe]
trocar changer [ʃɑ̃ʒe], échanger [eʃɑ̃ʒe]
trocar de roupa se changer [sə ʃɑ̃ʒe]
troco monnaie (*f*) [mɔnɛ]
tubo digestivo/tubo digestório tube digestif [tyb diʒɛstif]
tudo tout [tu]
tumba tombe [tɔ̃b]
tumor grosseur (*f*) [gʀɔsœʀ], tumeur (*f*) [tymœʀ]
túnel tunnel [tynɛl]
turista touriste [tuʀist]
turquesa turquoise [tyʀkwaz]

U

úlcera ulcère [ylsɛʀ]
último(a) dernier (*m*) [dɛʀnje], dernière (*f*) [dɛʀnjɛʀ]
ultrapassar dépasser [depase]
um pouco un peu [ɛ̃ pø]
um pouco de un peu de [ɛ̃ pø də]
um(a) un (*m*) [ɛ̃], une (*f*) [yn]
uma vez une fois [yn fwa]
úmido humide [ymid]
único(a) seul(e) [sœl]
unicolor uni [yni]
universidade université [yniveʀsite]

urgência, emergência urgence [yʀʒɑ̃s]
urgente urgent (*m*) [yʀʒɑ̃], urgente (*f*) [yʀʒɑ̃t]
urina urine [yʀin]
usar utiliser [ytilize]
uso externo externe [ɛkstɛrn]
usual, habitual usuel (*m*) [yzɥɛl], usuelle (*f*) [yzɥɛl]/commun (*m*) [kɔmɛ̃], commune (*f*) [kɔmyn]
usuário de cadeira de rodas, cadeirante personne (*f*) en fauteuil roulant [pɛʀsɔn ɑ̃ fotœj ʀulɑ̃]
utilidades domésticas articles (*m*) ménagers [aʀtikl menaʒe]
uva raisin (*m*) [ʀɛzɛ̃]

V

vacinação vaccination [vaksinasjɔ̃]
vaga de estacionamento para deficientes place de stationnement pour handicapés [plas də stasjɔ̃nmɑ̃ puʀ ɑ̃dikape]
vagão adaptado para deficientes wagon aménagé pour handicapés [vagɔ̃ amenaʒe puʀ ɑ̃dikape]
vagão com assentos-leito voiture-couchettes [vwatyʀ kuʃɛt]
vagão sem divisões wagon sans compartiments [vagɔ̃ sɑ̃ kɔ̃paʀtimɑ̃]
vagão-leito wagon-lit [vagɔ̃li]
vagão-restaurante wagon-restaurant [vagɔ̃ ʀɛstɔʀɑ̃]
vagem haricot (*m*) vert [aʀiko vɛʀ]
vale vallée (*f*) [vale]
vale postal mandat [mɑ̃da]
validar, obliterar a passagem composter [kɔ̃pɔste]
válido(a) valable [valabl]
vantagem avantage (*m*) [avɑ̃taʒ]
vapor vapeur [vapœʀ]
vara de pesca canne à pêche [kana pɛʃ]
varal corde (*f*) à linge [kɔʀda lɛ̃ʒ]
varanda balcon (*m*) [balkɔ̃]
vaso, jarro vase [vaz]
vazio(a) vide [vid]
vegetariano végétarien [veʒetaʀjɛ]
vela bougie [buʒi]
velejar faire de la voile [fɛʀ də la vwal]

velho(a) (*adj*) vieux (*m*) [vjø], vieil (*m, diante de vogal*) [vjɛj], vieille (*f*) [vjɛj]
velocidade vitesse [vitɛs]
velocímetro compteur [kɔ̃tœʀ]
venda ambulante vente ambulante [vɑ̃t‿ɑ̃bylɑ̃t]
vender vendre [vɑ̃dʀ]
veneno poison [pwazɔ̃]
ventilador ventilateur [vɑ̃tilatœʀ]
vento vent [vɑ̃]
ver voir [vwaʀ]
verão été [ete]
verdadeiro(a) véritable [veʀitabl], vrai(e) [vʀɛ]
verde vert [vɛʀ]
verme ver [vɛʀ]
vermelho rouge [ʀuʒ]
versão original version originale (v.o.) [vɛʀsjɔ̃ ɔʀiʒinal (la ve o)]
vesícula biliar vésicule biliaire [vɛzikyl biljɛʀ]
vespa guêpe [gɛp]
véspera de Ano Novo Saint-Sylvestre [sɛ̃ silvɛstʀ]
véspera de Natal veille de Noël [vɛj də nɔɛl], réveillon (*m*) [ʀevɛjɔ̃]
vestiário vestiaire [vɛstjɛʀ]
vestido robe (*f*) [ʀɔb]
vestígios arqueológicos vestiges archéologiques [vɛstiʒ aʀkeɔlɔʒik]
vestígios, restos vestiges [vɛstiʒ], restes [ʀɛst]
vestir habiller [abije], mettre [mɛtʀ]
via voie [vwa]
via expressa voie rapide [vwa ʀapid]
viagem voyage (*m*) [vwajaʒ]
viajar voyager [vwajaʒe]
viatura policial voiture de police [vwatyʀ də pɔlis]
vida vie [vi]
videocassete vidéocassette (*f*) [videokasɛt], magnétoscope [maɲetɔskɔp]
vigarice escroquerie [ɛskʀɔkʀi]
vila de pescadores village (*m*) de pêcheurs [vilaʒ də pɛʃœʀ]
vilarejo montanhês village de montagne [vilaʒ də mɔ̃taɲ]
vinagre vinaigre [vinɛgʀ]
vinhedo vigne (*f*) [viɲ]
vinho vin [vɛ̃]
vinho branco (vin) blanc [vɛ̃ blɑ̃]
(vinho) *rosé* (vin) rosé [vɛ̃ ʀoze]
(vinho) tinto (vin) rouge [vɛ̃ ʀuʒ]

vir venir [vəniʀ]
vírus virus [viʀys]
visita visite [vizit]
visita guiada visite guidée [vizit gide]
visita guiada à cidade visite guidée de la ville [vizit gide də la vil]
visitar visiter [vizite], (*alguém*) rendre visite à [ʀɑ̃dʀ vizit‿a]
visor viseur [vizœʀ]
vista vue [vy]
vista, panorama point (*m*) de vue [pwɛ̃d vy]
visto (*subst*) visa [viza]
vitela veau (*m*) [vo]
vitral peinture (*f*) sur verre [pɛ̃tyʀ syʀ vɛʀ]
vitrine vitrine [vitʀin]
viúvo(a) veuf (*m*) [vœf], veuve (*f*) [vœv]
vivaz vif (*m*) [vif], vive (*f*) [viv]
vizinho(a) voisin (*m*) [vwazɛ̃], voisine (*f*) [vwazin]
voar voler [vɔle]
você tu [ty], toi [twa]
volante ajustável volant mobile [vɔlɑ̃ mɔbil]
vôlei de praia volley-ball de plage [vɔlɛbol də plaʒ]
voleibol volley-ball [vɔlɛbol]
volta, regresso retour (*m*) [ʀətuʀ]
voltagem voltage (*m*) [vɔltaʒ]
voltar retourner [ʀətuʀne], revenir [ʀəvəniʀ]
voo vol [vɔl]
voo a vela, volovelismo vol à voile [vɔl a vwal]
voo doméstico vol intérieur [vɔl ɛ̃teʀjœʀ]
voo internacional vol international [vɔl ɛ̃tɛʀnasjɔnal]
vulcão volcan [vɔlkɑ̃]

W

walkman® baladeur [baladœʀ]

X

xampu shampooing [ʃɑ̃pwɛ̃]
xarope contra tosse sirop contre la toux [siʀo kɔ̃tʀə la tu]
xícara tasse [tas]
xilogravura gravure sur bois [gʀavyʀ syʀ bwa]

Impressão e acabamento:

Orgrafic
Gráfica e Editora

tel.: 25226368